中國學術思想 研究輯刊

十五編
林慶彰 主編

第 10 冊

姚配中《周易姚氏學》研究（上）

陳詠琳 著

花木蘭文化出版社

國家圖書館出版品預行編目資料

姚配中《周易姚氏學》研究（上）／陳詠琳 著 — 初版 — 新北市：
花木蘭文化出版社，2013〔民 102〕
目 6+160 面；19×26 公分
（中國學術思想研究輯刊 十五編；第 10 冊）
ISBN：978-986-322-116-6（精裝）
1.（清）姚配中　2. 易經　3. 研究考訂
030.8　　　　　　　　　　　　　　　　　　102001947

ISBN-978-986-322-116-6

9 789863 221166

中國學術思想研究輯刊
十五編　第十冊　　　　　　　ISBN：978-986-322-116-6

姚配中《周易姚氏學》研究（上）

作　　者　陳詠琳
主　　編　林慶彰
總 編 輯　杜潔祥
出　　版　花木蘭文化出版社
發 行 所　花木蘭文化出版社
發 行 人　高小娟
聯絡地址　235 新北市中和區中安街七二號十三樓
　　　　　電話：02-2923-1455／傳眞：02-2923-1452
網　　址　http://www.huamulan.tw 信箱 sut81518@gmail.com
印　　刷　普羅文化出版廣告事業
封面設計　劉開工作室
初　　版　2013 年 3 月
定　　價　十五編 18 冊（精裝）新台幣 30,000 元　　　版權所有・請勿翻印

姚配中《周易姚氏學》研究（上）

陳詠琳　著

作者簡介

陳詠琳，高雄人，天主教輔仁大學統計資訊系學士，後轉入中文學術界發展，應屆考上國立高雄師範大學經學研究所，有幸於碩士班期間讓黃忠天老師指導易學，現今為國立成功大學中國文學系博士生。另有〈對數字卦的另一種解釋〉、〈《焦氏易林》與籤詩關係初探〉、〈清代嘉慶、道光時期《易》學背景探析——兼論輯佚對《易》學發展之輔成〉、〈學術社群對姚配中及其《周易姚氏學》之助益〉等單篇論文。

提　　要

　　清代嘉慶、道光年間，漢學風氣由極盛逐步轉向衰微，經世致用的口號興起，回歸宋學的士人日益增加，漢學派也開始走向調和、兼容宋學的局面，但依然有不少學者仍鍾情漢學，尤其在惠棟《周易述》與張惠言《周易虞氏義》兩書風靡整個學術界之後，促使諸多學者對虞氏易學研究趨之若鶩，安徽旌德縣的漢易學家姚配中即是其中之一。姚配中在摯友包世榮的建議與學術社群友人的支持下，走上漢易研究的道路，在諳熟惠、張二氏對虞翻易學的研究成果後，厭倦虞氏象數易之繁瑣，遂轉而投入鄭玄易之研究，故能揉合虞、鄭兩家學說，承繼惠棟、張惠言之後，再度執掌漢易大旗，被後人稱作「漢易之末流」。

　　姚配中奉孔子《易傳》為圭臬，宗主鄭康成，考究漢、魏諸家之易說，歷經多年寒暑，終於撰成《周易姚氏學》十六卷。此書大力闡發「易中之元」的概念，姚配中在漢、魏易學家的基礎上，建構了自己的「易元」學說，其對「易元」理論的因革損益，使沉寂已久的漢代「易元」之學，得以重新顯揚於世。光緒文獻學家張壽榮便萃取姚配中「易元」學說之菁華，另行刊刻《易學闡元》一書，足見《周易姚氏學》自有可觀之處。清末民初的學者，如曹元弼、杭辛齋、尚秉和、梁啟超、吳承仕等人，皆對姚配中及其《周易姚氏學》讚譽有加，認為此人、此書能與惠棟、張惠言兩大易學巨擘齊名，可惜在這一批學者之後，學術界對姚氏易學的討論就此停滯，鮮少再被提起，近五十年來，兩岸三地未曾出現以姚配中易學作為主要研究對象之學術論文或專著，實為易學界之遺珠。姚配中所撰寫的易學著作中，至今僅有留存《周易姚氏學》和《周易通論月令》兩書，《周易姚氏學》為姚配中對《周易》經、傳的注疏書籍，乃姚氏易學之代表作，由此書入門，應可窺得姚配中易學之堂奧，故本論文遂以《周易姚氏學》為軸心，以發掘、闡明、檢視姚配中易學及其《周易姚氏學》為最主要目的。

　　本論文大致分為三條脈絡，由於近五十年來的學術界幾乎沒有姚配中易學之相關論文，故在第一條脈絡先行概述姚配中之生平、學行和易學著作，以及姚氏所處時代之易學風氣與發展，對姚配中及其《周易姚氏學》進行扼要的介紹；第二條脈絡討論前人書籍、清代學者、漢代易學家對姚配中及其《周易姚氏學》之啟發，並觀察姚配中對這些學說的內化與援用傾向，最後進一步鑽研姚氏在《周易姚氏學》中對文獻運用之實例；第三條脈絡說明《周易姚氏學》的易學特色（尤其偏重探討姚配中之「易元」學說），且加以論述《周易姚氏學》在學術史上的評價，和檢視此書之訛誤與不足。

目
次

第一章　緒　論

　　清代中葉內政紊亂，理學之士紛紛自中央走避，官府內的宋學風氣逐漸趨向衰微。乾隆執政晚期，敕令編制《四庫全書》與《四庫提要》，延攬大批民間著名漢學家入朝，促使漢學達到鼎盛。在易學方面，嘉慶皇朝忙著應付內憂外患，無暇耗費心力纂修以宋學為主的宮廷易書，讓宋易難有再度興盛的機會，漢易因而更加風行，多數的習易者選擇投入漢易的研究行列，嘉慶、道光年間的學者姚配中（字仲虞，1792～1844）〔註 1〕即是一例。《清史稿・藝文志》記載姚配中撰有三部易學著作，分別是《周易姚氏學》十六卷、《周易通論月令》二卷、《易學闡元》一卷〔註 2〕，其中的《周易姚氏學》為姚配中對《周易》經、傳的注解本，更是其生平易學代表作，由此書著手，可有效且全面地了解姚配中在易學上的思想與成就，故本研究遂以此書為研究對象，聚焦探討《周易姚氏學》一書。本章先對整體研究計畫做個概說，共分為四節：第一節描寫觸發筆者以「姚配中《周易姚氏學》研究」為題的研究動機與目的；第二節說明本研究冀望能達到的研究成果與學術價值；第三節探討前人論及姚配中易學及其《周易姚氏學》的各種相關文獻，以確立研究方向與價值，穩固本研究的基礎；最後在第四節陳述本研究的章節架構與研究範圍。

〔註 1〕 姚配中雖出生於乾隆五十七年（1792），但因年幼且涵蓋時間過短，故不將乾隆朝列入討論。

〔註 2〕 參照國史館編：《清史稿校註・志・藝文一・經部》卷一百五十二，第 5 冊（臺北：國史館，1986 年 9 月），頁 4003。

第一節　研究動機與目的

　　乾隆晚期，《四庫全書》及其《提要》的編纂，促使漢學風氣疾速崛起，終能壓制宋學，在學術界佔有一席之地，開展出崇尙漢代經學與考據治學的乾嘉學派。乾嘉學派重視經史考證之學，並且致力復興漢儒易學〔註3〕，姚配中即受這股餘風感染，使得自己的學術傾向及經學著作，皆富有濃厚的漢學家氣息，晚清陳康祺就將姚氏定位爲「嘉、道間漢學家」〔註4〕，近人吳承仕亦稱其易學乃「漢學之末流，惠棟、張惠言之遺法。」〔註5〕姚配中易學的最大特色與貢獻在於對「易元」的闡發，其以「一」爲「元」，並以「元」爲易之原，藉此推演「易元」之說。晚清張壽榮曰：「易中之『元』，自宣聖發之，漢儒明之，我朝東吳惠氏、武進張氏述之，已可得其端倪矣。嘉、道以來，旌德姚君仲虞著易學，復爲大暢其說，……以闡發易中微言精義，而一歸於『元』。」〔註6〕點出姚氏易學的精髓所在，時人包世榮曾感嘆道：「仲虞書行於今世，自不及張先生（張惠言）之盛。百年後，當獨爲學易者宗矣。」〔註7〕從姚配中辭世的道光二十四年（1844）算起，至今早已超過百餘年，而姚氏易書卻依然未被易學界所重，包世榮的預言落空，這樣的結果，難道是姚氏易書毫無學術價值，不值得學易者探究？清末民初的杭辛齋曰：「有清一代，經學之盛，遠超過宋、明。其治易專家，如刁氏包蒙吉、李氏光地厚菴、胡氏曉滄、胡氏渭胐明、任氏啓運翼聖、惠氏奇仲孫、惠氏棟定宇、萬氏年淳彈峯、姚氏配中、張氏乘槎、彭氏中甫，皆能獨抒己見，各有心得。」〔註8〕杭氏將姚配中與眾多清代易學

〔註3〕參閱陳祖武、朱彤窗著：《乾嘉學派研究・經史考證主流地位的確立》（石家莊：河北人民出版社，2005年10月），頁258。

〔註4〕參照〔清〕陳康祺撰〔民國〕晉石點校：《郎潛紀聞二筆・嘉道間漢學家流別》卷十，收入《郎潛紀聞初筆二筆三筆》（北京：中華書局，1997年12月），頁510～511。

〔註5〕引自吳承仕撰：《檢齋讀易提要・周易通論月令二卷》，收入張善文等校理：《尚氏易學存稿校理・附編》第3卷（北京：中國大百科全書出版社，2005年6月），頁32。

〔註6〕引自〔清〕姚配中撰：《姚氏易斅闡元・張壽榮跋》【花雨樓叢抄本】，收入《續修四庫全書・經部・易類》第31冊（上海：上海古籍出版社，2002年3月），頁12。

〔註7〕引自〔清〕包世臣撰〔民國〕李星點校：《藝舟雙楫・附錄二・清故文學旌德姚君傳》卷八，收入《包世臣全集》（合肥：黃山書社，1994年5月），頁504。

〔註8〕引自杭辛齋撰：《學易筆談・勝朝之易學》卷一，收入林慶彰主編：《民國時期經學叢書（第二輯）》第21冊（臺中：文听閣圖書有限公司，2008年7月），頁13。

名家並稱，且讚揚上述諸家易學各具獨特之處；與杭氏同時期的梁啓超又說：「清學自當以經學爲中堅，其最有功於經學者，則諸經殆皆有新疏也。其在《易》：則有惠棟之《周易述》，張惠言之《周易虞氏義》，姚配中之《周易姚氏學》。」〔註9〕《周易姚氏學》被梁任公列舉爲清朝易學新疏代表，與惠棟《周易述》及張惠言《周易虞氏義》齊名。清末民初的學者對姚配中及其《周易姚氏學》都給予相當程度的肯定，今日卻鮮少再被提起，應是尚未被後人發掘、闡揚其學說，可謂易學界之遺珠，此人、此書被時代所湮沒，實爲易學界之損失，故本研究以挖掘、闡揚姚配中易學及其《周易姚氏學》爲最主要目的。

　　《周易姚氏學》爲姚配中畢生易學成就的結晶，姚氏摯友包世榮於道光元年爲之作〈序〉曰：「我朝文運昌明，漢學復盛。元和惠氏棟，宗禰虞氏，旁徵他說，作《周易述》；武進張氏惠言，專據虞氏注作《周易虞氏義》。吾友姚君仲虞始于市得張氏書，因爲虞氏之學。……後得李氏《集解》，見三家注，精心研求，以爲司農之注優于荀、虞，乃據鄭爲主，作《周易參象》。」〔註10〕《周易參象》即《周易姚氏學》前身，包世榮之言可統整爲三點：一、時至道光，漢學仍然十分興盛。易學方面，以惠、張兩人爲虞翻易學之大宗；二、姚配中學易最初從張惠言的虞氏易入門，熟習後才鍾情於鄭玄易；三、《周易姚氏學》是以宗主鄭康成的立場寫成，從以上三點，足見姚配中及其《周易姚氏學》的學術傾向。下面再列舉三則清末民初的學者對姚配中易學的評述，見曹元弼曰：「漢易自惠氏創通大義後，張氏繼之，姚氏又繼之。惠、張主虞氏，姚主鄭氏。」〔註11〕柯劭忞曰：「大旨主發明鄭學，繁稱博引，奧衍宏深，實不出鄭學範圍之外。」〔註12〕王欣夫曰：「讀惠定宇、張皋文書而好之。惠、張易學皆主虞氏，兼及鄭、荀，仲虞則始由虞、荀以通鄭。」〔註13〕

〔註9〕 引自梁啓超著：《清代學術概論・十四、經學注疏爲中堅》（臺北：臺灣商務印書館，2008 年 10 月），頁 54。

〔註10〕 引自〔清〕姚配中撰：《周易姚氏學・包世榮序》【一經盧叢書本】，收入《續修四庫全書・經部・易類》第 30 冊（上海：上海古籍出版社，2002 年 3 月），頁 450。

〔註11〕 引自曹元弼撰：《周易學・明例・別例・姚氏易學例》【民國四年刊本影印本】，收入嚴靈峯編輯：《無求備齋易經集成》第 124 冊（臺北：成文出版社，1976 年），頁 244。

〔註12〕 引自中國科學院圖書館整理：《續修四庫全書總目提要【經部】・易類・《周易姚氏學》提要》上冊（北京：中華書局，1993 年 7 月），頁 106。

〔註13〕 引自王欣夫撰；鮑正鵠、徐鵬標點整理：《蛾術軒篋存善本書錄・癸卯稿卷一・《周易姚氏學》十六卷》上冊（上海：上海古籍出版社，2008 年 4 月），頁

是知三位學者一致認同姚配中宗主鄭康成，故知《周易姚氏學》大旨在發明鄭氏易。然而，姚配中起初是學習虞氏易，之後才過渡到鄭氏易，造成姚氏學術偏好移轉的原因爲何？《周易姚氏學》對虞氏易學亦有所徵引與發揮，姚氏究竟援用了虞翻與鄭玄易學的哪些概念與學說？除此之外，曹元弼和吳承仕還指出姚氏繼承了惠棟和張惠言的漢易旗幟，那麼，姚配中是在哪些層面受到惠、張兩人潛移默化的影響？《周易姚氏學》又是在哪些部份承繼《周易述》與《周易虞氏義》？習易者皆知惠棟、張惠言對清代與後世易學的影響極爲深遠，但實質上的貢獻究竟爲何？此正可藉嘉慶、道光年間的姚配中及其《周易姚氏學》爲個案探討。

　　選擇「姚配中《周易姚氏學》」當作論文題目，另有兩個附帶原因。其一是想藉由專書研究，詳細去考察當時知名學者及周遭友人會帶給作者、作品怎麼樣的影響？畢竟，一般而言，會讓一個人感受最深的，恐怕還是切身的所見所聞。部份以專家學爲主題的學位論文，會直接介紹學術淵源，說明研究對象與眾位先賢在學術上的相承關係，卻未曾述及師友或當時其他學者的交互影響，每每讓筆者稍感可惜，故本研究將會對「清代學人」這個議題多加著墨，深入討論當時的人物對作者撰寫學術著作時的直接、間接幫助。其二意在觀察嘉慶、道光這五十五年（1796～1850）的易學概況，嘉、道兩朝恰好爲目前清代經學史研究的分水嶺〔註 14〕，因此往往被拆開來討論，嘉慶朝與前面的乾隆朝合併爲「乾嘉學術」，道光朝則被納入「道光以後的晚清」，王國維就曾說過：「我朝三百年間，學術三變：國初一變也，乾、嘉一變也，道、咸以降一變也。……國初之學大，乾嘉之學精，而道咸以來之學新。」〔註 15〕就是如此切割的概念之一。因此，很少有經學研究者將嘉慶、道光兩朝結合成一個時間區塊討論，進而解釋嘉、道這五十五年的經學發展到底是如何？這問題同樣也發生在易學史的研究上，而姚配中恰好生長於這個時代區間，是一個頗爲合適的觀察樣本。

702。

〔註 14〕 學術思潮並不是用政治更替的時間軸來做分野的，而是如一個開口向下的拋物線，有其萌芽、醞釀、興盛、衰落的過程，但目前的經學史研究，大多數將嘉慶、道光兩者切割，分開來介紹。

〔註 15〕 引自周錫山編校：《王國維集・文化學研究・沈乙庵先生七十壽序》第 2 冊（北京：中國社會科學院出版社，2008 年 12 月），頁 347。

第二節　文獻回顧與探討

　　清末民初的學者積極撰寫「提要類」的易學文獻，筆者從中找出四篇以姚配中易學與《周易姚氏學》為主題的學術論文，分別是柯劭忞〈《周易姚氏學》提要〉、尚秉和〈《易學闡元》提要〉〔註16〕，此兩篇文章皆已收錄於《續修四庫全書總目提要【經部】》。〔註17〕除此之外，王欣夫《蛾術軒篋存善本書錄》中，也另有一篇〈《周易姚氏學》提要〉〔註18〕，而曹元弼的易學專著《周易學》，亦有〈姚氏易學例〉一篇。〔註19〕可惜的是，在這之後出版的書籍與學術論文，除了康全誠先生的《清代《易》學八家研究》把姚氏易學列為八家中的一家，用將近三十頁的篇幅探究外〔註20〕，就幾乎不曾出現專門探討姚配中易學與《周易姚氏學》的篇章，即使偶有學術專著提及姚氏易，那也都只是引述其文句與論點〔註21〕，或是略述其簡歷及其著作而已。〔註22〕除了康先生的研究之外，目前兩岸三地幾無專著、學位論文、單篇論文對姚

〔註16〕《易學闡元》乃後人摘錄《周易姚氏學》卷首三篇刊刻而成，內容實為《周易姚氏學》的一部份，由於可供探討的前人文獻已十分稀少，不應錯失，故將尚秉和這篇〈提要〉，也納入討論。

〔註17〕參閱中國科學院圖書館整理：《續修四庫全書總目提要【經部】‧易類》上冊（北京：中華書局，1993 年 7 月），頁 106～107。

〔註18〕參閱王欣夫撰；鮑正鵠、徐鵬標點整理：《蛾術軒篋存善本書錄‧癸卯稿卷一‧《周易姚氏學》十六卷》上冊（上海：上海古籍出版社，2008 年 4 月），頁702～703。

〔註19〕參閱曹元弼撰：《周易學‧明例‧別例‧姚氏易學例》【民國四年刊本影印本】，收入嚴靈峯編輯：《無求備齋易經集成》第 124 冊（臺北：成文出版社，1976年），頁 244～247。

〔註20〕參閱康全誠著：《清代《易》學八家研究‧姚配中《易》學研究》，收入《中國學術思想研究輯刊‧初編》第 6 冊（臺北：花木蘭文化出版社，2008 年 9月），頁 327～356。

〔註21〕例如：徐志銳先生《周易大傳新注》便多次援用姚配中易說（皆引自《周易姚氏學》）來注解〈乾〉卦；周婷婷女士亦以《周易姚氏學》為例證，說明晚清學者對《春秋緯》的駁斥。分別參閱徐志銳著：《周易大傳新注‧乾第一》卷一，上冊（臺北：里仁書局，2001 年 3 月），頁 16、18、26、29；以及周婷婷：《中國近現代讖緯研究‧晚清讖緯學研究》（濟南：山東師範大學中國現代史專業碩士學位論文，2008 年 4 月），頁 83。

〔註22〕例如：賴貴三先生曾在〈乾嘉學者易學研究的貢獻與檢討〉一文中，列舉十九名學者，作為乾嘉易學的代表人物，並簡單介紹這些易學家的生平與著作，姚配中即為其中之一。參閱賴貴三：〈乾嘉學者易學研究的貢獻與檢討〉，收錄於賴貴三著：《易學思想與時代易學論文集》（臺北：文津出版社，2007 年11 月），頁 550。

配中易學或其《周易姚氏學》做一個完整及系統性的介紹。楊晉龍老師曾說：
「『文獻探討』是提供研究者了解相關研究的成果，以便做為研究者『建構』
研究方向的參考，以及確定研究議題具有研究價值的必要過程。」〔註23〕為
了瞭解前賢研究成果與未逮之處，下面將回顧柯劭忞、曹元弼、尚秉和、王
欣夫四名清末民初學者對《周易姚氏學》的論述，再加上近人康全誠先生的
《清代《易》學八家研究‧姚配中《易》學研究》，共計簡介五篇文章，確實
掌握前賢研究狀況，作為本研究之基石。

一、柯劭忞〈《周易姚氏學》提要〉

此篇首先簡述《周易姚氏學》的成書過程，並指出姚配中「大旨主發明
鄭學」，若取其他諸家易說，必與鄭氏之說相比附。姚氏雖然宗主鄭玄家法，
卻能去蕪存菁，刪去鄭易穿鑿附會的部份，可謂「善學鄭君者」。除了說明姚
配中對鄭易的偏好外，又特別介紹《周易姚氏學》卷首三篇之意旨：第一篇
〈贊元〉以「元」為易之原，開啟「易元」之說；第二篇〈釋數〉闡明生、
成數大義；第三篇〈定名〉依循鄭氏「易三義」的論點，藉此推論出「元藏
於中，周於外」一說。柯氏最後強調〈贊元〉、〈釋數〉、〈定名〉三篇為全書
綱領，且皆隱含鄭氏注《易緯‧乾鑿度》之義。

二、曹元弼〈姚氏易學例〉

此篇指出漢易大義由惠棟首開，而後張惠言繼之，姚配中又繼之，姚氏
說易之例，與惠、張大抵相同。前半段說明曹元弼自身的易學觀點，曹氏認
為「易者，象也。舍象而言易，非易也。」《周易》經文當實事有象，虛辭無
象，不可不以象解，但又不可持之太甚，如張惠言《周易虞氏義》求象過度
頻密，反而違背了「簡易」之旨。況且，孔子作《易傳》猶如後世屬文，若
字字有象，何以成辭？後半段轉而評述姚氏易學，曹氏誇讚其「依象以說義，
不泥象以窒義。」頗能拿捏《易》象、《易》義之分寸與旨意，但也批評姚配
中據《易緯‧乾鑿度》推導出不少謬論，不可盡信。末段又言姚氏某些論點
似乎義涉《老子》，混雜未分，遂告誠學者應當分別觀之。

〔註23〕引自楊師晉龍：〈治學方法第五講——標點與閱讀的分析討論（五）〉《國文天
地》第 26 卷第 11 期（2011 年 4 月），頁 72。

三、尚秉和〈《易學闡元》提要〉

此篇相當於專論《周易姚氏學》卷首〈贊元〉、〈釋數〉、〈定名〉三篇，因此評析顯得格外深入，而又以對〈贊元〉一篇的論述最爲精彩。姚配中以元爲一，故曰「元不可見」，並強調元非初九，此論被尚秉和駁之，認爲姚氏太過拘泥「潛龍勿用」之辭，視元與初九爲二物，乃不知「乾元」在初只是潛藏，至二則用，至四而躍，至五而飛，未免不明《周易・繫辭下傳》：「爲道也屢遷，變動不居，周流六虛。」〔註24〕之理。尚氏又斥責姚配中質疑「七變九，八變六，非陰變陽，陽變陰。」甚爲荒謬，遂加以解釋《易緯・乾鑿度》所謂變七之九，變八之六，皆就揲著而來，不應隨便臆測。

四、王欣夫〈《周易姚氏學》提要〉

此篇率先簡介【一經廬叢書本】的《周易姚氏學》版本概況與源流，說明姚配中於時人裡，偏好惠棟、張惠言易學，於漢、魏諸家則宗主鄭玄易。認爲《周易姚氏學》本鄭氏注《易緯・乾鑿度》而闡發之，依象以說明義理，而能不拘泥於象，仿效惠氏治易之法，博引漢代以前古說，此雖可取，但對於其他非易類書籍的援用，堪稱「詞繁不殺」，不可爲典要。王欣夫又批駁姚配中據《易緯・乾鑿度》推出「晝變」一義，言其「主持太過，據以說經處太多。」最後指出《周易姚氏學》所謂的「乾元爲在坤元中」，乃《歸藏》首〈坤〉之義，而非《周易》首〈乾〉之旨，認爲姚氏之說已偏離《周易》原本的義理。

五、康全誠先生〈姚配中《易》學研究〉

姚配中易學是康先生博士學位論文《清代《易》學八家研究》中揀選的其中一家，康先生用一章四節的份量來介紹姚配中易學：第一節爲「姚配中之生平與學術著作」、第二節爲「姚配中《易》學之淵源」、第三節爲「姚配中之《易》學思想概觀」、第四節爲「姚配中之《易》學特色」，對姚配中易學做了簡單且扼要的概說。

此篇雖然能勾勒姚配中易學樣貌，但仍屬通論性質，實過於簡略，廣度

〔註24〕引自〔魏〕王弼、〔晉〕韓康伯注，〔唐〕孔穎達等正義：《周易正義・繫辭下傳》卷八，收入〔清〕阮元校勘：《十三經注疏》（臺北：藝文印書館，2007年8月），頁173～174。

與深度皆有所不足，未能深入姚氏易學之堂奧，此當然是受到論文架構所囿，乃無可避免之弊。筆者在詳閱康先生的該本論文後，稍感缺憾的部份主要有三點：一、內容徵引姚書原文篇幅過大，壓縮了研究者個人析論與提出見解的空間；二、未能釐清《周易姚氏學》與《易學闡元》兩書的關係；三、從引述的文句與論據來看，康先生幾乎是把《周易姚氏學》與《周易通論月令》兩書分別來討論，未能統合整體姚配中易學之內涵及特色，做一個綜合性的探究。〔註25〕

第三節　研究範圍與方法

一、研究範圍

　　本研究對古籍的分類，如未特別說明，全都依據《四庫全書》的四部分類法〔註26〕，以避免混淆。本研究雖以「姚配中《周易姚氏學》研究」為題，但由於今日易學界對姚配中易學涉足未深，對其人之學行還處於比較陌生的階段，故特別用一整章（本研究第三章）的篇幅來簡介姚配中生平、學術、易學著作等等。民國以來可見的姚配中易學著作，另有一本《周易通論月令》傳世，筆者不將此書納入碩士論文的主要研究對象，而專以《周易姚氏學》為主題的原因有兩點：

　　（一）避免論文之焦點渙散：此書大旨在會通《周易》與〈月令〉兩者，
　　　　　〈月令〉記古代一年十二月政令之施行，內容與陰陽五行、星辰
　　　　　曆法、神靈祭祀等皆有密切的聯繫，牽扯的事物頗為繁雜，已成

〔註25〕《清代《易》學八家研究・姚配中《易》學研究》於第四節探討姚氏易學特色，下分第一小節標題為「元為《易》之原」，康先生皆以《周易姚氏學》為例證說明，第二小節標題為「用七八九六之義，以與〈月令〉所述之五神、五蟲、五音、五味、五祀、五臟相比附」而皆以《周易通論月令》為例證說明。然而，若細讀《周易姚氏學》與《周易通論月令》兩書，即可知姚氏的易學特色蘊藏於兩書之中，《周易通論月令》亦以「易元」為其中心思想；《周易姚氏學》也援用了不少〈月令〉文句與概念為注解，甚至可稱為《周易姚氏學》的特色之一。一個學者的思想、學術特色，恐怕不會只運用在一本著作上面，即使想要刻意如此，也無法那麼涇渭分明，不露痕跡。

〔註26〕本論文所使用各古籍之四部分類，可參照〔清〕永瑢、紀昀等纂修：《欽定四庫全書簡明目錄》，收入《景印文淵閣四庫全書》第6冊（臺北：臺灣商務印書館，1986年3月）。

另一門學問，若將此書列為研究對象，則須花費諸多篇幅來探討〈月令〉的種種，恐怕會使得整本論文枝蔓過多、雜亂無章。

（二）研究者本身力有未逮：姚配中在此書中多以八風、六十卦主七十二侯等卦氣、節氣之說來解釋易理，近人吳承仕曰：「易家以十二辟卦之七十二爻主七十二侯，不聞以六十卦主七十二侯也；以八卦主八風十二辰，不聞以八卦與六十卦重複雜錯而用之也；易家好以卦象解釋經傳，不聞假借互體取象之法以說七十二侯也。」〔註27〕吳氏用負面的語氣，從「易家正統」的立場去批駁姚氏易說，但如果換個角度想，吳氏所提出的評議，正好也是《周易通論月令》的易學特點，姚氏能發前人所未發，且能言之成理、自圓其說〔註28〕，堪稱一家之學。可惜筆者現階段學識尚淺，難以在短時間內另行瞭解〈月令〉、節氣、曆法等專門之學，學有未達，不敢強以為知，故暫且不將此書視為研究對象，以免貽笑大方。

綜合以上兩點，筆者遂將本論文之研究主體制定於姚配中的《周易姚氏學》一書，是以本論文未能稱作「《姚配中易學研究》」，而只能定名為「姚配中《周易姚氏學》研究」。

二、研究方法

本研究總共分為八章：第一章為整體研究計畫概說；第二章、第三章屬於外緣性的描寫，第二章探討姚配中所處的嘉慶、道光兩朝之易學風氣及發展概況，此處用「分析法」深入研究清代學術背景與漢易消長情形，且兼取「圖表法」歸納、呈現，讓論述更加顯明；第三章介紹姚配中生平與學術梗概，此章必須倚賴史傳、方志、學案等相關文獻記載，故主要是採用「文獻研究法」來蒐集、統合姚配中的種種學行事蹟，在資料處理的程序中，則交互運用「歸納法」與「分類法」兩種研究方法，以達到去蕪存菁的效果。在姚配中易學著作的考察上，多以「歷史研究法」追溯姚氏撰寫《周易姚氏學》

〔註27〕引自吳承仕撰：《檢齋讀易提要・周易通論月令二卷》，收入張善文等校理：《尚氏易學存稿校理・附編》第 3 卷（北京：中國大百科全書出版社，2005 年 6 月），頁 31～32。

〔註28〕此觀點承蒙本論文口考教授林金泉先生的啟發，否則筆者仍囿限於吳氏所謂的「易家正統」觀念中，亦以「不妥」來批判姚氏之說，而忽略了「易道廣大，無所不包」的釋易多元性。

之淵源與流轉，藉此初步認識姚配中及其《周易姚氏學》，有助於窺見研究對象之輪廓；第四章開始從外緣描述逐漸轉向內部（即《周易姚氏學》文本）聚焦，以姚配中與學術團體的互動為主軸，用「團體觀察法」來窺探學術社群對姚氏的幫助，以及對《周易姚氏學》撰寫過程的直接、間接助益，再進而擴充到姚配中之前的清代學者，用「抽樣研究法」挑選出對姚配中影響至深的惠棟、張惠言，以及《周易姚氏學》書中曾徵引的惠士奇、秦蕙田、戴震、姚鼐、孫星衍等五人作為考察的對象。第五章之後的研究主體，皆環繞於《周易姚氏學》本身，第五章論述《周易姚氏學》書中的文獻援用與擇取現象，而第六章討論《周易姚氏學》裡面經常出現的漢、魏易說與象數易學條例，此兩章藉著梳理《周易姚氏學》對經、史、子部書籍和漢、魏諸家易學的援用，足以知曉姚配中易學的學術傾向。此兩章借重「歸納法」與「分類法」整理出各種姚配中所援引的文獻，並用「分析法」從中了解姚配中的思想及其對文獻運用的方式，最後採取「對比法」查核《周易姚氏學》與各徵引文獻、對象之同異處，以分判姚氏與原典思想之間的關係；第七章則列舉「對易元的繼承與發明」、「訓釋文字以融入象數體系」、「會通〈月令〉與《周易》」三項《周易姚氏學》不同於其他易學書籍之處，此三項亦相當於姚配中的易學特色，其中又以「對易元的繼承與發明」為本章重心，用「共時法」來連接漢、魏、唐代學者，以至於清儒對「易元」的觀點，匯聚前賢之說，一併考述《周易姚氏學》對「易元」理論的繼承與闡發。除了「共時法」外，本章亦合併使用「演繹法」和「分析法」，試著論述姚配中在《周易姚氏學》一書中展現的獨到易學思想內涵；第八章為結論，主旨在審視本論文與《周易姚氏學》本身之正、反面意義，故筆者將在本章使用「回向思考法」綜述、檢驗整體研究成果，第八章第一節先再次統整、歸結前面第二章到第七章的一些重點，再依次闡述：《周易姚氏學》的貢獻與價值、檢討《周易姚氏學》種種瑕疵、缺失與還待商榷之處，以及《周易姚氏學》的易學觀點、學說對晚清與近代學術界的影響。

第四節　預期成果與價值

　　黃忠天老師時常告訴學生：「碩士論文，實為一篇學習之作。」筆者自思，以自己淺薄的學識，要在學術界寫一篇「有學術價值」的學位論文，也未免

太過狂妄，故在本標題下，筆者實在是字字汗顏，難以動筆，不敢說「預期」
能達到怎麼樣的價值，只有「希冀」能分享一些自己的學習心得與成果，作
爲拋磚引玉之用。以下列出六點預設的研究方向與遠景，筆者將盡力使之達
成（前面第一、第二點屬於大範圍，乃將《周易姚氏學》視爲一名個案，以
檢視整體學術狀況；後面四點屬於小範圍，聚焦於《周易姚氏學》的研究本
身。）

一、填補嘉、道易學研究之不足

　　清代的漢易盛況在嘉慶、道光兩朝（1796～1850）達到頂峰，又因種種
因素漸趨衰弱，與宋易走向相容、調和的階段，這五十五年爲清代易學風氣
轉換的重要時期，應有不少值得研究的空間，卻一直未被當今學界所重。汪
學群先生撰有《清初易學》及《清代中期易學》兩書，將嘉慶朝以前的易學
做了全面性的探討，但仍未涉足道光朝；〔註 29〕朱伯崑《易學哲學史》只提
及惠棟、張惠言、焦循三名清代易學家；〔註 30〕徐芹庭先生《易經源流》將
各個易學派別分類介紹，不做時間軸上的切割；〔註 31〕康全誠先生等人的〈清
代《易》學特色〉爲議題性的論述；〔註 32〕目前有涵蓋到嘉慶、道光兩朝的
易學研究，唯有康全誠先生的《清代《易》學八家研究》，但康先生亦將清代
易學分爲「順康雍時期之《易》學」、「乾嘉時期之《易》學」、「道咸以後時
期之《易》學」三期〔註 33〕，與現今經學史研究較常使用的分期方式相同，
因此也產生了一樣的問題：嘉慶、道光兩朝被分割在兩種不同的學術背景中
討論。姚配中度過了整整二十五年的嘉慶朝（1796～1820），且在道光二十四
年（1844）逝世，以存世時間而言，頗能稱爲嘉慶、道光時期的漢易學家代

〔註 29〕汪學群先生：「清代中期易學研究的範圍包括康熙晚期，以及雍正、乾隆、嘉
　　　　慶三朝的易學。」引自汪學群著《清代中期易學·序》（北京：社會科學文獻
　　　　出版社，2009 年 7 月），頁 4。
〔註 30〕參閱朱伯崑著：《易學哲學史·道學的終結和漢易的復興》第四卷（臺北：藍
　　　　燈文化事業，1991 年 9 月）。
〔註 31〕參閱徐芹庭著：《易經源流·清代之易學源流》下冊（北京：中國書店，2008
　　　　年 4 月），頁 846～981。
〔註 32〕參閱康全誠、張忠智、莊桂英：〈清代《易》學特色〉，《遠東學報》第 26 卷
　　　　第 4 期（2009 年 12 月），頁 585～593。
〔註 33〕參閱康全誠著：《清代《易》學八家研究·目次》，收入《中國學術思想研究
　　　　輯刊·初編》第 5 冊（臺北：花木蘭文化出版社，2008 年 9 月）。

表，藉著了解姚配中及其《周易姚氏學》，得以窺視當時的易學情景，更能稍微補充近代易學界對嘉慶、道光兩朝開發之不足。

二、窺探學術團體對姚氏撰易之助益

昔日在上陳鴻森老師開設的「清代經學研究」課程時，陳老師曾推薦學生於《論語》類可多加研讀清儒劉寶楠的《論語正義》。筆者初次翻閱此書時，對其子劉恭冕〈序〉中的這一段話萌生了興趣：

> 及道光戊子（1828），先君子應省試。與儀徵劉先生文淇、江都梅先生植之、涇包先生慎言、丹徒柳先生興恩、句容陳丈立始爲約：各治一經，加以疏證。先君子發策得《論語》，自是屏棄他務，專精致思。〔註34〕

當時的學者們互動頻繁，《周易·繫辭傳》曰：「方以類聚，物以群分。」〔註35〕志趣相投的人們會自然湊合，形成學術團體，彼此立約攻讀經書，甚至分工合作，每人鑽研一經，劉寶楠因此屏除他務，專治《論語》。由劉氏的案例看來，當時學者的研究領域與撰著動機，或許會與同儕、學術團體有所關聯。那麼，擁有自己學術團體的學者，可能還會從中獲得怎麼樣的影響、啓發？在撰寫學術著作的過程中，又能得到哪些直接、間接助益？筆者欲以姚配中及其撰寫《周易姚氏學》的歷程爲例，描述學術團體對學者及其學術著作的幫助。

三、考察《周易姚氏學》成書之過程

《周易姚氏學》一書歷經二度更名，總共有過三種不同的稱呼。除此之外，晚清張壽榮還曾擷取《周易姚氏學》的卷首內容，另刊刻爲《易學闡元》一書，但其實書中的內容，完全出自《周易姚氏學》，並非姚氏額外撰寫的另一本著作。由於數次更名以及後人增添一書之事，造成一些書目文獻記載的混淆，本研究將分述其成書過程與源流，以免除這些誤會。

〔註34〕引自〔清〕劉寶楠、劉恭冕撰：《論語正義·後敘》（臺北：世界書局，1983年3月），頁434。
〔註35〕引自〔魏〕王弼、〔晉〕韓康伯注〔唐〕孔穎達等正義：《周易正義·繫辭上傳》卷七，收入〔清〕阮元校勘：《十三經注疏》（臺北：藝文印書館，2007年8月），頁143。

四、釐清《周易姚氏學》援用前人易學情形

　　吳承仕等近代學者認爲姚配中繼承了惠棟及張惠言的漢易旗幟。姚氏易會被拿來當作傳承性的連結，表示在易學方面，姚配中與惠棟、張惠言兩人有不少相似的思想、理念、研究方法、學說等等，但吳承仕等學者卻未深入解釋兩者何以相似？只是個模糊的概念。本研究既然以《周易姚氏學》爲主題，自當嘗試找出姚配中承襲惠、張二氏易學之處，讓前人之說更有依據。

　　在對於諸家易學的傾向方面，包世榮早已描述姚配中最初學習虞氏易，後期則深邃鄭氏易的治學歷程。宗主一家絕非僅僅援引一家爲說，仍須旁徵他家以釋，若隨意翻閱《周易姚氏學》，即可發現書中包含許多荀爽、虞翻等漢、魏易家的注解，不單只有鄭康成之言。漢易之難治，在於漢易具有繁複的象數法則、條例，能自成一家的易學家，又各有自己創發、建構的易例與學說。姚配中廣博引述漢、魏易說，看似紛雜，實有其偏好與擇取對象，筆者將逐一考察《周易姚氏學》對各個漢、魏易學家的援用，再挑選幾個《周易姚氏學》較常援用的漢易學家與易說，一併於本研究中介紹。

五、評述《周易姚氏學》釋《易》方式與特色

　　姚配中易學的最大特色與貢獻在於對「易元」的闡發，本研究勢必會就此重點多加論述。然而，「易元」雖爲《周易姚氏學》的思想主軸，但《周易姚氏學》畢竟是一本姚配中對《周易》的注疏書籍，《周易》博大精深，恐怕很難只用一種觀念、學理，就能貫通整本經、傳。因此，除了「易元」論之外，筆者也試著找出姚配中注解《周易》的各種研究方法，並將之提舉至本研究中分析、探討。

六、檢討《周易姚氏學》價值與缺失

　　歷代研究《周易》的學者多如恆河沙數，大多數的易學家，都被時代的洪流所淹沒，著作盡皆亡佚、學說不行於世，只有少數的學者、書籍得以不朽。有些易學家見識不高，未能深邃易道，作品顯得較爲平庸，不具特色，學術價值難以提高，故於當代、後世都無法享譽盛名。但也有些學者運氣不佳，其著作在流傳的過程中，沒有稍具名望的後生晚輩闡揚，或是遇到大規模世變，可能就會使其學說、著作慘遭埋沒，而非本身才識不足，筆者以爲

《周易姚氏學》即是如此。近人柯劭忞〈《周易姚氏學》提要〉曰:「繁稱博引，奧衍宏深……。俾讀是書者有考焉。」〔註36〕給予此書高度的評價，同時期的梁啓超、曹元弼兩人又把姚配中與惠棟、張惠言並舉，可見姚氏易自有其學術價值，只是尚未被人發掘。本研究致力發明姚氏易學，期盼能使姚配中及其《周易姚氏學》重見天日，爲了奠定後續研究基礎，筆者將會在最後的研究成果中論述《周易姚氏學》對整體學術界的貢獻和價值，並檢討《周易姚氏學》的種種瑕疵、缺失與還待商榷之處，希望能給予日後有志於繼續探討姚配中易學的學術同好一些個人研究的心得與淺見。

〔註36〕引自中國科學院圖書館整理:《續修四庫全書總目提要【經部】·易類·《周易姚氏學》提要》上冊（北京:中華書局，1993 年 7 月），頁 106。

第二章　嘉慶、道光時期的易學發展析論

　　姚配中生處嘉慶、道光年間（雖出生於乾隆五十七年（1792），但因年幼且涵蓋時間過短，故不列入討論），度過了整整二十五年的仁宗一朝（1796～1820），辭世於道光二十四年（1844）。此兩朝佔據姚配中的生涯時間幾乎是一半一半，五歲到二十九歲（1796～1820）於嘉慶朝，而立年到逝世（1821～1844）這二十四年則在道光朝（1821～1850），姚氏死後的短短七年內，文宗即位，改朝為咸豐（1851～1861），若純由所處時間來看，姚配中實可謂名符其實的嘉、道代表學者。人終究是時代下的產物，環境會潛移默化一個人的想法與行為，故筆者將嘉慶、道光這五十五年（1796～1850）視作一個整體時間區塊，聚焦探討幾種學術現象，藉以瞭解姚配中置身所處的易學環境。

第一節　宮廷易著的停擺

　　由清代皇帝敕令修纂的易學專著有四部，均集中在乾隆朝及以前。順治十三年（1656），傅以漸等奉敕撰《易經通注》九卷；康熙二十二年（1683），牛鈕等奉敕撰《日講易經解義》十八卷；康熙五十四年（1715），李光地等奉敕撰《周易折中》二十二卷；乾隆二十年（1755），傅恆等奉敕撰《周易述義》十卷。〔註1〕最後，還有乾隆三十八年（1773），王際華等奉敕輯錄唐、宋、元十七本易著〔註2〕，為官方的易學輯佚工程。乾隆以後，卻不見有皇帝敕令

〔註1〕列舉的書籍名稱及卷數，引自彭國棟纂修：《重修清史藝文志‧經部‧易類》（臺北：臺灣商務印書館，1968年6月），頁1。
〔註2〕十七本書目分別為：〔唐〕史徵《周易口訣義》六卷、〔宋〕司馬光《溫公易

編纂易著的相關記載，官方出版的易學專書就此停產，嘉慶朝及以後不復見。「宮廷易著停擺」隱含什麼樣的時代意義？會帶給清代士人怎麼樣的影響？茲在下文中一一探討。

一、宮廷易著的學術取向

由皇帝敕令編纂的官學易書，其寫作方向必然會特意去迎合君王的意旨。當時清朝皇帝想要引導的學術方向為何？從四部官學易書卷首的皇帝〈敕令〉與〈御製序〉可以看出。先來看清世祖的《易經通注・敕》：

> 朕覽《易經》一書，義精而用博，範圍天地萬物之理。自魏王弼、唐孔穎達有《注》與《正義》，宋程頤有《傳》，朱熹《本義》出，學者宗之。明永樂間命儒臣合元以前諸儒之說，彙為《大全》，皆於易理多所發明，但其中同、異互存，不無繁而可刪，華而寡要。……當並加採擇，折衷諸論，簡切洞達，輯成一編。……以稱朕闡明四聖作述至意，欽哉，故敕。〔註3〕

文中直接點出王弼、孔穎達、程頤、朱熹四位先賢之名，此「四聖」較為重視易的義理發揮，而非偏好象數之學〔註4〕，為歷代官學所用。撰寫《易經通注》之目的在精簡明代的《易經大全》，萃取眾說，彙編成書，闡明《易經》義精用博之旨。再看清聖祖的《日講易經解義・御製序》：

> 思古帝王立政之要，必本經學。嘗博綜簡編，玩索精蘊，至於大易

說》六卷、〔宋〕邵伯溫《易學辨惑》一卷、〔宋〕李光《讀易詳說》十卷、〔宋〕鄭剛中《周易窺餘》十五卷、〔宋〕鄭絜《易變體義》十二卷、〔宋〕程大昌《易原》八卷、〔宋〕趙善譽《易說》四卷、〔宋〕徐總幹《易傳燈》四卷、〔宋〕馮椅《厚齋易學》五十二卷、〔宋〕蔡淵《易象意言》一卷、〔宋〕李杞《周易詳解》十六卷、〔宋〕俞琰《讀易舉要》四卷、〔宋〕丁易東《周易象義》十六卷、〔元〕吳澄《易纂言外翼》八卷、〔元〕解蒙《易精蘊大義》十二卷、〔元〕曾貫《易學變通》六卷。書目引自彭國棟纂修：《重修清史藝文志・經部・易類》（臺北：臺灣商務印書館，1968 年 6 月），頁 7～8。

〔註3〕引自〔清〕傅以漸、曹本榮奉敕撰：《易經通注・敕》，收入〔清〕永瑢、紀昀等纂修：《景印文淵閣四庫全書・經部・易類》第 37 冊（臺北：臺灣商務印書館，1986 年 3 月），頁 1。

〔註4〕張善文：「象數，即《周易》的卦象、爻象及陰陽奇偶之數；義理，即六十四卦、三百八十四爻所蘊含的哲學理致。」本章所謂的「象數」、「義理」，即根據張善文先生的定義。引自張善文著：《象數與義理・前言》（臺北：洪葉文化事業，1997 年 1 月）。

> 尤極研求，特命儒臣參玫諸儒註疏、傳義，撰爲《解義》一十八卷，
> 日以進講，反復卦、爻之辭，深探作《易》之旨。〔註5〕

此處申明了「以經學爲立政之要」的道理，康熙用學術籠絡漢人，並藉此培育王佐之才，從八年開始議設經筵〔註6〕，十年舉之〔註7〕，且置日講官教授。〔註8〕該書即爲宮廷「經筵」、「日講」體系下的產物，內容自然和朝廷講學方向如出一轍。接著仍是清聖祖的《御纂周易折中・御製序》：

> 至有宋以來，周、邵、程、張闡發其奧，唯朱子兼象數、天理，違
> 眾而定之，五百餘年無復同異。……朕自弱齡留心經義，五十餘年
> 未嘗少輟，但知諸書《大全》之駁染，奈非專經之純熟。深知大學
> 士李光地素學有本，易理精詳，特命脩《周易折中》，上律河、洛之
> 本末，下及眾儒之考定，與通經之不可易者，折中而取之。〔註9〕

《御纂周易折中》兼採漢代以來的各家說法，而康熙特別舉出周敦頤、邵雍、程頤、張載四名宋儒，讚美他們能闡發易理之奧，尤推許朱熹能兼通象數、義理兩者，命李光地匯集眾說，「折中」取法河、洛本末與諸儒考定，以得通經之義。乾隆朝的《御纂周易述義》也不脫離此方向，見其〈御製序〉：

> 《詩》義既竣，爰從事於《周易》。舉向所闡繹者，命詞臣條次其說，
> 日一、二卦，如《詩》義之例，仍從朱子《本義》，用晁氏本，以應
> 十翼之舊，編成復爲之序。……皇祖《御纂周易折中》廣大精微，
> 義無不備，綜括漢、唐以來諸說之全，而取其粹言，易者無能出其

〔註5〕引自〔清〕牛鈕等奉敕撰：《日講易經解義・御製序》，收入〔清〕永瑢、紀昀等纂修：《景印文淵閣四庫全書・經部・易類》第37冊（臺北：臺灣商務印書館，1986年3月），頁201。

〔註6〕《清史稿校註・本紀・聖祖一》：「康熙八年……夏四月丁巳，給事中劉如漢請舉行經筵，上嘉納之。」引自國史館編：《清史稿校註》卷六，第1冊（臺北：國史館，1986年2月），頁159。

〔註7〕《清史稿校註・志・禮八・經筵儀》：「康熙十年舉經筵，命大學士熊賜履爲講官，知經筵事。」引自國史館編：《清史稿校註》卷九十六，第4冊（臺北：國史館，1986年7月），頁2820。

〔註8〕《清史稿校註・本紀・聖祖一》：「康熙十年……三月癸丑，置日講官。……夏四月辛卯，始開日講。」引自國史館編：《清史稿校註》卷六，第1冊（臺北：國史館，1986年2月），頁163。

〔註9〕引自〔清〕李光地等奉敕撰：《御纂周易折中・御製序》，收入〔清〕永瑢、紀昀等纂修：《景印文淵閣四庫全書・經部・易類》第38冊（臺北：臺灣商務印書館，1986年3月），頁1。

範圍，今是編也，異其體而宗其義，庶無忝乎。〔註10〕

乾隆直接要求編纂者取法晁氏古本的《周易本義》，遵從朱熹易理撰寫《御纂周易述義》。此書宗於前朝《御纂周易折中》義理，而用不同的體例寫成，再次闡揚其中思想，確實爲之錦上添花不少。

由這四部易書的〈敕令〉、〈御製序〉，可看出順治、康熙、乾隆三名清朝皇帝對易學的指導原則，三人雖有輕重之分、比例之別，但都一致偏向於探求《易經》中的聖人大義。義理方面的討論爲宋儒致力探索的範疇，在眾多宋代易學家中，兼納象數與義理的朱熹及其《周易本義》，又最爲皇家青睞。

二、宮廷易著停擺的原因

爲何嘉慶及以後的清代皇帝不再編纂皇家易著？此固然有不少成因，這些現象也透露出清代易學發展到嘉、道時的轉變，楊自平教授曾就學術發展本身的可能因素切入，清楚回答「殿堂易何以發展至《述義》便告終結」這個問題：

> 一是就義理部份而言，所關注經、傳中以君王爲中心的經國濟世之道，已充分發揮，難有新義；二是就釋《易》方式而言，即使《述義》以義理與象數釋《易》，釋《易》作法已難再突破。此外，尚有一現實因素，殿堂易學的中心人物是皇帝，當乾隆之後的嘉慶皇帝不再主導此事（宣宗在位三十年，卻只有五次經筵的記載），自然殿堂易著就壽終正寢。〔註11〕

皇家易爲了達到政治用途，多援引程、朱之說，談經世濟民之道，從思想上整頓士人，包含《述義》在內，便總共有四部宮廷易著依此目的大談義理發揮，實已相當足夠，不須一再反覆申明。而官方著重以義理釋易的方式，似乎也走到了盡頭，難有新義再成一書。楊教授從學術發展本身提出這兩點灼見，筆者也深表贊同，但言嘉慶皇帝親御經筵的次數過少，恐不符史實。根據《清史稿·仁宗本紀》所錄，嘉慶元年即初舉經筵，二年亦開，之後停滯到七年才再開，接續的八年、

〔註10〕引自〔清〕傅恆等奉敕撰：《御纂周易述義·御製序》，收入〔清〕永瑢、紀昀等纂修：《景印文淵閣四庫全書·經部·易類》第 38 冊（臺北：臺灣商務印書館，1986 年 3 月），頁 565。

〔註11〕引自楊自平：〈兼重象數、義理之乾隆殿堂《易》著《御纂周易述義》〉，《第二屆易詮釋中的儒道互動國際學術研討會論文集》（高雄：臺灣大學中國文學系、高雄師範大學經學研究所聯合主辦，2008 年 12 月 6～7 日），頁 18～19。（引文括號內文字本爲註腳 111）

九年、十年……，每年一舉，一直到二十五年，皆有「上御經筵」的記載。〔註
12〕足見嘉慶皇帝本身仍十分關注經學的發展，那為何不再持續推動官方易著？
除了楊教授的兩點見解外，筆者以不才之見，妄自再增添二點於下。

（一）官修經書幾達飽和

康、雍、乾三朝為官修經書的高峰期，康熙八部，雍正三部，乾隆十二
部。《清史稿・藝文志・經部》所記載皇帝敕令編纂的經書，全部也才二十七
部，此三朝就涵蓋了二十三部，占有率約為總數的百分之八十五，類型包羅
「易、書、詩、禮、樂、春秋、孝經、四書、經總義」九種（請參見表一）〔註
13〕，幾乎囊括所有經書種類，前朝已做得如此完備，後世恐不需疊床架屋，
再另行纂修官方經書。

表一、清朝歷代皇帝敕令編纂的二十七部經書分類

	順治（2）	康熙（8）	雍正（3）	乾隆（12）	道光（1）	光緒（1）
易 （4）	《易經通注》	《日講易經解義》 《周易折中》		《周易述義》		
書 （3）		《日講書經解義》 《書經傳說彙纂》				《書經圖說》
詩 （2）		《詩經傳說彙纂》		《詩義折中》		
禮 （4）				《周官義疏》 《儀禮義疏》 《日講禮記解義》 《禮記義疏》		
樂 （4）		《律呂正義》		《律呂正義後編》 《詩經樂譜》 《樂律正俗》		

〔註12〕 參閱國史館編：《清史稿校註・本紀・仁宗》卷十六，第 1 冊（臺北：國史館，
　　　　 1986 年 2 月），頁 544、546、560、563、564、565、568、570、571、572、
　　　　 574、576、578、579、582、583、584、586、587、590、592。
〔註13〕 文中所述與（表一）資料，參自國史館編：《清史稿校註・志・藝文一・經部》
　　　　 卷一百五十二，第 5 冊（臺北：國史館，1986 年 9 月），頁 4000～4031。

春秋 (4)		《春秋傳說彙纂》	《日講春秋解義》	《春秋直解》	《左傳讀本》	
孝經 (3)	《孝經注》		《孝經集注》 《欽定繙譯孝經》			
四書類 (2)		《日講四書解義》		《繙譯四書集注》		
經總義 (1)				《繙譯五經》		

（二）朝廷對學術界的影響力下降

乾隆大倡文治武功的光彩背後，實爲吏治敗壞、天災頻繁〔註14〕的社會。乾隆晚期，社會問題一個個浮出檯面，國力逐漸由盛轉衰。嘉、道中晚期，內憂外患接踵而至〔註15〕，又因白銀外流，產生經濟危機〔註16〕，讓朝廷措手不及，無暇放太多心力在學術上（畢竟編纂一部官方經書，必然得耗費一定的人力、財力。政局不穩的政府，發展學術應非眼前的優先順序，恐怕難以編列這方面的預算），這是屬於社會政局的外緣因素。

而此時的民間易學名家輩出，惠棟、張惠言、焦循等人在象數易學領域皆多有建樹，在當代享有相當的學術聲望，猶如黑夜中耀眼的星星，吸引不少讀書人的注意。雖然大部份的士人依然是把可用於科舉考試的義理易作爲易學入門的基石，但以象數釋易的風氣已形成一股熱潮，流行於清代，成爲民間象數易學與官方義理易學間無形的抗衡。

滿清政府權勢下降，再加上民間易學抬頭，讓讀書人逐漸把易學焦點轉移到民間，官方易學已非易學界的唯一重鎭。由於政府仍掌握考試、任官的

〔註14〕 王金香：「據有關統計，各省區上報的各種災害次數，綜計乾隆朝 60 年間共 1140 次，其中水災 514 次，旱災 251 次，其餘風、霜、雹、雪、蝗、地震、瘟疫等共 375 次，各種災害發生的總數較順治、康熙、雍正三朝 92 年間多出 231 次。」引自王金香：〈乾隆年間災荒述略〉，《清史研究》總第 24 期（1996 年 12 月），頁 93。

〔註15〕 梁啓超：「嘉慶、道光兩朝，乾隆帝種下的惡因，次第要食其報。川、湖、陜的教匪，甘、新的回亂，浙、閩的海寇，一波未平，一波又起。跟著便是鴉片戰爭，受國際上莫大的屈辱。」引自梁啓超著：《中國近三百年學術史·清代學術變遷與政治的影響（下）》（臺北：華正書局，1994 年 8 月），頁 28。

〔註16〕 因爲白銀外流，使白銀供給減少，造成農、商、政府等經濟部門都受到通貨緊縮的壓力，形成經濟蕭條和失業人口增加的社會問題。參閱林滿紅：〈嘉道年間貨幣危機爭議中的社會理論〉，《中央研究院近代史研究所集刊》第 23 期上冊（1994 年 6 月），頁 164。

主導權，士人不可能完全脫離官方易學的脈絡，但宮廷易學對學術界的影響力已大不如以往，種種不利因素，或許使得朝廷自認沒有再編纂一部易書的必要性與能力。

三、宮廷易著對士人的影響

　　宮廷易著之所以重要，是因為政府掌握了讀書人的出路。在現實面上，大多數的士人仍希冀自己能為生活、為理想謀得一官半職，平民晉升為官員的最佳管道，便是科舉考試。既然是官方舉辦的考試，最佳參考書理當就是當朝頒布的御纂經書。清廷在考試方針上，多沿襲明代舊制，《易經》的命題方向即以程、朱之學為官方學術準則〔註17〕，清朝皇帝又敕令易應重義理，且屢屢搬出朱熹之名，上行下效，官方易書的撰寫方向便偏重於義理的闡發，尤其推崇朱子之義。何況，官方易書的幾位總裁，多為經筵官、日講官〔註18〕，為朝廷官員之師，曹本榮、李光地兩人還曾經擔任過「考官」一職〔註19〕，可見宮廷易著與科舉考試的出題、答題方向息息相關，為當朝政府挑選官員的指標，因此被大多數讀書人所遵循。官方易書是科舉考生的首要參考本，也是皇家引領學術方向的指標，宮廷易著中輟，讓讀書人只能參考舊朝出版的官方易書來作答，較難揣測當朝皇帝的學術意向。

　　檢視宮廷易著的撰寫方向與停擺原因，可以窺知當朝政府對學術界的導引方向及控制強度。康、雍、乾三朝為滿清盛世，也是官修經書編纂的高峰

〔註17〕　《清史稿校註‧志九十‧選舉三‧文科》：「有清科目取士，承明制用八股文。取四子書及《易》、《書》、《詩》、《春秋》、《禮記》五經命題，謂之制義。……二年，頒科場條例。禮部議覆，給事中龔鼎孳疏言：『故明舊制，首場試時文七篇，二場論、表各一篇，判五條，三場策五道。應如各科臣請，減時文二篇，於論、表、判外增詩，去策改奏疏。』帝不允。命仍舊例。首場四書三題，五經各四題，士子各占一經。四書主《朱子集註》，《易》主《程傳》、《朱子本義》……。」引自國史館編：《清史稿校註》卷一百十五，第4冊（臺北：國史館，1986年7月），頁3171。

〔註18〕　《易經通注》撰者曹本榮；《日講易經解義》總裁牛鈕、孫在豐、張英三人；《周易述義》正總裁官傅恆、來保皆是，見載於《易經通注‧進表》、《日講易經解義‧官銜》、《御纂周易述義‧職名》。

〔註19〕　《清史稿校註‧列傳二百六十七‧儒林一‧曹本榮》：「十四年八月，（曹本榮）充順天鄉試正考官。」引自國史館編：《清史稿校註》卷四百八十七，第14冊（臺北：國史館，1990年2月），頁10990；《清史稿校註‧列傳七十七‧楊名時》：「李光地為考官，深器之。」引自國史館編：《清史稿校註》卷二百九十七，第11冊（臺北：國史館，1989年2月），頁8833。

期，大量而集中的出版，讓官方易書不論在量或質上，都將近達到飽和，在經世義理的內容上、編纂的體例上、釋《易》的方式上，幾乎也攀到頂端，走到瓶頸。另一方面，民間幾位易學大家崛起，尊崇漢人之法，帶起象數解《易》的風潮，此雖不一定能在科舉考試中受用，卻能得到時人的認可，在士人圈中獲得肯定的評價（特別是在漢學派之中）。政府握有考試、任官的實權，大部分士人依舊必須誦讀官修經書，官學易仍可維持住嘉、道兩朝易學界的主導地位，但官方對學術研究方向的直接、間接箝制力已大不如前，部分民間士人族群談論的易學焦點挪到象數易學領域，而非官方偏好的義理易學。易學風氣之所以趨往漢學流動，除了宮廷易著不再刊行（義理易勢力衰退）這個原由外，還因爲民間漢學風氣鼎盛（象數易勢力增強）之故。第二節便就民間漢易學風的消長與變化來談。

第二節　漢代易學的流轉

　　前朝漢、宋學派對立的現象延燒到嘉慶朝，漢學家在解《易》方法上，傾向用象數說易，不同於宋學家偏重從義理做發揮。當時的漢易雖不至於獨霸整個易學界，卻已擁有足以和宋易匹敵的實力，在民間士人圈中蔚爲一股主流學風。學術中人或多或少都受到這股風氣感染，幾乎無人不習漢人易說〔註20〕與象數易學〔註21〕，漢易〔註22〕成爲一門強勢學科。

〔註20〕此之「漢人易說」指某漢、魏學者對易學的一家之言，例如：孟喜、京房、荀爽、鄭玄、虞翻中某人的《易經》學說。

〔註21〕此之「象數易學」包括以著重某種象數項目作爲論述中心者。例如：蔡首乾《周易闡象》和蔣紹宗《周易觀象》，兩書都以闡象爲主旨，此引尚秉和先生對兩書的簡評以互見。尚秉和評《周易闡象》：「今按其書，以闡象爲主。其闡象之法，有正對、有反對……。」尚秉和論《周易觀象》：「今觀其注，首先釋象，末略疏其義……。惟經文實字以象求之，其虛字亦必求之於象。」分別引自中國科學院圖書館整理：《續修四庫全書總目提要【經部】・易類・《周易闡象》五卷、《周易觀象》四冊》（北京：中華書局，1993 年 7 月），頁 74、94。

〔註22〕此之「漢易」，爲「漢人易說」和「偏主『象數易學』」兩種元素的交集。筆者認爲漢易並不等於象數易（漢代的民間學者費直即以《十翼》解經，義理派王弼以費直之法掃象），如同宋易不應該和義理易劃上等號（宋代易學甚至有圖書宗一支，《四庫提要》將之歸屬象數易派），只是因爲漢代的《易經》仍保留了濃厚的卜筮性質，故漢代易學家多以象數條例解之；宋代則因理學昌明，故宋儒習慣以哲學角度闡發《易經》義理。然而，《易經》的語言內含「卜筮語言」與「哲學語言」兩種，所以在解釋經傳的方式上，不論是象數

　　嘉慶中期之後，隨著社會動盪與學術本身疲弊等多種綜合因素，漢學派的氣焰慢慢削減，漢學與宋學走上並行、調和的學術發展階段。本節便順著時間敘述：嘉、道早期與前朝漢易盛世的連結、漢易聲勢遞減的原因，以及漢易與宋易在嘉、道中晚期的交互發展概況。

一、前期漢易的延續

　　清初，紅豆先生惠士奇著《易說》六卷，「雜釋卦爻，以象爲主，力矯王弼以來空疏說經之弊。」〔註 23〕開啓清儒研究象數易的先河。其子小紅豆惠棟繼承家學，主治漢人易說，「漢學之絕者千有五百餘年，至是而粲然復章矣。」〔註 24〕帶起民間攻讀漢易的風尚。〔註 25〕經過惠氏家族的引領，學易者有了新的研究題材，一一回頭學習象數之例、漢人之說。漢、魏時期的易學家及學說，陸續被重新挖掘、再次詮釋。排擠效應下，程、朱爲首的宋易吸引力銳減，投入宋易領域的學者人數降低，研究量自然隨之縮減。

　　惠氏家族讓漢學、象數易學興起後，學術界又出現兩件對這股漢易風潮推波助瀾的大事：一爲《四庫提要》的編制；二爲張惠言對惠棟學說的後出轉精。這兩件事讓漢學派的地位更加牢固，間接促使漢易盛行的風氣持續到嘉、道時期。

（一）《四庫全書總目提要》的編纂成員

　　乾隆六十年（1795），《四庫提要》撰成，日後由武英殿刊刻，遂廣泛被世間流傳。《四庫提要·經部·易類》和之前宮廷易著在思想上之所以不同，其一原因在於：《四庫全書》招攬不少民間的著名學者共同完成。民間學者被政事束

　　　派與義理派，其實都「兼含」象數及義理，只是在整體比例上，「相對性偏重」
　　　於某一方。一般以爲「漢易即爲象數易，宋易即爲義理易」，出自當時整個學
　　　術風氣給後人的刻板形象，是一種代表性的象徵概念，雖非錯誤，但實不應
　　　蓋棺論之。本章所謂的「漢易」，即相對於「宋人易說」和「偏主『義理易學』」
　　　的「宋易」而言。
〔註 23〕引自國史館編：《清史稿校註·列傳二百六十八·儒林二·惠士奇》卷四百八
　　　十八，第 14 冊（臺北：國史館，1990 年 2 月），頁 11030。
〔註 24〕參閱〔清〕錢大昕撰〔民國〕呂友仁標校：《潛研堂文集·傳三·惠先生棟傳》
　　　卷三十九（上海：上海古籍出版社，1989 年 11 月），頁 699。
〔註 25〕關於惠棟易學探討及其在清代易學史上的定位，近人陳伯适先生有相當精深
　　　的研究，可參閱陳伯适著：《惠棟易學研究》，收入林慶彰主編：《中國學術思
　　　想研究輯刊五編》第 9～12 冊（臺北：花木蘭文化出版社，2009 年 9 月）。

縛得少，較能有意、無意地表達自己的學術見解，與多為經筵講官組成，且須
處處服膺皇帝旨意的官修經書大有不同。見陸又言先生舉出的四庫編纂者：

> 「《四庫全書》」，開始編纂，即嚴定體例，審校古書。那時館臣中，
> 多積學之士，紀昀戴震既以經學著稱。……總閱官陽湖莊存與長於
> 經學，嘉善謝墉長於小學校勘學，……興化任大椿長於經學，校辦
> 各省送到遺書纂修官桐城姚鼐長於經學理學古文，大興翁方綱長於
> 經學金石學，朱筠長於經學小學……，繕書處分校官歙縣金榜長於
> 經學，洪梧長於經學小學。篆隸分校官高郵王念孫長於經學小學校
> 勘學等，都是一代學者，弁冕藝林。〔註26〕

從本段列舉的姓名看來，四庫館員中的標竿人物，多數為漢學家。總纂官紀
昀本身崇尚漢學外，皖派領導人戴震還是經部撰寫的主力，主導《四庫提要·
經部》的寫作方向。〔註27〕當時漢、宋兩派的學者正處於對立階段，見《四
庫提要·經部·詩類總序》：

> 攻漢學者，意不盡在於經義，務勝漢儒而已；伸漢學者，意亦不盡
> 在於經義，憤宋儒之詆漢儒而已。各挾一不相下之心，而又濟以不
> 平之氣，激而過當，亦其勢然歟？〔註28〕

將這番言論對應《閱微草堂筆記》〔註29〕，可知紀昀並非獨指《詩經》學界
的狀況，而是對當時整個經學界的漢、宋學派對抗僵局發出感嘆，易學界當
然也無法倖免於這場學派鬥爭。

〔註26〕 引自陸又言編著：《中國七大典籍纂修考·「四庫全書」的纂修》（臺北：啟業
　　　　書局，1968年2月），頁80～81。

〔註27〕 李慈銘：「《總目》雖紀文達、陸耳山總其成，然經部屬之戴東原，史部屬之
　　　　邵南江……皆各集所長。……今言《四庫》者，盡歸功文達；然文達名博覽，
　　　　而於經史之學實疏，集部尤非當家。經、史幸得戴、邵之助，故經則力尊漢
　　　　學。」引自〔清〕李慈銘撰：《越縵堂日記·孟學齋日記·丙集上·同治五年·
　　　　夏四月己丑·二十八日丙辰》（北京：北京浙江公會，1910年），頁32。

〔註28〕 引自〔清〕紀昀等撰：《欽定四庫全書總目·經部·詩類一》卷十五，第1冊
　　　　（臺北：藝文印書館，2004年10月），頁330。

〔註29〕 紀昀：「夫漢儒以訓詁專門，宋儒以義理相尚，似漢學粗而宋學精，然不明訓
　　　　詁，義理何自而知？概用詆誹……於是攻宋儒者又紛紛而起。故余撰《四庫
　　　　全書·詩部總序》有曰：『宋儒之攻漢儒，非為說經起見也，特求勝於漢儒而
　　　　已；後人之攻宋儒，亦非為說經起見也，特不平宋儒之詆漢儒而已。』」引自
　　　　〔清〕紀昀著：《閱微草堂筆記·灤陽消夏錄一》卷一，收入《筆記小說大觀》
　　　　二十八編（臺北：新興書局，1979年7月），頁3188。

　　《四庫提要》對當時及後代的影響力不必筆者贅言，漢學家一派在四庫工程的進行下，取得了學術界的指導地位，如同梁啓超所說：「四庫館就是漢學家大本營，《四庫提要》就是漢學思想的結晶體。……朝廷所提倡的學風，被民間自然發展的學風壓倒。」〔註30〕然而，整體學術界是否眞以民間學風較強？還有待商榷，但漢學派在四庫的經部工程中，除了握有主權外，也在人數上佔有相對多數，在漢、宋學派對峙的氛圍下，漢學派藉此強化了自己在學術界的地位。〔註31〕

（二）張惠言及其《周易虞氏義》

　　惠棟之後，出現清儒研究漢代象數易學的另一個指標性人物：張惠言。他在嘉慶二年撰成《周易虞氏義》九卷〔註32〕，六年後，阮元用張惠言弟子陳善提供的定本刊印此書〔註33〕，讓當時的學術界又掀起一波震盪，爲嘉、道兩朝的漢易研究先鋒，見《周易虞氏義·自序》：

> 清之有天下百年，元和徵士惠棟始考古義：孟、京、荀、鄭、虞氏，作《易漢學》，又自爲解釋曰《周易述》，然掇拾於亡廢之後，左右采獲，十无二三，其所述大氐宗禰虞氏，而未能盡通，則旁徵他說以合之。……古書亡而漢、魏師說可見者十餘家，然唯鄭、荀、虞三家略有梗概可指說，而虞又較備。然則求七十子之微言，田何、楊叔、丁將軍之所傳者，舍虞氏之注，其何所自焉？〔註34〕

〔註30〕引自梁啓超著：《中國近三百年學術史·清代學術變遷與政治的影響（中）》（臺北：華正書局，1994年8月），頁24～25。

〔註31〕夏長樸先生曾撰文描述《四庫提要》崇漢黜宋的學術傾向，並討論四庫館臣崇漢抑宋的原因和《四庫提要》對學界產生的影響，論點周延詳盡，值得一讀。參閱夏長樸：〈《四庫全書總目》與漢宋之學的關係〉，《故宮學術季刊》第23卷第2期（2005年12月），頁87～104。

〔註32〕張惠言：「爲《虞氏義》九卷，又表其大恉，爲《消息》二卷。……嘉慶二年月日張惠言」引自〔清〕張惠言撰：《周易虞氏義·自序》【清嘉慶八年阮氏琅嬛仙館刻本】，收入《續修四庫全書·經部·易類》第26冊（上海：上海古籍出版社，2002年3月），頁430。

〔註33〕阮元：「編脩不幸早卒，其弟子陳生善得最後定本，思廣傳之而未得。余素重編脩書，因命之校付梓人。……嘉慶八年六月立秋日揚州阮元序」引自〔清〕張惠言撰：《周易虞氏義·阮元序》【清嘉慶八年阮氏琅嬛仙館刻本】，收入《續修四庫全書·經部·易類》第26冊（上海：上海古籍出版社，2002年3月），頁427。

〔註34〕引自〔清〕張惠言撰：《周易虞氏義·自序》【清嘉慶八年阮氏琅嬛仙館刻本】，收入《續修四庫全書·經部·易類》第26冊（上海：上海古籍出版社，2002

惠棟採拾漢、魏諸家易說，結論多宗於虞翻，有開啓古《易》之功，但張惠言認爲惠棟易作尚未臻於完善，再加上古籍殘存狀況，以虞氏書最爲齊備，故決定埋首於虞翻易說，終於完成《周易虞氏義》，將乾隆朝已頗爲盛行的漢、魏易學，再推往另一座高峰。廖名春先生說：

> 張氏治易雖步武惠棟，專述漢人之說，但有兩大特點，一是對前人易說的搜集輯錄較惠棟更爲全面、清楚。……二是其家法較惠棟更爲明了，把虞翻一家易學，發揮盡致，別家作爲附庸，分別搜擇，不相染廁。〔註35〕

可見張惠言的易作，基本上是對惠棟治易方針的發揚與推闡，張氏擴張搜羅更多漢、魏易家學說，最後獨鍾虞翻之言，比惠棟「大氏宗禰虞氏」還更加篤守虞翻一師之法。張惠言在當時的學術界具有高度威信，其學說儼然成爲易學界新的指標，易學家們（不論是漢學家或宋學家）紛紛仿效，蜂擁投入鑽研虞氏易的行列，漢、魏學風因此更爲興旺。一直到道光晚期，包世榮仍感嘆：「仲虞書行於今世，自不及張先生之盛。」〔註36〕足見張惠言及其學說在中晚清樹立的崇高地位。

二、當世漢易的隱憂

乾、嘉爲漢學盛世，漢易本身大部分都是象數方面的條例，清代的漢易學者自然也就必須學習象數學，使得此時的象數易十分盛行，又因爲《四庫提要》的編制及張惠言學說的影響，漢易在當時可謂如日中天，已經從幾個特有的士人族群擴散到整個學術界，諸多學者積極投入其中，不論是在質或量上，清儒都爲漢人易說和象數易學的研究成果繳出一張漂亮的成績單。可惜，萬事盛極必衰，嘉、道中晚期，漢學風氣逐漸減弱，大不如往昔之盛況，禍端並非突如其來，其實早在漢學鼎盛之時，就已埋藏衰敗的腫瘤。學術風氣之所以轉折，通常是多元面向中的多種原因雜揉而成，涉及範圍寬闊且複雜。筆者學淺，無法全面關照，僅能從外緣因素（學術環境）與內緣因素（學術本身）兩方面挑出幾點說明。

年 3 月），頁 430。

〔註35〕引自廖名春、康學偉、梁韋弦著：《周易研究史・明清易學・清代易學的主流——樸學易的發展》（長沙：湖南出版社，1991 年 7 月），頁 386。

〔註36〕引自〔清〕包世臣撰〔民國〕李星點校：《藝舟雙楫・附錄二・清故文學姪德姚君傳》卷八，收入《包世臣全集》（合肥：黃山書社，1994 年 5 月），頁 504。

（一）外緣因素

世變往往牽動著學風的變化，經學更是離不開政治、社會、經濟，常會出現因應時局而生的學說，故知「求其學術之遷變而考合於世事」〔註37〕，社會環境常為學術發展的風向球。嘉、道之時，天災、人禍（含內憂及外患）席捲而來，知識份子對國勢日蹙深感焦慮，經世致用思潮興起，和今文經學連結，主要推崇《春秋》中的「大一統」之說。〔註38〕學術重心轉移，與政事連結度較低的易學相對不被整體學術界看重，促使易學家再度轉型，從本來鑽研法則、條例的象數易學，回歸到清初經世的義理易思想與精神，以回應時下的潮流。

政經社會的影響外，學界本身的漢、宋門戶對立，也讓人心厭煩。特別是漢學派在四庫館掌握主導權後，似乎會有意、無意地表現出仗勢欺人與恃才傲物的態度，從宋學家姚鼐的這番言語：「今世天下相率為漢學者，搜求瑣屑，徵引猥雜，無研尋義理之味，多矜高自滿之氣。」〔註39〕足見漢學派盛氣凌人的姿態。嘉慶年間，惠棟弟子江藩撰成《漢學師承記》，不肯接受龔自珍更改書名的建議〔註40〕，刻意區別漢、宋門戶，以光大漢學；宋學派也不甘示弱，桐城派方東樹回敬《漢學商兌》一書，文中斥責治漢學有「六蔽」〔註41〕，書中不免偏執之言。兩學派爭鬥頻繁，雙方學者不免對此生厭，欲求平和氛圍與持平之論，使對壘的兩學派緩緩轉向，踏入「和」、「合」階段。不同的是，宋學被官方拿來應用於科場，為大多數士人的必修學門，屬於普遍性的學問〔註

〔註37〕 此為錢穆先生欲上溯東林，以論清儒之語。此處用法與賓四先生原意稍異，徒借用語句而已。引自錢穆著：《中國近三百年學術史‧引論》上冊（臺北：臺灣商務印書館，1996年7月），頁21。

〔註38〕 參閱湯志鈞著；楊國寬校對：《經學史論集‧清代經今文學的復興》（臺北：大安出版社，1995年6月），頁20～21。

〔註39〕 引自〔清〕姚鼐撰：《惜抱軒文後集‧復汪孟慈書》卷三，收入沈雲龍主編：《近代中國史料叢刊續編‧惜抱軒文集》第69輯（臺北：文海出版社，1979年11月），頁603～604。

〔註40〕 龔氏提出此書名目有「十不安」，建議江藩改名目為《國朝經學師承記》，參閱〔清〕龔自珍著：《定盦文集補編‧附與江子屏書》卷四，收入《評校足本龔定盦全集》（臺北：新文豐出版，1975年3月），頁6～7。

〔註41〕 方氏所提「六蔽」之意，請參閱〔清〕方東樹撰：《漢學商兌》卷下，收入王雲五主編：《國學基本叢書》（臺北：臺灣商務印書館，1968年3月），頁148～149。

〔註42〕 由於宋學是官方推行的學問，科舉制度下的讀書人多數從小就誦讀四書，朱子學成為普羅士人的學問根基，康有為便說：「蓋以功令所垂，解義只尊朱子。……故令諸生荒棄羣經，惟讀四書；謝絕學問，惟事八股。」科舉考試依循朱熹，

42），自然會培養出一定的擁護者和研究人才；漢學則是民間興起的學問，若純以派系對抗的角度來說，有時的確需要用特意強調、發揚、結黨、激辯等等手段，才能製造話題性來引人注目，吸引士人投入其中。因此，漢、宋學派糾紛的平息，實際上間接造成了揚宋黜漢的結果。

（二）內緣因素

漢學興旺的乾、嘉時期，頗多易學家深邃於漢代易學，極力鑽研漢人之言、象數之例，研究者一窩蜂地投入其中，一時之間，漢易研究方面的書籍產量激增，其中不乏高水準作品。此時漢易研究的學術成果可謂質、量兼俱，幾乎達到飽和，後人除非能推陳出新，否則根本無法超越前人。然而，事有其利亦有其弊，「專精」是一種聚焦成效，弊病是自設疆界，可能會讓視野狹隘，思維也會因僵化而受到限制，難以廣博通達。諸多易學家埋頭走進這扇窄門苦讀，卻無法脫離象數易的思考框架，被漢人窠臼束縛。這樣的學問本身勢必是如日過中天，盛極將衰，漢代易學的發展開始露出疲態。

三、後期漢易的轉化

嘉、道晚期，漢學派盛氣不再，與宋學派達到彼此制衡、不相干擾的局面，兩學派的疆界逐漸被打破，漢、宋學得以並行不悖地存在，學者不需再刻意「選邊站」，能彼此自由發展，個別鑽研己之所好。有的學者兼習漢學和宋學，會通兩派之說，因此造就漢、宋易學調和、交融的現象，開啓多元發展的學風。筆者以下隨機列舉幾個嘉、道期間刊行的易學著作，將其撰寫方向分成三類，來表示此時的易學家對漢、宋易學的三種回應方式。

（一）專主

1. 鍾情漢學的易學著作

方申《方氏易學五書》〔註 43〕內容包括《易》象、卦象、互體、卦變，

皇家經書崇奉宋學、偏好義理，現實驅使士人幾乎無法離開宋學。即使是漢學家，雖在學術上專攻漢學，但面臨科舉時，恐怕還是得熟讀宋學，以應付考試。此說法可參閱湯志鈞著：《近代經學與政治・「漢學」的復興・「宋學」的高踞廟堂》（北京：中華書局，2008 年 8 月），頁 63～64。康南海之引言，引自〔清〕康有爲撰：《戊戌奏稿・請廢八股試帖楷法試士改用策論摺》，收入蔣貴麟主編：《康南海先生遺著彙刊（十二）》（臺北：宏業書局，1976 年 9 月），頁 8～9。

〔註43〕　《方氏易學五書》包含《諸家易象別錄》、《虞氏易象彙編》、《周易卦象集證》、《周易互體詳述》、《周易卦變舉要》五種易學著作，可見於〔清〕方申撰：《方

皆爲漢儒之法、象數之學；本論文研究對象姚配中《周易姚氏學》亦屬此類，旁徵博引漢、魏諸家易說，宗主鄭康成。〔註44〕

2. 獨宗宋學的易學著作

汪德鉞《周易偶記》〔註45〕宗於宋代易學，被宋學派大師姚鼐賞識，爲宋易之延續；丁晏的學術意向雖有轉變（不完全歸屬宋學），但其《周易訟卦淺說》〔註46〕專主程、朱，不取漢人之說，爲主於宋易之書。

（二）調和

1. 習染他派的易學著作

兩派學者中，有某些學者開始虛心學習對方的學問，不論主攻漢易或宋易，也都會多少添加另一方的學說見解。例如：兼治象數的宋易學家蔡紹江，其著作《周易本義補說》〔註47〕即多用漢人《易》象彌補朱熹所未言；端木國瑚《周易指》〔註48〕雖以象數爲主，但不廢宋學。

氏易學五書》【清光緒十四年江陰南菁書院刻南菁書院叢書本】，收入《續修四庫全書・經部・易類》第 30 冊（上海：上海古籍出版社，2002 年 3 月），頁 1～76。

〔註44〕 包世榮：「吾友姚君仲虞……後得李氏《集解》，見三家注，精心研求。以爲司農之注，優于荀、虞，乃據鄭爲主，參以漢、魏經師舊說，作《周易象象》。」（《周易象象》爲《周易姚氏學》）的前身。引自〔清〕姚配中撰：《周易姚氏學・包世榮序》【一經廬叢書本】，收入《續修四庫全書・經部・易類》第 30 冊（上海：上海古籍出版社，2002 年 3 月），頁 450。

〔註45〕 尚秉和評《周易偶記》：「所著有《七經偶記》，爲桐城姚鼐、武進臧庸所稱，《周易》其一也。……以宋易爲宗，以義理爲主。」引自尚秉和撰：《易說評議・《周易偶記》二卷》卷六，收入張善文等校理：《尚氏易學存稿校理》第 3 卷（北京：中國大百科全書出版社，2005 年 6 月），頁 104。

〔註46〕 吳承仕評《周易訟卦淺說》：「其解釋經傳，大抵以《王注》、《程傳》、《朱義》爲宗；漢儒舊說，一所不用。」引自吳承仕撰：《檢齋讀易提要・《周易訟卦淺說》一卷》，收入張善文等校理：《尚氏易學存稿校理・附編》第 3 卷（北京：中國大百科全書出版社，2005 年 6 月），頁 30。

〔註47〕 尚秉和評《周易本義補說》：「其說之善者，……又如虎視眈眈，朱注不言虎象。茲云艮爲虎。大過初爻藉用白茅，朱注祇言茅物之潔者。茲云巽爲白，爲草木，故爲茅。皆足以補朱注之所未備。書內如此者甚多。……此書能補《本義》之闕漏，並能言象，不但爲朱子之功臣，亦晚近義理家之少有者也。」引自尚秉和《易說評議・《周易本義補說》五卷》卷七，收入張善文等校理：《尚氏易學存稿校理》第 3 卷（北京：中國大百科全書出版社，2005 年 6 月），頁 123～124。

〔註48〕 柯劭忞評《周易指》：「國瑚易學以象數爲宗，其意欲包羅漢、宋、焦、京、陳、邵之學，融合爲一，而博引繁徵。」引自中國科學院圖書館整理：《續修

2. 主張並重的易學著作

樂涵《易門》〔註 49〕能不被門戶之見所囿，兼採象數、義理兩者，博引諸賢之說，不分漢、宋；盧淛《周易經義審》〔註 50〕能不拘泥兩派分別，而終能自立己說；題名王希尹著的《漢宋易學解》〔註 51〕，從書名便能窺其目的，不只像樂氏、盧氏兼納兩派之說，還更跨進一步，企圖治漢、宋為一爐。

（三）不隸屬兩派

1. 不言派系的易學著作

有人專攻漢易，有人鑽研宋易，有人蓄意兼納、調和兩者。此時的許桂林《易確》〔註 52〕則主張以理為判，不應完全信服某派、某家之說，具有客觀精神；蘇秉國《周易通義》〔註 53〕不採信漢儒卦氣、爻辰之學與宋儒圖書宗之說，有一套自我的見解。

2. 自創新解的易學著作

四庫全書總目提要【經部】‧易類‧《周易指》三十八卷》上冊（北京：中華書局，1993 年 7 月），頁 103。

〔註 49〕潘雨廷評《易門》：「解經時，能象理皆取，博引先儒之說，非蔽于漢、宋門戶之見者也。……夫總觀此書，象能本諸荀、虞，理能發揮程、朱。」引自潘雨廷著；張文江整理：《讀易提要‧樂涵《易門》提要》（上海：上海古籍出版社，2006 年 6 月），頁 439～442。

〔註 50〕尚秉和評《周易經義審》：「今觀其書，無論是非，多自書己見，尊信程、朱而能正其非，用漢儒之象而不泥於漢儒，在經書中，頗能自立。」引自尚秉和撰：《易說評議‧《周易經義審》無卷數》卷六，收入張善文等校理：《尚氏易學存稿校理》第 3 卷（北京：中國大百科全書出版社，2005 年 6 月），頁 101。

〔註 51〕尚秉和評《漢宋易學解》：「其易解先言易象，再及義理，意欲治漢、宋為一爐，較之空言義理者進矣。」引自尚秉和《易說評議‧《漢宋易學解》不分卷》卷七，收入張善文等校理：《尚氏易學存稿校理》第 3 卷（北京：中國大百科全書出版社，2005 年 6 月），頁 120。

〔註 52〕吳承仕評《易確》：「自稱說經當以經為師，不當分別漢、魏、唐、宋，荀、虞、王、韓、孔、李、程、朱。孰是孰非，合理為是，違理為非。此其著作本意也。」引自吳承仕撰：《檢齋讀易提要‧《易確》二十卷》，收入張善文等校理：《尚氏易學存稿校理‧附編》第 3 卷（北京：中國大百科全書出版社，2005 年 6 月），頁 26。

〔註 53〕柯劭忞評《周易通義》：「大抵秉國之學，不信漢學之爻辰卦氣，亦不信宋學之河洛先天。……謂王弼、伊川，其意似直以《易》之取象，無復有所自來。……其持論尤為有據，山陽汪文端公序其書，以為辭簡而義昭，語質而理洽。」引自中國科學院圖書館整理：《續修四庫全書總目提要【經部】‧易類‧《周易通義》二十二卷》上冊（北京：中華書局，1993 年 7 月），頁 101。

　　焦循《雕菰樓易學三書》發明「旁通、相錯、時行」的理論，並運用「數理、假借」的方法，試著統一《周易》「象、數、辭、理」四維的內在聯繫〔註54〕，其學體大思精，發前人所未發〔註55〕，其易說鎔鑄象數、義理，多有創新，無法用漢、宋兩派舊說予以界定。

第三節　輯佚易書的普遍

　　蔣元卿先生曾說：「書籍遞代散亡，好學之士，每讀前代著錄，按索不獲，深致慨惜，於是有輯佚之業。最初從事此種工作者，當為宋之王應麟……至清而此學遂成專門之業。」〔註56〕張舜徽先生曾替「輯佚」下一個詳細的定義〔註57〕，簡言之，輯佚是藉著搜輯其他書籍引用原書文句的方式，以求恢復部分古籍的原貌。清代的輯佚學與考據學互相影響、推闡〔註58〕，開創出空前的榮景，為輯佚的繁盛時代。〔註59〕以下便綜合論述：「民間對易書輯佚

〔註54〕《雕菰樓易學三書》包含《易通釋》、《易圖略》、《易章句》三種易學著作。賴貴三先生對焦循易學潛研有年，可謂焦氏知音神交。此說即參閱賴貴三著：《焦循《雕菰樓易學三書》研究·結論·焦氏《易》學總體評價》，收入林慶彰主編：《中國學術思想研究輯刊·初編》第 4 冊（臺北：花木蘭文化出版社，2008 年 9 月），頁 273～275。

〔註55〕英和：「數本自然，求諸經文，觸類引伸，在在契合，無取納甲、爻辰之奧解，不襲圖書、河洛之偽傳。使古今理、言數諸家，均心折其辭……今觀所學，非列國，非漢，非晉、唐，非宋，發千古未發之蘊，言四聖人所同然之言。」引自〔清〕焦循撰：《江都焦氏雕菰樓易學·英和序》【清江都焦氏刻雕菰樓易學本】，收入《續修四庫全書·經部·易類·《易章句·序》》第 27 冊（上海：上海古籍出版社，2002 年 3 月），頁 42。

〔註56〕引自蔣元卿著：《校讎學史·校讎學的鼎盛時期·輯佚與辨偽》（臺北：臺灣商務印書館，1967 年 5 月），頁 262。

〔註57〕張舜徽：「有些好學博覽之士，為著滿足自己求知的欲望，特別對於已經散佚了的古代名流學者的寫作，寄與無窮的歆慕和追求，想盡方法，希望通過其他書籍中引用的材料，重新搜輯、整理出來，企圖恢復作者原書的面貌，或者恢復它的一部分，這便是『輯佚』。」引自張舜徽著：《中國文獻學·前人整理文獻的具體工作·輯佚》，收入《張舜徽集》（武漢：華中師範大學出版社，2004 年 3 月），頁 148～149。

〔註58〕此說參閱曾聖益：〈乾嘉時期之輯佚書與輯佚學淺論〉，收錄於蔣秋華主編：《乾嘉學者的治經方法》上冊（臺北：中央研究院文哲所籌備處，2000 年 10 月），頁 214。

〔註59〕曹書傑先生指出清代為輯佚發展的鼎盛時期，主要有八種指標：「輯佚工作者的隊伍壯大」、「出現了以輯佚為主業的學者」、「輯佚的對象、範圍十分廣泛」、「卷帙浩繁的大部頭的輯佚書開始出現」、「輯佚的類型多有創獲」、「輯佚的學

的情景」、「輯佚對易學發展的貢獻」、「輯佚在易學界中的應用」三方面議題。

一、民間對易書輯佚的情景

　　根據曹書傑先生對清代輯佚活動的四個分期，嘉、道兩朝處於第三階段：「私家輯佚廣泛盛行時期」〔註60〕私家輯佚的大興，與乾隆晚期的大型文獻整理事業「《四庫全書》工程」關係密切，孫星衍說：

　　　　今世所存古書版本，多經宋、明人刪改……。古書多亡於北宋，故
　　　　輯書始於王應麟，近代惠徵君棟踵爲之，《四庫全書》用其法，多從
　　　　《永樂大典》錄編次，刊布甚夥，至於宗源，無書不具焉。〔註61〕

惠棟仿法王應麟，輯錄孟喜、京房、虞翻、鄭玄等漢、魏易說，並加以考證。四庫館臣則更進一步，利用官方雄厚的資金與眾多學者的合作，大規模地從《永樂大典》搶救出許多晉、唐、宋、元時期輯存亡佚的古籍。惠棟與四庫館員的作法幾乎形成典範〔註62〕，學者目睹到輯佚這塊「藍海」〔註63〕，尚有廣大的開發空間，紛紛套用其法、投入其中（例如：張惠言及其易學，即承襲惠棟對漢人易學的輯佚方法），這股風氣便一直流傳到晚清。

　　筆者用上海圖書館整理的《中國叢書綜錄》資料羅列嘉慶、道光兩朝含有易類的著名輯佚書，並算出易類的輯錄數（請參見表二）〔註64〕，以顯示

　　　　者已有師門傳承」、「輯佚的體例、方法更趨完善」、「輯佚的工作得到了朝廷的
　　　　支持和重視」。參閱曹書傑著：《中國古籍輯佚學論稿・清代輯佚的繁興（上）・
　　　　清代輯佚概說》（長春：東北師範大學出版社，1998 年 9 月），頁 129～130。

〔註60〕四階段的時間分別是「第一階段是清初至乾隆中：漢學家輯匯古經義傳時
　　　　期」、「第二階段是乾隆中至乾隆末：官家輯佚時期」、「第三階段是乾隆末到
　　　　道光間：私家輯佚廣泛盛行時期」、「第四階段是咸豐至清末：私家專類輯佚
　　　　時期」，請參閱曹書傑著：《中國古籍輯佚學論稿・清代輯佚的繁興（上）・輯
　　　　佚活動的分期》（長春：東北師範大學出版社，1998 年 9 月），頁 131。

〔註61〕引自〔清〕孫星衍撰：《五松園文稿・章宗源傳》卷一【岱南閣叢書本】，收
　　　　入《叢書集成初編》（北京：中華書局，1985 年），頁 21。

〔註62〕惠棟掀起清代輯佚的流行，但實非開創者。清初最早從事輯佚者，多非漢學
　　　　家，例如黃宗羲、劉獻廷等人。參閱喻春龍著：《清代輯佚研究・清代輯佚的
　　　　發展概況》（上海：上海古籍出版社，2010 年 6 月），頁 119～124。

〔註63〕藍海是尚未開發的市場空間及新需求，有機會創造獲利型成長。引自金偉燦
　　　　（W. Chan Kim）、莫伯尼（Renee Mauborgne）合著；黃秀媛翻譯：《藍海策
　　　　略（Blue Ocean Strategy）・藍海就在你身邊・開創藍海》（臺北：天下遠見出
　　　　版股份有限公司，2007 年 7 月），頁 16。

〔註64〕表格資料參自上海圖書館編：《中國叢書綜錄・彙編・輯佚類》第 1 冊（上海：

此時易書輯佚的情形。

表二、嘉、道年間五部輯佚叢書對易類書籍的輯錄

輯佚書名	輯錄者	版本（以年代最新的版本為錄）	易書數量 [註65]
《經典集林》	洪頤煊	【民國十五年陳氏愼初堂據清嘉慶問經堂叢書本景印】	1
《漢魏遺書鈔》（一名《經翼鈔》）	王謨	【清嘉慶三年金溪王氏刊本】	4
《二酉堂叢書》（一名《張氏叢書》）	張澍	【清道光元年武威張氏二酉堂刊本】	1
《玉函山房輯佚書》（加《補遺》）	馬國翰	【清光緒十五年繡江李氏補刊本】	65
《黃氏逸書考》	黃奭	【民國二十三年江都朱長圻據甘泉黃氏原版補刊印本】	34
五書總計			105

這裡舉出的五部輯佚書，皆輯有二十本以上的書籍，種類包羅萬象，為綜合性的輯佚書。大多數的綜合性輯佚書，都會包含易類的輯佚，此五部就輯出百餘本易書。此外，也有不少專門輯錄易類的書籍，例如張惠言輯《周易荀氏九家義》及《易義別錄》、孫堂輯《漢魏二十一易注》，陳本淯為習制藝者編成《易藝舉隅》 [註66]，這三部皆專門搜輯諸家易說。另有專門輯錄某位易學家之言的輯佚書，例如：宋咸熙輯刊呂祖謙的《古易音訓》、張惠言輯錄虞翻易說等等。

上海古籍出版社，2007 年 3 月），頁 386～408。以及陽海清編撰：蔣孝達校訂：《中國叢書綜錄補正・彙編・輯佚類》（江蘇：江蘇廣陵古籍刻印社，1984年 8 月），頁 69～70。

〔註65〕此處統計包含《連山》、《歸藏》，但不計入「《易緯》」、「《易》占」兩類。

〔註66〕黃壽祺評《易藝舉隅》：「原其初志，在表彰漢學，又憫窮鄉僻壤之士得書不易，於漢、魏古注及乾嘉諸老書均無所知，因著此書，專以甄錄漢代鄭、虞、荀、陸諸家之遺說。」引自黃壽祺撰：《易學羣書平議・《易藝舉隅》六卷》，收入張善文等校理：《尚氏易學存稿校理・附編》第 3 卷（北京：中國大百科全書出版社，2005 年 6 月），頁 96。

二、輯佚對易學發展的貢獻

　　輯佚者將散佚的古書文句一條條輯出，不論是否能回復古本的眞實面貌，也都爲學者整理出不少相關於某某古籍的字句。在沒有電子搜尋引擎的時代，尋找資料是一件頗費時間、精力的事，一本輯佚書，就相當於一個古籍資料庫，彙集了大量某古籍的相關文獻。經書的歷史源遠流長，爲中國學術的重心，影響廣大而深遠，歷代的傳、疏者眾多，而各種傳、疏之書的版本又通常不只一種，學者要全面取得恐怕有些困難，輯佚書的出現，爲學者節省不少尋找資料的時間，且能添補資料的完整性，更兼具保存古籍文獻的價值。由孫星衍形容其友章宗源的小傳，可見輯佚工作對自身及後人的好處：

> 少聰穎，不喜爲時文，以對策博贍發科，益好學。積十餘年，采獲經史羣籍傳注，輯錄唐、宋已來亡佚古書盈數笈。自言欲撰《隋書經籍志攷證》……又言：「輯書雖不由性靈，而學問日進，吾爲此事久之，亦能爲古文、爲駢體文矣。」今世所存古書版本，多經宋、明人刪改，嘗恨曩時輯錄已佚之書，不錄見存諸書，訂正異同文字，當補成之，其已輯各書，編次成帙，皆爲之敘。通知作者體例曲折，詞旨明暢。〔註67〕

章氏花費了十餘年輯錄大量的唐、宋古本，從此段描述可稍知輯佚工作之艱辛，隨著章氏對輯佚工作的進行，從中日積月累地增加學問含量，除了自身學問進步外，也替後人留下了更完善的古書版本。道光以前的清代輯佚家，幾乎無不從事古經佚注的輯佚，含緯書在內，總數在五百種以上〔註68〕，如此豐厚的輯佚成果，對後代的研究者著實貢獻不小。所以，晚清的皮錫瑞說：「國朝經師有功於後學者有三事，一曰輯佚書……。」〔註69〕梁啓超亦云：「吾輩尤有一事當感謝清儒者，曰輯佚。……遂使《漢志》諸書《隋唐志》久稱已佚者，今乃纍纍現於吾輩之藏書目錄中；雖復片鱗碎羽，而受賜則多矣。」〔註70〕

〔註67〕引自〔清〕孫星衍撰：《五松園文稿·章宗源傳》卷一【岱南閣叢書本】，收入《叢書集成初編》（北京：中華書局，1985年），頁21。

〔註68〕參閱喻春龍著：《清代輯佚研究·清代輯佚的成果與缺憾》（上海：上海古籍出版社，2010年6月），頁253。

〔註69〕引自〔清〕皮錫瑞撰〔民國〕周予同注釋：《經學歷史·經學復興時代》【四部刊要本】（臺北：漢京文化事業，1983年9月），頁330。

〔註70〕引自梁啓超著：《清代學術概論·十六、金石、校勘、輯佚》（臺北：臺灣商務印書館，2008年10月），頁67。

　　易道廣大，推天道以明人事，爲六藝之首，卦、爻辭句句都蘊含卜筮語言及哲學語言，兩種不同型態的語言糾結在一起，令人難明其理，在注解時，每個學者的看法見仁見智、莫衷一是，常會出現分歧。經學昌盛的漢代，只有《易經》立了四家博士官，比其他經典都多；歷代以來，《易經》的傳、疏書籍最多，這都是《易》難讀、難解，使其意眾說紛紜的反映。面對這樣的一部經典，學易者需要藉助前人學說引導，但傳、疏書籍數量既多，年代又久遠，難免散佚零亂，因此特別需要輯佚書的輔助。清代有不少易學研究，便是在輯錄前人易學家之說的基礎上開創的，以下便簡介清代易學界對輯佚的應用。

三、輯佚在易學界中的應用

　　輯佚書籍又分爲「純粹輯佚」與「輯佚後加以闡釋」兩種，惠棟和張惠言的易學輯佚便是屬於後者，這樣的做法，除了紮實地吸收前賢的學說外，還能把前人的說法與自己的論點做一個結合，無論是支持或推翻過去的論點，皆能有所憑據，讓自己的詮釋更站得住腳。

　　此外，易類輯佚書對於易學的研究、易書的編寫，也多有助益。例如：「集解類」的易學著作，便相當需要借用輯佚的成果。孫星衍在嘉慶三年（1798）撰成《周易集解》，〈自序〉曰：

> 蒙念學者病王弼之元虛，慨古學之廢絕，因以李氏《易解》，合于王注，又采集書傳所載馬融、鄭康成諸人之注，及《易口訣義》中古注，附于其後。……庶幾商瞿所傳，漢人師說，不墜于地，俾學者觀其所聚，循覽易明。……上蒙爲此書，無所發明，竊比于信而好古，網羅天下放失舊聞云爾，此書之成，左右採獲……。〔註71〕

孫星衍作此書的動機，是感慨王弼掃象，使古代易學近乎絕跡，當時的學者難以接觸古《易》，因而決定編書保存古《易》文獻。孫氏除了用李鼎祚《周易集解》和王弼《周易注》爲底本外，還採錄鄭玄、馬融及史徵等漢、唐易學家的注解，將諸家說法聚於一書，方便讀者研讀。孫氏若使用他人彙編的易類輯佚書籍，便可直接查找、應用，不須單憑一己之力從眾多的古籍中逐條、逐句搜索；李道平的《周易集解纂疏》也多有參取惠棟、張惠言等人的輯錄資料。輯佚易書成爲後人編寫「集解類」易著的一大助力。

〔註71〕引自〔清〕孫星衍撰：《周易集解・序并注》第 1 冊，收入《叢書集成初編》（北京：中華書局，1985 年），頁 12～15。

除了「集解類」的易學著作之外，輯佚的出現，也提高了一般傳、疏類易學著作的程度，例如本論文研究對象姚配中，其易學能直接深入鑽研漢人易說、象數易學，最終以鄭玄爲依歸（若有鄭康成未備者，則以荀爽、虞翻諸家補充），即是使用了輯佚易學的成果。嘉、道兩朝的輯佚活動普遍，有的易學家繼承此法，自行輯錄各書引《易》文獻，以補前人之不足，例如李富孫編《李氏易解賸義》，博搜群籍，綴而錄之，可補李鼎祚《周易集解》之未及〔註72〕；有的易學家直接參用輯佚易書的資料，省去諸多搜查資料的時間、精力，讓自己能更專注在其他層面的研究上，例如朱駿聲撰《六十四卦經解》，即是從文字訓詁的角度解《易》。〔註73〕因此，若能妥善應用輯佚易書，將之作爲易學研究的基礎，可把整體《易經》學術的研究層次更往前推進。

第四節　結　語

概括言之，嘉、道兩朝的易學界，是漢易發展爬至最高峰之後，又走向下坡的一個過程。中國的學術（尤其是經學）總是直接、間接地受到官方影響，漢易之所以能夠直攀峰頂的主因，恐怕也不例外。宮廷易著因爲種種緣由停擺，告終於乾隆朝的《周易述義》，嘉、道五十五年不再出版皇家易著，無形表露出官方對學術界的干預程度已漸趨低落，此讓偏重義理易的宋易學派勢力消退；而《四庫》工程的進行，則讓漢易學派的聲勢扶搖直上。官學體系本多服膺宋學的士人，卻因編纂《四庫》而延攬眾多民間的漢學家入宮，《四庫提要・經部》的纂修大權，更掌握在偏好漢學的通儒紀昀及皖派碩儒戴震的手上，不難想像漢學派在學術圈大出鋒頭的情景。宮廷易著的停擺與《四庫提要》的編制，讓漢學與宋學風氣一則以起、一則以落，兩者在官方的學術政策施行下，勢力此消彼長，讓漢易之風幾乎達到鼎盛。宮廷以外，在民間頗有聲望的吳派領袖惠棟，他輯錄漢人易說、象數易學，並加以闡釋

〔註72〕李富孫：「然其於三十六家之說，尚多未采，其遺文賸義，閒見於《陸氏釋文》、《易》、《書》、《詩》……唐、宋人易說等書，猶可蒐輯，爰於披讀之餘，綴而錄之，以附其後。」引自〔清〕李富孫輯：《李氏易解賸義・自序》，收入《續修四庫全書・經部・易類》第27冊（上海：上海古籍出版社，2002年3月），頁614。

〔註73〕胡雙寶：「所謂『經解』，是從小學即文字訓詁的角度解說《易》卦，疏通卦辭、爻辭以及象辭、象辭中的關鍵性字眼，給讀者提供每一卦卦意的樸素而基本的含義。」引自〔清〕朱駿聲著〔民國〕胡雙寶點校：《六十四卦經解・說明》（北京：國家圖書館出版社，2008年7月），頁1。

的方法，被張惠言沿襲並應用。張惠言後出轉精，其鑽研的虞氏易學，實可謂嘉、道期間漢易研究的先導與典範，有功於漢易的成長。

然而，亢龍有悔，漢易學的興旺，也讓漢易逐漸走向衰退。一時間大量的研究者擠入這扇窄門，讓漢人易說、象數易學研究的質、量，均急速攀升，將近達到飽和，之後的易學家很難繼續在這塊領域有所建樹，學術本身（內緣因素）走入衰敗；而嘉、道之時，天災、人禍不斷，學術環境動盪（外緣因素），學者當思解決之道，與今文經學連結，推崇《春秋》義法，學術重心因此聚集到《春秋經》、《公羊傳》上面，易學家受到冷落，卻又懷藏憂國之心，故回頭講起經世致用的義理易學，漢易盛行的風氣開始轉變。嘉、道後期的漢學派不再那麼強勢，與宋學派的對立減少，兩學派的學者也漸能包容對方的學術見解，彼此多有交流，漢、宋的疆界逐漸被打破，兩種學說互相交融，以易學界為例，產生「專主（專攻漢學或宋學者）」、「調和（習染他派或漢、宋兼重者）」、「不隸屬兩派（不受漢、宋框架者）」這三種現象，可見此時易學界兼容並蓄的風貌。

最後，將嘉、道兩朝易學研究往前推進的背後重要功臣之一，即是「輯佚」。清初以來，黃宗羲、劉獻廷便已從事過輯佚工作，直到惠棟、張惠言用此法編寫漢易著作，才掀起了漢易研究的風潮。《易經》的卦、爻辭本身內含哲學性質及卜筮性質，後人的傳、疏對易學研究者就顯得格外重要，不論是運用在「集解類」的易學書籍或其他任意類別的易學研究，輯佚易書都能為研究者省去搜輯資料的苦工，讓擅長思想類型的研究者更能發揮己之所長。清代有不少易學研究，都是在前人輯佚的成果上開創的，輯佚易書的出現，不論是漢易或宋易皆受惠，豐富了嘉、道兩朝的易學發展。

嘉、道兩朝，士人為了應付科舉考試，自小誦讀宋學，宋易為習易者必備的基礎知識，但難以掀起波瀾。漢易風氣則從民間漢學家社群一直瀰漫到整個學術界，漢易的新穎與流行，一下就吸引了士人目光，又配上輯佚的輔助，漢易研究的可能性與價值因此提升不少。縱使到了嘉、道晚期，漢學熱潮雖已退燒，但仍有不少醉心漢易的學者，姚配中便是其中代表人物。吳承仕稱其易學乃「漢學之末流」〔註74〕，可見當時的易學背景給易學家帶來無形而巨大的影響。

〔註74〕引自吳承仕撰：《檢齋讀易提要·《周易通論月令》二卷》，收入張善文等校理：《尚氏易學存稿校理·附編》第 3 卷（北京：中國大百科全書出版社，2005年 6 月），頁 32。

第三章 姚配中生平、學術及其易學著作

　　第二章已針對姚配中置身所處的易學背景——清代嘉慶、道光五十五年（1796～1850）的易學發展作出析論。第三章則更深一層，探討作者姚配中本身的生平、學術、易學著作等等：本章第一節簡述其生平，第二節介紹姚氏三種學術，第三節對姚配中的易學著作進行論述（尤其側重於《周易姚氏學》），冀能藉著對作者姚配中的認識，進一步了解《周易姚氏學》。

第一節　姚配中生平簡述〔註1〕

　　姚配中，字仲虞，安徽旌德縣人，道光年間諸生，生於乾隆五十七年（1792）十一月初六。姚家先世本來居住在湖州，到了宋代寶慶年間的姚述虞一代，教諭學生於旌德，遂順勢在地成家，子孫也就在這裡落地生根，故氏族後代皆為旌德人。祖父名士凱，地方上稱孝義君子；父親名燦，國子生。姚配中娶同邑汪氏，生了三個孩子，長子名邦選，次子名邦道，三子名邦進；又繼室程氏，生么子姚邦達。姚配中晚年體弱，染疾後久拖三、四年仍遲遲無法痊癒，至道光二十四年（1844）六月，病情轉為急劇，弟子汪守成（字季鄭）、郭賢演（字文瀾），不分晝夜地輪番照顧，可惜病重不治，臨終謂邦達資質可

〔註1〕 包世臣於道光二十四年（1845）四月十五日撰〈清故文學旌德姚君傳〉一文
　　　　來紀念姚配中（此文收錄於《藝舟雙楫》）。後世的史傳、方志、學案等相關
　　　　於姚配中的傳記資料多參錄此文內容。本節便用包〈傳〉為底本，並旁徵各
　　　　類文獻，互相訂正、補充而成。

向學，將他託付給汪、郭兩弟子教導，卒於道光二十四年（1844）十月二十九，享年五十三歲。

姚配中少時穎悟絕人、思力沉摯，才剛滿二十歲，就已經遍覽經、史、百家之書，凡是閱讀過的書籍，皆能道出其中涵義，就連天文、曆法、音韻等學問，也都莫不通曉。自幼即喜愛書法，二十餘歲時，前往揚州拜師當世書法名家包世臣（字愼伯），長年旅居揚州。五年後，學有所成，便回故鄉旌德潛心修習、傳業，受邀參訂道光六年（1826）修纂的《旌德縣續志》。〔註2〕姚配中為人篤實，待友誠信，家裡雖然貧困，也能保有自己的堅持與道德修養，曾有官員仰慕先生的學行，希冀能相見並與之結交，卻不得會面。安徽地區前前後後十來位督學，個個讚美姚配中的文筆出色，杭州學士胡敬、湖州侍郎張鱗二人尤其賞識仲虞，張鱗曾謂拔貢呂賢基曰：「姚生學行，寧廣九學無其匹，非止冠旌德已也……若頗能墨裁，是可成進士，登詞垣。若歸當益親近，請業請益，庶不至終於孤陋寡聞也。」〔註3〕同謁者將這番話轉達給姚配中，仲虞卻僅僅莞爾一笑，沒有任何回應及動作，失去任官、顯赫的機會，之後始終被困在諸生之位。到了道光二十四年（1844），例行出貢，卻無法籌出考貢領單的資金，故姚配中最後是以廩膳生的身份辭世。

在嘉慶、道光年間的安徽地區，姚配中為享有學名的經學家，其學歸屬漢學一派。〔註4〕方以類聚，物以群分，仲虞在揚州結識諸多江蘇、安徽漢學家，熟識者有：儀徵劉文淇（字孟瞻）、寶應劉寶楠（字楚楨）、甘泉薛傳均

〔註2〕題名請見〔清〕王椿林修；胡承珙纂：《安徽省旌德縣續志・纂修銜名》【民國十四年重刊本】，收入《中國方志叢書・華中地方》第228號（臺北：成文出版社，1975年），頁12。

〔註3〕引自〔清〕包世臣撰〔民國〕李星點校：《藝舟雙楫・附錄二・清故文學旌德姚君傳》卷八，收入《包世臣全集》（合肥：黃山書社，1994年5月），頁506。

〔註4〕桂文燦於《經學博采錄》著錄姚配中傳記，陳康祺記其於「嘉道閒漢學家」，張之洞把先生列為「經學家」，支偉成則歸類於「皖派經學家」，由諸位學者的分類，能推知姚配中的學術定位。參閱〔清〕桂文燦著：《經學博采錄・姚配中》卷十（臺北：明文書局，1992年8月），頁355～357；〔清〕陳康祺撰〔民國〕晉石點校：《郎潛紀聞二筆・嘉道閒漢學家流別》卷十，收入《郎潛紀聞初筆二筆三筆》（北京：中華書局，1997年12月），頁510～511；〔清〕張之洞撰；范希曾補正〔民國〕蒙文通校點：《書目答問補正（校點本）・附二・國朝著述諸家姓名略・經學家》（臺北：漢京文化事業，1984年1月），頁347；支偉成編：《清代樸學大師列傳・皖派經學家列傳第六》（湖南：岳麓書社，1998年8月），頁117。

（字子韻）、丹徒柳興宗（字賓叔）、丹徒汪沅（字芷生）及江都汪轂（字小城）、涇縣包世臣及其從弟包世榮（字季懷）和族子包慎言（字孟開）等人，諸儒與仲虞朝夕相處，都感嘆自己比不上姚配中的淵博學養，其中又與包世榮交情最爲深厚。包世榮見仲虞涉獵廣泛，卻未有所專，恐荒廢其才，勸其專治易學，姚氏深省而從之，遂壹志於易。〔註5〕包世榮死前交待將兩個孩子託付給劉文淇及姚配中教誨，徒以口頭成約，而兩人都能履踐此言，情誼可見一斑。〔註6〕姚配中遨遊江淮一帶，享有學名，卻甘願回歸鄉里傳業〔註7〕，教學二十餘年，從學者眾，唯有汪守成及郭賢演苦寒力學，最能得姚氏學之精要，仲虞死後，汪、郭兩氏除了集資刊刻姚配中的各種稿件外，還義不容辭地扛起姚家的教育和生計問題。〔註8〕

　　記載姚配中生平事蹟的資料不多，難以編制年譜，筆者盡己微薄之力蒐輯零碎文獻，編成「姚配中學術年表」置於本研究文後的「附錄一」，年表中兼錄「清代學人動向」與「易學大事記」兩欄，冀能成立更完整的時間軸，以供參考。〔註9〕

<hr/>

〔註5〕姚配中回憶道：「季懷以余涉獵之多涂也，謂余曰：『《易》者，五常之原，而寡過之要。學之，達足以善天下，窮亦足以善其身。學以專成，以廣廢，慎毋泛騖爲也。』余深然之，遂壹志於易。」引自〔清〕姚配中撰：《周易姚氏學·書前自序》【一經廬叢書本】，收入《續修四庫全書·經部·易類》第30冊（上海：上海古籍出版社，2002年3月），頁450。

〔註6〕根據《安徽通志稿》的記述：「世榮臨歿遺命，以二子分屬配中、文淇任教誨。其妻泣請留書爲證，則曰：『仲虞、孟瞻二十年道義，不以生死易節，若無疑也。』已而果然。」參閱安徽通志館纂編：《安徽通志稿·列傳五·姚配中包世榮傳》【民國二十三年鉛印本】，收入《中國方志叢書·華中地方》第629號17冊（臺北：成文出版社，1985年3月），頁6220。

〔註7〕參閱〔清〕姚配中撰：《周易姚氏學·汪守成醲梾一經廬叢書記》【一經廬叢書本】，收入《續修四庫全書·經部·易類》第30冊（上海：上海古籍出版社，2002年3月），頁452。

〔註8〕汪、郭兩弟子集資刻姚配中書，用其餘置產，膳仲虞妻及兒女，教導姚邦達，並供應衣食、紙筆、考試費等。汪、郭兩人家中均貧困，仍出錢援助姚氏一家，實可稱作「任俠潔己」者。有關兩人義行，請參閱〔清〕包世臣撰〔民國〕李星點校：《藝舟雙楫·附錄二·清故文學旌德姚君傳》卷八，收入《包世臣全集》（合肥：黃山書社，1994年5月），頁507。

〔註9〕「清代學人」限定於對姚配中學術有所幫助的學術同儕或師長，囊括包世臣、包世榮、包慎言、劉文淇、薛傳均、柳興恩、劉寶楠、梅植之等學者，尤其側重於本研究第四章「清代學人之摩盪」所特別探討的包世榮、劉文淇、薛傳均、柳興恩四人。此四人的學行、與姚配中的關係、對《周易姚氏學》的影響等等，亦可從第四章的介紹，有個簡單的認識，兩者相輔相成，可互相

第二節　姚配中學術概況

目前可見姚配中的著作書目為：《周易姚氏學》十六卷、《周易通論月令》二卷、《易學闡元》三篇、《琴學》二卷、《書學拾遺》一卷、《一經廬文鈔》不分卷等六種。〔註10〕由所撰書籍能推知姚氏至少精熟於易學、琴藝、書法三門學問。本節便從姚配中學有所成的三門學問切入，藉著描述仲虞在此三門領域的學習歷程及師友互動狀況，再次刻畫姚配中形象，並簡介其學術成果。

一、深邃易理，旁通諸經

姚配中最先接觸到的漢易著作，為同時期張惠言的《周易虞氏義》。姚氏對此書愛不釋手，心服虞氏易解，因此把「仲虞」當作自己的字。〔註11〕直到熟讀虞氏易，仲虞想進一步兼習他家易說，以求全面通透，便決定從唐代李鼎祚《周易集解》入手，藉由此書來研究兩漢、魏晉諸位儒者解易之法，在比較各經師學說後，認為鄭玄易為最優。然而，鄭康成易說實在過於簡略，常讓讀者難明其意，仲虞為了參透其理，日夜苦思，思緒繚繞不散，懸念如此，導致夜有所夢。姚配中曾夢見自己向鄭玄請業、問學，並協助鄭師與虞翻共同辯論易理，又曾在夢境中吞〈乾〉卦五爻，首吞初九，次吞九二、三吞九三、再吞九四，終吞九五，五龍下肚，醒而豁然，其對易學的癡情，於此可見一斑。〔註12〕姚配中初治虞翻易，後宗鄭玄易，故能集結鄭玄、虞翻

參照。「易學大事記」收錄姚配中有生之年的易學要事（以本研究第二章「嘉慶、道光時期的易學發展析論」事件為主軸）一併將當時的易學界動態列出，以求能更加了解姚配中置身所處的環境。

〔註10〕黃尚信《周易著述考》另錄「《周易輯注》七卷（存）」，並按語曰：「此書《易學書目》著錄七卷，作《周易輯注》，今傳為稿本。又此書一名作《周易參象》。」《周易參象》即為《周易姚氏學》前身，其緣由將在本章第三節說明，故知《周易輯注》實為《周易姚氏學》的未完成之作，且所傳為稿本，應不可算一書。引自黃尚信等編：《周易著述考·古籍》上冊（臺北：國立編譯館，2002年12月），頁598。

〔註11〕姚配中的字為「仲虞」。「仲虞」兩字實際上是包世榮取的，包世榮說：「武進張氏惠言專據虞氏注作《周易虞氏義》，吾友姚君仲虞始於市得張氏書，因為虞氏之學。余為改今字，美其志也。」引自〔清〕姚配中撰：《周易姚氏學·包世榮序》【一經廬叢書本】，收入《續修四庫全書·經部·易類》第30冊（上海：上海古籍出版社，2002年3月），頁450。

〔註12〕夢境代表「欲望的實現」，由此可見姚配中對易理的渴求。佛洛伊德：「它們（夢）是完全有效的精神現象——是欲求的滿足。它們可以被包括在一系列可理解的清醒精神活動中，它們是高度複雜的心靈活動的產物。」引自〔奧

兩大漢易學家之所長，並結合己見，撰成《周易姚氏學》十六卷及《周易通論月令》二卷，流傳於後世。

　　姚配中雖然沉浸於易學，但亦不荒廢其他經書，自言道：「《樂》、《詩》、《禮》、《書》、《春秋》五者，五常之道，而《易》為之原。是故不通羣籍者，不足以言易。」〔註 13〕由這句話足以推知仲虞讀書必多方習染，將各經書互相參證，觸類旁通，以求根本之理。以下簡單列舉三項證據，並以按語的方式附加筆者推論，說明姚氏治學之廣博，絕非僅守一經者。

　　（一）《皖志列傳稿》：「配中於《詩》、《禮》之學，及天文、算法、音韻，
　　　　　凡過目者皆能言其意。」〔註 14〕筆者按：從地方志的記載來看，
　　　　　姚配中應精熟《詩》、《禮》兩經。

　　（二）包世榮撰有《毛詩禮徵》一書，當此書草稿甫成，姚配中不辭辛
　　　　　勞，為包氏書訂誤、增補，且附上多條己見，一併集結成冊，郵
　　　　　寄給包氏。指正中肯，評議多有見地，為包氏接納。〔註 15〕筆者
　　　　　按：可知姚配中的《詩》學見解，在同儕間具有一定的份量。

　　（三）姚配中文集《一經廬文鈔》中，多有說《詩》、論《禮》的篇章，
　　　　　可惜現今已不能見此書，幸虧張舜徽先生早對姚氏文集有所評
　　　　　述：

　　是集（《一經廬文鈔》）文字，雖僅二十餘篇，而樸實說理，言皆有
　　物。其論《詩》之作，若〈詩序說〉、〈包氏詩學序〉、〈關雎說〉、〈關
　　雎傳說〉，皆發明舊義，確有所見，推闡毛、鄭異同之故，尤為明達。
　　其次與友人論《禮》諸書，亦能窺見本原。於諸侯親迎越竟之制，

地利〕西格蒙德・佛洛伊德（Sigmund Freud）著〔民國〕孫名之翻譯、巫毓
荃審定：《夢的解析（Die Traumdeutung）・夢是欲求的滿足》（臺北：貓頭鷹
出版社，2000 年 9 月），頁 86。

〔註 13〕引自〔清〕姚配中撰：《周易姚氏學・卷首自序》【一經廬叢書本】，收入《續
修四庫全書・經部・易類》第 30 冊（上海：上海古籍出版社，2002 年 3 月），
頁 453。

〔註 14〕引自金天翮撰：《皖志列傳稿・姚配中包世榮傳》卷五【民國二十五年刊本】，
收入《中國方志叢書・華中地方》第 239 號（臺北：成文出版社，1974 年 12
月），頁 410。

〔註 15〕參閱〔清〕包世榮撰：《毛詩禮徵・包世臣序》【清道光八年刻本】，收入《續
修四庫全書・經部・詩類》第 69 冊（上海：上海古籍出版社，2002 年 3 月），
頁 100～101。

究繹明晰。〔註16〕

筆者按：由引文得知，姚配中至少有四篇以上關於《詩》學的文章，頗能辨明《毛傳》與《鄭箋》異同之種種。另外，姚配中和朋友之間談《禮》的對答，也能溯本求源，論理清楚、明白，張舜徽為學信實，評述當有憑據，如此稱譽仲虞的《詩》學及《禮》說，可見姚配中亦夙精《詩》、《禮》，並非只鑽研《周易》一經而已。

二、精善琴藝，能曉聲應

操琴並通明其理論是姚配中另一項專長，能夠領悟和聲之道、知曉同應之理。東南琴學有金陵、常熟、武林三門派，而譜調皆出自廣陵。仲虞在金陵長大且曾遊歷廣陵，因此雜染各派之學，自揚州歸里後，讀書棲真山，亦不忘練琴，自言：「經學之外，唯好琴、書，於琴得古百衲焉。……時撫三尺之桐，或弄五寸之管，不以寒暑間也。」〔註17〕終日潛心默悟，冥造古調，闇然獨得神解。由於舊傳琴譜有不少舛誤之處，姚配中遂更正當時較廣為流行的十多首樂曲，自己又另外製作七首曲子，原數說聲，上溯本源，通取數損益之原，正吟猱一定之位，得宮、商相應之和，於道光十三年（1833）至十四年（1834）作《琴學》（又稱《一經廬琴學》）二卷。〔註18〕包世臣曰：「仲虞歸（旌德）後，沉思十年，悟宮商角徵羽之數，上下損益，各依定數為位。……于琴，原聲之數而得其所立；是皆精思獨辟，仰承間氣。然仲虞著《琴學》二卷，闡古人之緒，正俗師之失，書行後，其傳必盛。」〔註19〕姚配中告訴

〔註16〕引自張舜徽著：《清人文集別錄・一經廬文鈔》卷十六，收入《張舜徽集》（武漢：華中師範大學出版社，2004年3月），頁397。

〔註17〕引自〔清〕姚配中撰：《書學拾遺》【一經廬叢書本】，收入崔爾平編：《明清書法論文選・姚配中》下冊（上海：上海書店，1994年2月），頁816。

〔註18〕門人汪守成等將《琴學》收入《一經廬叢書》方行刊刻，故後人稱此書多會冠上「一經廬」三字，而以《一經廬琴學》的名稱傳行於世，地方志也是這麼載錄，參見〔清〕沈葆楨、吳坤修等修；何紹基、楊沂孫等纂：《重修安徽通志・人物志・文苑》卷二百二十六【清光緒四年刻本】，收入《續修四庫全書・史部・地理類》第654冊（上海：上海古籍出版社，2002年3月），頁30。另外，孫殿起記姚配中尚有《琴操題解》一卷【道光間刊木活字本】，參見孫殿起撰：《販書偶記・藝術類・琴譜》卷十，收入《四部刊要・史部・目錄類》（臺北：漢京文化事業，1984年7月），頁252。然而，除了孫殿起的記錄外，筆者目前未於他處看到有關於姚配中《琴操題解》一書的記載。

〔註19〕引自〔清〕包世臣撰〔民國〕李星點校：《藝舟雙楫・附錄二・梅蘊生傳》卷

包世臣：「七絃各有本數、倍數、半數，損益上下，旋相爲宮，以定宮商角徵羽、正變、清濁之位。而六十律、三百六十四聲，俱以和相應。凡吟猱必在角、羽位，蓋宮爲君、商爲臣、徵爲事、角爲民、羽爲物，君臣所有事，皆爲民物，故吟而上，猱而下，往復遲回，必當民物之位也。」〔註 20〕包世臣當下無法領悟這席話，便請姚配中用實際演奏示範。姚配中對著小桌子置放一琴，放好後就開始彈奏，彈到精微窈眇的時候，即使不用手撥琴絃，它也會自動鳴奏，連小桌上的杯、盤和窗戶間的隔木，也不時地和琴聲共同響應，怎麼會出現這樣的異常現象？包世臣感到怪異而問。姚配中解釋：「各物皆有數，數同則聲應。《唐書》所載寺磬每無故自鳴，僧慮其不祥，萬寶常爲剞磬成痕而鳴止，蓋其磬與宮內之鐘同數，鐘鼓於宮，則磬應於寺，剞痕雖么細，而磬之得數已與鐘異，故鳴止。秉筆者不解此義，是以載其事，而不能言其故，雖寶常精察，然其數不可誣也。」〔註 21〕可知姚配中的造詣已經達到知音數、領神韻的境界。

三、鍾愛書學，頗得師承

　　姚配中從小就喜歡寫書法，但幼年沒有找老師學習，未能觀摩大家之筆，因仰慕山谷、歐陽字帖而模仿他們的筆法，卻無法參透其中技巧，只得隨人依樣畫葫蘆，難以自通。讀越多書法理論，越感到寫書的困難，因而怨嘆各家書派多而紛雜，讓人無所依循，莫衷一是。成年之後，至揚州拜師包世臣學書，同門弟子有儀徵吳熙載（字讓之）、江都梅植之（字蘊生）、甘泉楊亮（字季子）、高涼黃洵（字修存）、餘姚毛長齡（字仰蘇）、松桃楊承汪（字挹之）等人，常能彼此切磋。〔註22〕仲虞在包世臣門下，觀其作書，聽其言論，

八，收入《包世臣全集》（合肥：黃山書社，1994 年 5 月），頁 508。
〔註20〕引自〔清〕包世臣撰〔民國〕李星點校：《藝舟雙楫・附錄二・清故文學旌德姚君傳》卷八，收入《包世臣全集》（合肥：黃山書社，1994 年 5 月），頁 505。
〔註21〕引自〔清〕包世臣撰〔民國〕李星點校：《藝舟雙楫・附錄二・清故文學旌德姚君傳》卷八，收入《包世臣全集》（合肥：黃山書社，1994 年 5 月），頁 505。
〔註22〕所列舉人物見載於《清史稿・吳熙載傳》，參見國史館編：《清史稿校註・列傳二百九十・藝術二》卷五百十，第 15 冊（臺北：國史館，1990 年 5 月），頁 11550。此六人加上姚配中共七人，最能得其師之法，包世臣曾言：「〈述書〉、〈筆談〉稿出，錄副者多：江都梅植之蘊生、儀徵吳廷颺熙載、甘泉楊亮季子、高涼黃洵修存、餘姚毛長齡仰蘇、旌德姚配中仲虞、松桃楊承汪挹之，皆得其法，所作時與余相亂。」引自〔清〕包世臣撰〔民國〕李星點校：《藝

耳濡目染，終能得包派之法。〔註23〕仲虞在機緣下拿到當時書法名家鄧石如的篆隸八分，視鄧氏書帖而心服，由衷稱讚包世臣、鄧石如兩人皆屬「溯原揣本者」。〔註24〕服膺包氏〈述書〉、〈筆談〉〔註25〕等書學理論，尤其讚賞包氏論書詩作中「轉換心如旋，駿發勢每頗。攝水墨珍溢，開鋒毫不裹。」一句。〔註26〕姚氏又曾與包世臣秉持相同的觀點，師生兩人分別撰文與段玉立論辯〈書次東坡五言十四韻〉，闡發彼此對書中原韻的見解。〔註27〕

　　道光二十四年（1844）夏，包世臣到姚配中家作客，問近日學之所得。仲虞藉此對包氏大談隋僧智果〈心成頌〉，指出此文實際上是在傳授作書之法，欣然曰：「書學在執筆得法，斯腕與掌指合而爲一。然非得身法，肘腕不靈。坐書用撥鐙法之坐馬勢，立書則此〈頌〉首四句是也。……此下乃言作書之妙，眼光所照，筆斯應之，以至終篇成一大九宮，作行草之定法也。」〔註28〕包世臣早有書論〈記兩棒師語〉（記兩棒師講述習武之理，包氏認爲其中道理頗能和書學相通），此時又聽到仲虞從其他學門中悟出書法之道，心有戚戚焉，故將姚配中這番言論附加在〈記兩棒師語〉文末，作爲「兩棒師語之通於書」這個結論的佐證。〔註29〕姚配中之後亦作〈立書法說〉一文，詳細敘

　　　　舟雙楫・論書一・述書上》卷五，收入《包世臣全集》（合肥：黃山書社，1994
　　　　年5月），頁370。

〔註23〕包世臣的書學在當時頗負盛名，從學者眾，蔚爲一派。清人何紹基描述：「包
　　　　慎翁之寫北碑，蓋先於我二十年，功力既深，書名甚重，於江南從學者相矜
　　　　以『包派』。」引自〔清〕何紹基撰：《東洲草堂文鈔・題跋・跋魏張黑女墓
　　　　志拓本》卷九，收入《何紹基詩文集》（湖南：岳麓書社，1992年3月），頁
　　　　883。

〔註24〕參閱〔清〕姚配中撰：《書學拾遺》【一經廬叢書本】，收入崔爾平編：《明清
　　　　書法論文選・姚配中》下冊（上海：上海書店，1994年2月），頁816。

〔註25〕此兩文均收錄於〔清〕包世臣撰〔民國〕李星點校：《藝舟雙楫》卷八，收入
　　　　《包世臣全集》（合肥：黃山書社，1994年5月），頁367～375（〈述書〉上
　　　　中下三篇）、頁379～384（〈歷下筆談〉）。

〔註26〕引自〔清〕姚配中撰：《書學拾遺》【一經廬叢書本】，收入崔爾平編：《明清
　　　　書法論文選・姚配中》下冊（上海：上海書店，1994年2月），頁816。

〔註27〕姚配中所撰書論，在包氏書中被題爲〈與金壇段鶴台明經論書次東坡韻附旌
　　　　德姚配中和作〉，收錄於《藝舟雙楫》卷五；而自己則命題爲〈次包慎伯先生
　　　　論書原韻〉，收錄於《書學拾遺》。

〔註28〕引自〔清〕姚配中撰：《書學拾遺・立書法說》【一經廬叢書本】，收入崔爾平
　　　　編：《明清書法論文選・姚配中》下冊（上海：上海書店，1994年2月），頁
　　　　825。

〔註29〕此事參閱〔清〕包世臣撰〔民國〕李星點校：《藝舟雙楫・論書二・記兩棒師

述這番說法。姚配中的書學觀，彷彿親自向晉、唐朝諸公學習，掃除宋代以來的荒謬學說，而所寫出的字體，也多能實踐自己的論述，雖然跟隨包世臣學習，但也提出不少創見，為包氏門下最有自己見解的學生，絕非那些順應世俗、隨時流行的書寫者足以相提並論的，其書學理論，多被收錄於《書學拾遺》。〔註30〕

　　包世臣的書學理論〈述學〉一文中，取「撥鐙」及「永字法」，伸執使轉動之理。姚配中撰文闡揚師說，嘗云：「以『撥鐙』之法，馭『八法』之變，至熟至精，隨勢利用，推之行草，亦無不該，然『撥鐙』之法，肘腕為先，求厥指歸，茫然罔據，豈知執柯伐柯，其則固不遠也。夫曰推拖，曰捻拽，有不提肘腕而能之者乎？曰側、勒、努、趯，曰策、掠、啄、磔，有不提肘腕而能之者乎？逐字參詳，法斯畢具。」〔註31〕並且訓詁「撥鐙」及「八法」的本義以明其說，甚至提出「絞轉」、「翻轉」兩論點加以伸展：「翻轉而墨自注，毫起而墨自隨也。絞轉者提豎筆鋒，用力令墨入紙，則毫蹴開，隨即絞之。若提筆落則按筆絞，按筆落則提筆絞，按提之中，寓以平頗，力乃能入紙。紙筆相戀，斯蹴之得開，絞之得轉。絞之墨注，提筆將墨攝起，又用平頗蹴開，蹴開又絞，則墨又注，又提筆攝之，如絞浣衣，一絞一散，乃愈絞而水愈下。」〔註32〕頗能吸收包世臣之說，並且灌注自己的想法，進而創發新觀點。包世臣與姚配中的幾回對談，也啟發了包氏，無意間將仲虞某些觀念融入自己的書學、碑學理論中，成為後來碑派書藝技法中的重要概念。〔註33〕

語》卷六，收入《包世臣全集》（合肥：黃山書社，1994 年 5 月），頁 429～430。

〔註30〕晚清《重修安徽通志》誤稱此書為《書法拾遺》。參見〔清〕沈葆楨、吳坤修等修；何紹基、楊沂孫等纂：《重修安徽通志・人物志・文苑》卷二百二十六【清光緒四年刻本】，收入《續修四庫全書・史部・地理類》第 654 冊（上海：上海古籍出版社，2002 年 3 月），頁 30。民國修的《皖志》即改正為《書學拾遺》，參見金天翮撰：《皖志列傳稿・姚配中包世榮傳》卷五【民國二十五年刊本】，收入《中國方志叢書・華中地方》第 239 號（臺北：成文出版社，1974 年 12 月），頁 409。

〔註31〕引自〔清〕姚配中撰：《書學拾遺》【一經廬叢書本】，收入崔爾平編：《明清書法論文選・姚配中》下冊（上海：上海書店，1994 年 2 月），頁 822。

〔註32〕引自〔清〕姚配中撰：《書學拾遺》【一經廬叢書本】，收入崔爾平編：《明清書法論文選・姚配中》下冊（上海：上海書店，1994 年 2 月），頁 820。

〔註33〕參閱劉恆著：《中國書法史（清代卷）・碑學的完善與發展・包世臣與碑學理論的完善》（江蘇：江蘇教育出版社，1999 年 10 月），頁 195。

《書學拾遺》一書，被收入《一經廬叢書》刊刻，出現在孫殿起的販售書目記錄上〔註34〕，而部份篇章內容可見於清人震鈞《國朝書人輯略》及崔爾平《明清書法論文選》兩書。《國朝書人輯略》對作者簡介較詳細，藉包世臣的記載來簡介姚氏其人〔註35〕；《明清書法論文選》則多收錄了〈立書法說〉一文，兩書恰巧能互補不足，可兼取參閱。

第三節　姚配中的易學著作

姚配中的著作得以留存於後世，實多虧了汪守成率領眾門生於道光二十五年（1845）醵金刊刻《一經廬叢書》。〔註36〕由朱甘霖及汪守成之言可知《一經廬叢書》的初刻書籍至少有《周易姚氏學》、《琴學》、《周易通論月令》三種。〔註37〕再參看孫殿起《販書偶記》所抄錄的「《一經廬文鈔無卷數》【道光間汪守成刊木活字本】」附註：「配中著有《周易姚氏學》、《周易通論月令》、《一經廬琴學》、《書學拾遺》。」〔註38〕故知汪守成等人刊刻的《一經廬叢書》版本，包括《周易姚氏學》、《周易通論月令》、《琴學》、《書學拾遺》、《一經廬文鈔》五種書籍，其中只有《周易姚氏學》及《周易通論月令》兩本易作。

〔註34〕孫殿起記：「《書學拾遺》一卷清旌德姚配中傳【傳抄本】」，參見孫殿起撰：《販書偶記續編・藝術類・書畫之屬》卷十，收入《四部刊要・史部・目錄類》（臺北：漢京文化事業，1984年7月），頁149。

〔註35〕直接依序引用《藝舟雙楫》中的〈清故文學旌德姚君傳〉、〈記兩棒師語〉、〈與金壇段鶴台明經論書次東坡韻附旌德姚配中和作〉三篇文章來介紹姚配中事蹟。

〔註36〕呂景文（字振宗）率先捐獻百五十爲倡導，被列於醵金弟子之首，後面依序爲朱柳塘（字百朋）、汪雨亭（字家禧）、朱仲西（字銘）、汪孟泉（字一生）、朱相甫（字鈺）、汪奕三（字應鎔）、汪叔垣（字家福）、郭用廷（字元章），醵金者共九人。刊刻動機與醵金名單可參閱〔清〕姚配中撰：《周易姚氏學・汪守成醵赀一經廬叢書記》【一經廬叢書本】，收入《續修四庫全書・經部・易類》第30冊（上海：上海古籍出版社，2002年3月），頁452～453。

〔註37〕朱甘霖：「汪生守成醵金爲刻《周易姚氏學》、《一經廬琴學》，以稿本質余宋師包丈（包世臣）。」汪守成：「先生所著仍有《月令箋》七卷，其大義微言已見《周易通論月令》中，俟當續刻以成完璧。」引自〔清〕姚配中撰：《周易姚氏學・朱甘霖序、汪守成醵赀一經廬叢書記》【一經廬叢書本】，收入《續修四庫全書・經部・易類》第30冊（上海：上海古籍出版社，2002年3月），頁452。

〔註38〕引自孫殿起撰：《販書偶記・別集類・道光》卷十七，收入《四部刊要・史部・目錄類》（臺北：漢京文化事業，1984年7月），頁446。

那《清史稿‧藝文志》何以如此記載：「《周易姚氏學》十六卷、《周易通論月令》二卷、《易學闡元》一卷。姚配中撰。」？〔註39〕爲何會多出《易學闡元》一名？《易學闡元》是在怎麼樣的情況下出現的？下文將介紹《周易姚氏學》、《易學闡元》、《周易通論月令》三本書之源流始末、版本、體例、內容等等，用敘述的方式來解答這些疑惑。

一、《周易姚氏學》十六卷

　　《周易姚氏學》爲姚配中對《周易》經傳的注解本，爲姚氏畢生易學成就的結晶，也是本文的主要研究對象（故本節對此書的著墨會較爲詳細，比重勢必也會高於另外兩書）。本研究從第四章以後，即直接進入文本內容的探討，難以兼顧外部性的介紹，爲避免旁枝紛雜，故在此先論述《周易姚氏學》的成書歷程、版本、體例等，從外部開始，逐步踏入姚配中《周易姚氏學》的堂奧。

（一）成書歷程

　　此書歷經三次命名才確立下來。姚配中第一次設定的書名爲《周易參象》，此時僅有十四卷。在改訂後，更名爲《周易疏證》，增加兩卷，成爲十六卷。最後定本則稱《周易姚氏學》，茲將此書源流簡述於下。

1.《周易參象》十四卷

　　漢、魏諸多易學家中，姚配中對鄭玄最爲心服，認爲鄭氏優於荀爽、虞翻二家，故以鄭玄易爲主，再參酌漢、魏其他經師《易》注，作《周易參象》十四卷。此時的姚配中尚未覩惠棟的《周易述》，包世榮便取惠氏書校其所得，發現《周易參象》與《周易述》竟有十分之三、四雷同，且有不少精到之處，足以糾正惠氏之非。姚配中又另外寫易論十篇，當作此書通義，附於書後。包世榮將《周易參象》交給孫星衍評鑑，孫氏驚嘆曰：「絕學復明」。〔註40〕

2.《周易疏證》十六卷

　　嘉慶二十二年（1817），姚配中與包世榮兩人遊歷揚州。在包世榮的介紹

〔註39〕 引自國史館編：《清史稿校註‧志‧藝文一‧經部》卷一百五十二，第 5 冊（臺北：國史館，1986 年 9 月），頁 4003。

〔註40〕 本段敘述參閱〔清〕姚配中撰：《周易姚氏學‧包世榮序》【一經廬叢書本】，收入《續修四庫全書‧經部‧易類》第 30 冊（上海：上海古籍出版社，2002 年 3 月），頁 450。

下，姚配中暫時寄居在洪桐家修訂《周易參象》，洪氏藏書豐富，仲虞得以盡情閱覽，對其著作幫助甚大。包世榮又引薦包氏子弟、薛傳均、劉文淇、楊亮、汪穀、劉寶楠、梅植之、吳熙載等人給姚配中認識，眾人俱嘆服《周易參象》之精博，並提出修改建議，姚配中在《周易姚氏學‧自序》回憶道：「切磋之益，惠我靡窮，乃更《參象》爲《疏證》十六卷，每卷脫藁，必與孟瞻校之，諸友討論之。書成，而季懷序之。」姚配中參酌諸友的意見，訂正錯誤、刪除繁複、改變體例，將《周易參象》更名爲《周易疏證》，且由十四卷增添至十六卷。此書經過劉文淇校勘，最後由包世榮爲之序言。〔註41〕

3.《周易姚氏學》十六卷

包世臣：「道光甲辰（1844），予游旌德，去廣陵別已久，君出示定本，點竄原書至什七八，刪說通義之十篇爲三，移冠編首，題曰《周易姚氏學》，而序仍季懷之舊。」〔註42〕可見姚配中回鄉里後，仍持續修訂《周易疏證》，對原書有大幅度的改動，並將附於書後的易論十篇，刪減爲〈贊元〉、〈釋數〉、〈定名〉三篇，並移到書籍卷首，題名爲《周易姚氏學》，仍用包世榮替《周易疏證》寫的舊〈序〉。〔註43〕包世臣拜訪姚配中的同一年，仲虞即因病去世，此書順勢成爲姚氏遺作，乃姚氏釋《易》著作的最終版本。

（二）版本

據「中文古籍書目資料庫」查詢〔註 44〕，現今可見的《周易姚氏學》古籍善本藏納地大多在「中國國家圖書館」。筆者綜合孫殿起《販書偶記》〔註

〔註41〕 本段敘述參閱〔清〕姚配中撰：《周易姚氏學‧書前自序》【一經廬叢書本】，收入《續修四庫全書‧經部‧易類》第 30 冊（上海：上海古籍出版社，2002年 3 月），頁 451。

〔註42〕 引自〔清〕包世臣撰〔民國〕李星點校：《藝舟雙楫‧附錄二‧清故文學旌德姚君傳》卷八，收入《包世臣全集》（合肥：黃山書社，1994 年 5 月），頁 504～505。

〔註43〕 宋翔鳳：「包季懷爲姚仲虞作〈周易疏證序〉。季懷歿後，其家始以遺稿寄仲虞。」姚配中：「此余友包君季懷爲余序《周易疏證》者。余壬午（1822）歸里，復刪舊藁，爲《姚氏學》，而季懷以丙戌（1826）謝世，不得復請其序。」引自〔清〕姚配中撰：《周易姚氏學‧書前自序、宋翔鳳并記》【一經廬叢書本】，收入《續修四庫全書‧經部‧易類》第 30 冊（上海：上海古籍出版社，2002 年 3 月），頁 451。

〔註44〕 「中文古籍書目資料庫」網址：ttp://rarebook.ncl.edu.tw/rbook.cgi/frameset4.htm

〔註45〕 引自孫殿起撰：《販書偶記‧經部‧易類》卷一，收入《四部刊要‧史部‧目錄類》（臺北：漢京文化事業，1984 年 7 月），頁 6。

45〕、「中國國家圖書館」的館藏資訊〔註46〕、「山東省圖書館」整理的《易學書目》〔註47〕三者，歸納出五種《周易姚氏學》的刻印本，按刊刻時間順序排列，分別爲：

1. 【道光二十五年（1845）汪守成等校刊一經廬叢書木活字本】

　　附註：9 行 21 字小字雙行。版心上方附註卦名或《易傳》篇名，中間爲書名《周易姚氏學》及卷數、葉數，下方有「一經廬」三字，原書版框高 181 毫米、寬 274 毫米

2. 【清光緒三年（1877）湖北崇文書局刻本】

　　附註：12 行 24 字小字雙行同黑口四周雙邊雙魚尾

3. 【光緒十四年（1888）江陰南菁書院刻皇清經解續編刻本】

　　附註：11 行 24 字小字雙行同左古雙邊單魚尾

4. 【光緒十五年（1889）上海蜚英館刻皇清經解續編石印本】

　　附註：上中下三欄每欄 33 行 24 字白口四周單邊單魚尾

5. 【民國二十四年（1935）上海商務印書館鉛印本】

《周易姚氏學》在光緒年間被王先謙編入《皇清經解續編》，民國以來，又被六部叢書收入，茲將各叢書收編情形分列於下：

1. 王雲五主編：《國學基本叢書四百種》第 26 種，分 3 冊。臺北：臺灣商務印書館於 1968 年 3 月出版。

2. 廣文編譯所編輯：《易學叢書》，全 1 冊。臺北：廣文書局於 1971 年 5 月出版。

3. 楊家駱主編：《國學名著彙刊‧周易集解之補正》。臺北：鼎文書局於 1975 年 4 月出版，頁 332～503。

4. 嚴靈峯編輯：《無求備齋易經集成》第 92 冊，全 1 冊。臺北：成文出版社於 1976 年出版。

5. 趙蘊如編次：《大易類聚初集》第 20 冊。臺北：新文豐出版股份有限

〔註46〕 「中國國家圖書館網站──聯機公共目錄查詢系統」網址：
　　　　 http://opac.nlc.gov.cn/F

〔註47〕 山東省圖書館曾整理館內的易類書籍，將書籍版本資料彙編爲《易學書目》，以供讀者查考。參照山東省圖書館編：《易學書目》（濟南：齊魯書局，1993 年 12 月），頁 138。

公司於 1983 年 10 月出版，頁 617～791。

6.《續修四庫全書》編纂委員會編：《續修四庫全書・經部・易類》第 30
冊。上海：上海古籍出版社於 2002 年 3 月出版，頁 447～685。

若以表格統整這六部叢書選用的刻印本（請參見表三），即可發現目前姚
配中《周易姚氏學》的版本，以【光緒十四年（1888）江陰南菁書院刻皇清
經解續編刻本】較爲通行，次爲【道光二十五年（1845）汪守成等校刊一經
廬叢書木活字本】。

表三、民國六部叢書選用的《周易姚氏學》刻印本

	【一經廬叢書木活字本】	【湖北崇文書局刻本】	【江陰南菁書院刻皇清經解續編刻本】	【上海蜚英館刻皇清經解續編石印本】	【上海商務印書館鉛印本】
《國學基本叢書四百種》	●				
《易學叢書》			●		
《國學名著彙刊》			●		
《無求備齋易經集成》			●		
《大易類聚初集》			●		
《續修四庫全書》	●				

【汪守成等校刊一經廬叢書木活字本】在書前附錄包世臣〈清故文學旌德姚
君傳〉、宋翔鳳〈題辭〉、汪守成〈釀梾一經廬叢書記〉等資料，爲其他刻本
所無，文獻齊全而完備，此版本又爲《周易姚氏學》最原始的刻本，缺點是
以活字排印，難逃魯魚亥豕之弊，但王欣夫表示南菁書院、崇文書局重刻時，
也未校正其中錯誤〔註48〕，可見《周易姚氏學》各版本應該都有文字舛誤的
通病，便乾脆選用資料齊備且最接近原書樣貌的【汪守成等校刊一經廬叢書
木活字本】。刻本決定後，再比對選用相同刻本影印的《國學基本叢書四百種》
與《續修四庫全書》兩者，《續修四庫全書》直接影印上海圖書館藏善本，《國

〔註48〕 參閱王欣夫撰；鮑正鵠、徐鵬標點整理：《蛾術軒篋存善本書錄・癸卯稿卷一・
《周易姚氏學》十六卷》上冊（上海：上海古籍出版社，2008 年 4 月），頁
703。

學基本叢書四百種》則重新編排，並加以句讀，恐破壞原書面貌，故筆者最後選用《續修四庫全書》【影印上海圖書館藏清道光二十五年汪守成等活字印一經廬叢本】，作爲本研究使用底本，文中簡稱【一經廬叢書本】。

（三）體例

在全書架構上，筆者試將《周易姚氏學》【一經廬叢書本】分成三個部份。第一個部份是「附錄」（書前），第二部份是「姚氏易學通論」（卷首），第三部份是「《周易》經、傳的注疏」（本文）。以下簡單介紹各部份：

1. 附錄（書前）

此部分依次爲包世臣〈清故文學旌德姚君傳〉、宋翔鳳〈題辭〉、包世榮〈周易疏證舊序〉、姚配中〈書前自序〉、宋翔鳳〈并記〉、朱甘霖〈序〉、汪守成〈醵采一經廬叢書記〉七篇短文。

包世臣〈清故文學旌德姚君傳〉、宋翔鳳〈題辭〉旨在側寫姚配中其人，較少涉及《周易姚氏學》。包世臣〈清故文學旌德姚君傳〉記姚配中家世、學行、遊歷等等，尤刻畫其對易理、琴技、書藝的嗜愛與造詣，爲記載姚氏生平最詳盡的文獻，亦被收錄於包世臣文集《藝舟雙楫》中。宋翔鳳〈題辭〉表達自己久仰姚配中，而登門造訪之情。

接下來是包世榮〈周易疏證舊序〉、姚配中〈書前自序〉、宋翔鳳〈并記〉三篇〈序〉文。包世榮稱許姚配中雖貧困，尚能寢食不廢研易，四度易稿，時經七載，歷艱辛苦而成書，於道光元年（1821）三月爲《周易疏證》作〈序〉。姚配中則承接包氏，於後再自序一篇，內容主要在緬懷摯友包世榮，以及回憶遊歷揚州時與諸友論學之樂。包、姚二〈序〉結束後，接續宋翔鳳〈記〉，宋氏用「賦」的形式說明包世榮和姚配中兩人的情誼，並補充說明〈周易疏證舊序〉實爲包世榮遺稿，包氏死後，家中整理其文稿，才把此〈序〉寄予姚氏。三篇有承接關係，順序不可置換。朱甘霖常從包世臣口中聽到姚配中賢名，在機緣下相會西竺寺，結成友人，之後朱氏因事而前往旌德，但仲虞已辭世，遂作〈序〉於前，與前三篇沒有直接關連。

最後是汪守成〈醵采一經廬叢書記〉，寫《一經廬叢書》刊刻過程的源流始末、感念姚配中回鄉教學之道義、交待應再續刻姚師其他著作之事〔註49〕，

〔註49〕汪守成：「先生所著仍有《月令箋》七卷，其大義微言已見《周易通論月令》中，俟當續刻以成完璧。」但《一經廬叢書》初刻已醵金困難，故未能再次刊刻，姚配中的《月令箋》也就此亡佚，今不復見。引自〔清〕姚配中撰：《周

並附上釀金九位弟子名單。

2. 姚氏易學通論（卷首）

第二個部份是姚配中「覽總大要，論附篇首。」〔註50〕的〈贊元第一〉、〈釋數第二〉、〈定名第三〉三篇易學通論，姚氏又在三篇前面列舉七種易學原則，並將之衍生為七項論易條件，呼籲習易者應先明瞭這些道理，方能具備言易資格，見其所述：

> 一者，元也。元者，易之原也，是故不知一者，不足與言易；元
> 藏於中，爻周其外，往來上下，而易道周，是故不知周者，不足
> 與言易；日月為易，〈坎〉、〈離〉相推，一陰一陽，窮理盡性，是
> 故不知太極之始終者，不足與言易；爻畫進退，變化殊趣，差之
> 毫釐，謬以千里，是故不知四象之動靜者，不足與言易；聖人設
> 卦，觀象繫辭，擬議動賾，言盡意見，是故不知〈繫辭〉之旨者，
> 不足與言易；《易》、《樂》、《詩》、《禮》、《春秋》五者，五常之道，
> 而《易》為之原，是故不通羣籍者，不足與言易；師儒授受，別
> 派專門，見知見仁，百慮一致，是故不深究眾說之會歸者，不足
> 與言易。〔註51〕

姚氏歸結言易七項條件：一為「知一（一即是元）」，二為「知周」，三為「知太極之始終」，四為「知四象之動靜」，五為「知〈繫辭〉之旨」，六為「通羣籍」，七為「深究眾說之會歸」。每一條件皆根據一種易學原則，認為習易者須具備以上知識，否則不足以言易。

3.《周易》經、傳的注疏（本文）

《周易姚氏學》共有十六卷。架構與大多數的《周易》注疏本相同，此書也是先解釋六十四卦（含經文、〈彖傳〉、〈象傳〉、〈文言傳〉），再依序論述其他《易傳》部份（含〈繫辭上傳〉〈繫辭下傳〉、〈說卦傳〉、〈序卦傳〉、〈雜

易姚氏學・汪守成釀栞一經廬叢書記》【一經廬叢書本】，收入《續修四庫全書・經部・易類》第30冊（上海：上海古籍出版社，2002年3月），頁452。

〔註50〕引自〔清〕姚配中撰：《周易姚氏學・卷首自序》【一經廬叢書本】，收入《續修四庫全書・經部・易類》第30冊（上海：上海古籍出版社，2002年3月），頁453。

〔註51〕引自〔清〕姚配中撰：《周易姚氏學・卷首自序》【一經廬叢書本】，收入《續修四庫全書・經部・易類》第30冊（上海：上海古籍出版社，2002年3月），頁453。

卦傳〉）。姚配中對《周易姚氏學》的卷數分配情形如下（請參見表四）：

表四、《周易姚氏學》之分卷

卷　數	《周易姚氏學》所注解卦名／《易傳》
一	〈乾〉（含〈文言傳·乾〉）
二	
三	〈坤〉（含〈文言傳·坤〉）
四	〈屯〉、〈蒙〉、〈需〉、〈訟〉
五	〈師〉、〈比〉、〈小畜〉、〈履〉、〈泰〉、〈否〉
六	〈同人〉、〈大有〉、〈謙〉、〈豫〉、〈隨〉、〈蠱〉
七	〈臨〉、〈觀〉、〈噬嗑〉、〈賁〉、〈剝〉、〈復〉
八	〈无妄〉、〈大畜〉、〈頤〉、〈大過〉、〈坎〉、〈離〉
九	〈咸〉、〈恆〉、〈遯〉、〈大壯〉、〈晉〉、〈明夷〉
十	〈家人〉、〈睽〉、〈蹇〉、〈解〉、〈損〉、〈益〉
十一	〈夬〉、〈姤〉、〈萃〉、〈升〉、〈困〉、〈井〉
十二	〈革〉、〈鼎〉、〈震〉、〈艮〉、〈漸〉、〈歸妹〉、〈豐〉、〈旅〉
十三	〈巽〉、〈兌〉、〈渙〉、〈節〉、〈中孚〉、〈小過〉、〈既濟〉、〈未濟〉
十四	〈繫辭上傳〉
十五	〈繫辭下傳〉
十六	〈說卦傳〉、〈序卦傳〉、〈雜卦傳〉

由上表可知《周易姚氏學》用前面第一、二卷解〈乾〉，第三卷釋〈坤〉，之後一直到第八卷都屬上經範圍，第九卷到第十三卷則為下經，第十四、十五卷分別為〈繫辭〉上、下傳，第十六卷為〈說卦傳〉、〈序卦傳〉、〈雜卦傳〉三傳。〈乾〉、〈坤〉本身經、傳文字較多，且為《周易》最重要的兩個卦，比重勢必最高；隨後的〈屯〉、〈蒙〉、〈需〉、〈訟〉會陸續有一些首度出現的易例、觀念得去說明，自然需要用較多篇幅處理，故此四個卦自成一卷；除了前四卷的六個卦之外，《周易姚氏學》通常一卷釋六卦，第五卷到第十一卷均是如此，第十二、十三卷則較為密集，必須在一卷內闡釋八個卦。

在對《周易》的注疏方面，《周易姚氏學》分為三層，第一層先寫出《周

易》經、傳文句，第二層援引先賢注解（幾乎皆爲漢、魏儒說），第三層爲姚配中自己的案語，此舉〈剝〉爲例：

〈剝〉：不利有攸往。

注：虞翻曰：陰消〈乾〉也。

案：「不利有攸往」謂上，上失位而動，則陰從而之成〈坤〉。〔註52〕

〈剝〉僅有上九爲陽爻，陰盛陽衰，爲小人道長之時，卦辭只有：「不利有攸往。」一句；虞翻進一步指出此爲陰逐漸消剝〈乾〉陽；姚配中又補充說明「不利有攸往」者爲上九，失位而動，故陰從，遂成〈坤〉。由此例可明顯看出，姚配中先援用前人之語爲《周易》注解，再以案語的形式自我疏解。類似的例子，在《周易姚氏學》中俯拾即是，可謂此書的標準編列模式。姚配中亦曾提出注疏原則，見《周易姚氏學・卷首自序》所云：「以《十翼》爲正鵠，以羣儒爲弓矢，博學以厚其力，思索以通其神，審辯以明其旨，則庶幾其不遠也。」〔註53〕仲虞釋《易》以《易傳》爲優先，再參酌諸儒注解作爲補說，後人論點不得牴觸《易傳》。

在行文方面，《周易姚氏學》在拋出議題時，常直接援引前賢之語發其端，再逐步解說〔註54〕；論述必羅列各家說法，逐一檢視後，方行定讞。縱使偶以己意提出論點，便另加案語、小字註解於其後，絕不妄自揣測、憑空而論〔註55〕，可見其漢學家風範。

〔註52〕引自〔清〕姚配中撰：《周易姚氏學・剝》卷七【一經廬叢書本】，收入《續修四庫全書・經部・易類》第 30 冊（上海：上海古籍出版社，2002 年 3 月），頁 542。

〔註53〕引自〔清〕姚配中撰：《周易姚氏學・卷首自序》【一經廬叢書本】，收入《續修四庫全書・經部・易類》第 30 冊（上海：上海古籍出版社，2002 年 3 月），頁 453。

〔註54〕例如卷首的〈贊元〉一篇，曾引鄭玄〈用九〉注：「六爻皆體〈乾〉，羣龍之象也。舜既受禪，禹以稷、契、咎繇之屬，並在於朝。」並自我解釋道：「是鄭氏以六爻爲禹、稷諸人，而舜則〈用九〉者，不在六爻之數，所謂乾元也。」藉鄭氏之語間接帶出全文樞紐「乾元」一詞。引自〔清〕姚配中撰：《周易姚氏學・序・贊元》卷首【一經廬叢書本】，收入《續修四庫全書・經部・易類》第 30 冊（上海：上海古籍出版社，2002 年 3 月），頁 454。

〔註55〕例如卷首的〈釋數〉起始，姚配中自述「一」之妙，曰：「凡爲天之所包者，皆以一統之，爲易之所有者，皆以一貫之。」語畢，即用小字引〈靈樞〉、《說文》、〈乾鑿度〉等來支持自己的論點。引自〔清〕姚配中撰：《周易姚氏學・序・釋數》卷首【一經廬叢書本】，收入《續修四庫全書・經部・易類》第 30 冊（上海：上海古籍出版社，2002 年 3 月），頁 458。

二、《易學闡元》三篇

　　實際上，姚配中從來沒有撰寫過《易學闡元》這樣一本書，此書內容出自《周易姚氏學》，原屬《周易姚氏學》的一部份。前文已述，姚配中曾另外撰寫十篇易學通論，附在《周易參象》卷後，經過不斷地修改、精簡，到了《周易姚氏學》，只剩下〈贊元〉、〈釋數〉、〈定名〉三篇，仲虞將之附載於《周易姚氏學》卷首，作爲全書綱領。晚清的張壽榮擷取此三篇易學通論，將之獨立刊刻，而成《易學闡元》一書。但是，現今的文獻材料，大多不去交代這層關係，容易造成讀者混淆，筆者一一陳述其成書始末、刊行版本、文獻記載狀況，冀能釐清兩者。

（一）從《周易姚氏學》卷首綱領到成書

　　姚配中辭世後，汪守成等弟子共同整理姚氏著作，將《周易姚氏學》、《一經廬琴學》、《周易通論月令》等書集結成《一經廬叢書》，並醵金刊刻、出版，《周易姚氏學》卷首的〈贊元〉、〈釋數〉、〈定名〉三篇易學通論也就隨書留存下來，此時仍未有「易學闡元」一名。直至光緒八年（1882），張壽榮刻《花雨樓叢書》時說：

> 易中之「元」，自宣聖發之，漢儒明之，我朝東吳惠氏、武進張氏述之，已可得其端倪矣。嘉、道以來，旌德姚君仲虞著易學，復爲大暢其說，於卷首即列〈贊元〉、〈釋數〉、〈定名〉三篇，以闡發易中微言精義，而一歸於「元」。……有禪學者不淺，因亟以此卷授剞劂，爲揭其旨，曰《易學闡元》，全書俟更續刊。〔註56〕

「易元」爲孔子所發，漢人能明，往後卻乏人問津，幾成絕學，直至清朝的惠棟、張惠言論及，才稍開啓其端倪。姚配中承繼前人之道，大力發揚「易元」之說，於《周易姚氏學》卷首增添〈贊元〉、〈釋數〉、〈定名〉三篇，以闡發易中的微言精義，而一歸於「元」。張氏認爲此三篇易學通論有益於後學，遂將之獨立刻印，自成一書，並題名爲《易學闡元》。

（二）版本

　　《易學闡元》獨一無二的刻本爲【清光緒八年洨川張氏刻花雨樓叢抄本】

〔註56〕引自〔清〕姚配中撰：《姚氏易斅闡元・張壽榮跋》【花雨樓叢抄本】，收入《續修四庫全書・經部・易類》第31冊（上海：上海古籍出版社，2002年3月），頁12。

〔註57〕，原書版框高一三〇毫米、寬一九四毫米，書名頁題「姚氏易斅闡元」，牌記題「光緒八年仲冬蛟川張氏雕板」，9 行 20 字小字雙行同黑口左右雙邊單魚尾。今日能看到的各種傳本，皆影印自此。民國以來，《易學闡元》被三部大型叢書收入，分見於：

1. 嚴靈峯編輯：《無求備齋易經集成》第 122 冊，書名作《易學闡元》。臺北：成文出版社於 1976 年出版。

2. 王德毅主編；李淑貞等人編輯：《叢書集成續編・哲學類・易類哲學》第 29 冊，頁 693～706，書名作《易學闡元》。臺北：新文豐出版公司於 1989 年 7 月出版。

3. 《續修四庫全書》編纂委員會編：《續修四庫全書・經部・易類》第 31 冊，頁 1～12，據復旦大學圖書館藏本影印，書名作《姚氏易斅闡元》。上海：上海古籍出版社於 2002 年 3 月出版。

據「中文古籍書目資料庫」查詢，《易學闡元》古籍的藏納地至少有六處，分別為「內蒙古線裝古籍聯合目錄」、「內蒙古圖書館」、「山東省圖書館」、「中國國家圖書館」、「東京大學東洋文化研究所」、「臺灣國家圖書館」。〔註58〕

（三）文獻記載狀況

《一經廬叢書》初刻於道光二十五年（1845），張壽榮於光緒八年（1882）刊刻《易學闡元》，兩者間隔了三十七年。歷經了三十七年，與姚配中結交的學術同好已先後逝世，無法替姚氏推廣此書，又因《易學闡元》刊刻時間較晚，光緒八年（1882）以前出版的文獻無法載錄，使得某些文獻縱使述及姚配中及其著作，也未必會提到《易學闡元》。以下將少數有記載《易學闡元》的書目文獻（此不包括圖書館館藏書目）列出，並概述尚秉和所寫的〈提要〉。

1. 書目文獻

筆者遍尋各種書目文獻，僅覓得丁仁《八千卷樓書目》〔註 59〕、范希曾《書目答問補正》〔註 60〕、《清史稿・藝文志》〔註 61〕（《清史・藝文志》承

〔註57〕 臺灣地區國家圖書館藏有〔清〕張壽榮編：《花雨樓叢鈔》線裝書，內含《易學闡元》。

〔註58〕 資料引自「中文古籍書目資料庫」，參見網址：http://rarebook.ncl.edu.tw/rbook.cgi/frameset4.htm

〔註59〕 參見〔清〕丁仁編：《八千卷樓書目・經部・易類》【錢塘丁氏聚珍倣宋版印】第 1 冊（臺北：廣文書局，1970 年 6 月），頁 13。

〔註60〕 張之洞《書目答問》列舉姚配中著作時，未錄及此書，後被范希曾補上，書

之）〔註62〕、劉錦藻《清朝續文獻通考》〔註63〕、黃尚信《周易著述考》〔註64〕、《中華易學大辭典》〔註65〕七部書目文獻有著錄《易學闡元》一書。然而，這七部書目文獻皆分別列舉《周易姚氏學》與《易學闡元》二書，於後並無任何備註，若不深入考察，可能還會誤以為《易學闡元》是另一本內容不同於《周易姚氏學》的書籍。

2. 提要

尚秉和曾在《續修四庫全書提要》中，撰寫〈《易學闡元》三篇提要〉，仍是至今唯一針對《易學闡元》而發的評析文章。尚氏深明筮法、象數，具有足夠的識見直接對《易學闡元》闡發的易元理論提出批評：

> 姚氏蓋泥於〈乾‧初九〉：「潛龍勿用」之言，而元則萬物資始，非不用也，故謂元自元，初九自初九。豈知〈復〉初即〈乾〉之初九，乾元在初子勿用，息至二則用矣，即推而至於四躍、五飛，仍此元也，與初九不異也。〈繫〉所謂周流六虛也。奈何欲析而二之乎？〔註66〕

尚氏認為姚配中太過拘泥「潛龍勿用」之辭，視元與初九為二物，乃不知乾元在初只是潛藏，至二則用，至四而躍，至五而飛，未免不明〈繫辭下〉：「為道也屢遷，變動不居，周流六虛。」〔註67〕之理。又斥責仲虞質疑「七變九，

名作《易學闡玄》。參見〔清〕張之洞撰；范希曾補正〔民國〕蒙文通校點：《書目答問補正（校點本）‧經部‧列朝經注經說經本考證第二》卷一（臺北：漢京文化事業，1984年1月），頁11。

〔註61〕參見國史館編：《清史稿校註‧志‧藝文一‧經部》卷一百五十二，第5冊（臺北：國史館，1986年9月），頁4003。

〔註62〕參見清史編纂委員彙編纂：《清史‧志‧藝文一‧經部》卷一百四十六，第3冊（臺北：國防研究院，1961年3月），頁1750。

〔註63〕參見劉錦藻撰：《清朝續文獻通考‧經籍一》卷二百五十七，第3冊（浙江：浙江古籍出版社，2000年1月），頁10020。

〔註64〕參見黃尚信等編：《周易著述考‧古籍》上冊（臺北：國立編譯館，2002年12月），頁598。

〔註65〕參見《中華易學大辭典》編輯委員會編：《中華易學大辭典‧易學論著卷‧易學專著總目》（上海：上海古籍出版社，2008年12月），頁1074。

〔註66〕引自中國科學院圖書館整理：《續修四庫全書總目提要【經部】‧易類‧《易學闡元》三篇》上冊（北京：中華書局，1993年7月），頁107。

〔註67〕〈繫辭上傳〉：「六爻之動，三極之道也。」〈繫辭下傳〉：「《易》之為書也，廣大悉備。有天道焉、有人道焉、有地道焉。兼三才而兩之，故六。六者非它也，三材之道也。」三極便是三才。引自〔魏〕王弼、〔晉〕韓康伯注〔唐〕

八變六，非陰變陽，陽變陰。」甚為荒謬，加以解釋〈乾鑿度〉所謂變七之九，變八之六，皆就揲著而來，不應隨便臆測。〔註68〕尚氏評述皆有理據，能夠糾舉《易學闡元》對象數應用的錯誤。

三、《周易通論月令》二卷

李宗沆《周易通論月令‧跋》：「是書乃即《周易》而推驗之者。夫日月往來二用，發〈乾〉、〈坤〉之秘，陰陽貸謝六爻，成消息之圖。六十四卦之周流，寒溫悉應；七十二候之順逆，休咎胥徵。此《周易》所以為羣籍之原，而〈月令〉所以為大易之驗也。」〔註69〕道盡〈月令〉與《周易》關係，〈月令〉為易道之自然體現，古代聖王因天時而制人事，乃因通達《周易》陰陽之道，且能應用於政事。此書能會通〈月令〉與《周易》兩者，替後人開啓另一道習易之蹊徑。以下分別就《周易通論月令》的撰寫動機、版本、內容概要三方面論述，概略介紹這本內容不同於《周易姚氏學》的姚配中易學著作。

（一）撰寫動機

姚配中云：「月令者，聖王所以體元出治，順陰陽之消息，以贊化育、參天地、致中和，而成〈既濟〉者也。」〔註70〕古代聖王能通曉易元之理，因此順陰陽、奉四時、參天地以行王政，發號施令，每月異體，故稱「月令」。吳承仕曰：「是書（《周易通論月令》）大旨略與《姚氏學》同，以元為易之原。」〔註71〕是知《周易通論月令》亦以易元為中心，再依此逐步展開、推演至陰陽消息之道。道光十四年（1834），姚配中〈自序〉曰：

孔穎達等正義：《周易正義‧繫辭上下》卷七、八，收入〔清〕阮元校勘：《十三經注疏》（臺北：藝文印書館，2007年8月），頁173～174。

〔註68〕參閱中國科學院圖書館整理：《續修四庫全書總目提要【經部】‧易類‧《易學闡元》三篇》上冊（北京：中華書局，1993年7月），頁107。

〔註69〕引自〔清〕姚配中撰：《周易通論月令‧李宗沆跋》【一經廬叢書本】，收入《續修四庫全書‧經部‧易類》第30冊（上海：上海古籍出版社，2002年3月），頁716。

〔註70〕引自〔清〕姚配中撰：《周易通論月令》卷一【一經廬叢書本】，收入《續修四庫全書‧經部‧易類》第30冊（上海：上海古籍出版社，2002年3月），頁691。

〔註71〕引自吳承仕撰：《檢齋讀易提要‧周易通論月令二卷》，收入張善文等校理：《尚氏易學存稿校理‧附編》第3卷（北京：中國大百科全書出版社，2005年6月），頁31。

《周易》首〈乾〉，正月建子；《歸藏》首〈坤〉，正月建丑；《連山》首〈艮〉，正月建寅，而要皆以乾元爲消息之宗。……配中于注《易》之暇，會通其義，爲《月令箋》五卷，以鄭爲宗，其有不同，取諸羣說。猶鄭之箋毛，不嫌存異義也，因復探其微言大義，統而論之，附于《周易姚氏學》之後。述己所聞，證以經傳，在於不知，蓋闕如也，凡二卷，名曰《周易通論月令》。〔註72〕

姚配中認爲《周易》、《歸藏》、《連山》三者雖然首卦不同、天干配置有異，但皆以乾元爲消息之宗，便利用注解《周易姚氏學》的空暇撰寫《月令箋》五卷〔註73〕，以會通《易》與〈月令〉兩者，復探其微言大義，統而論之，附在《周易姚氏學》卷後。用經、傳印證自己所知的見解，若不了然則空闕，不強加解釋，終能自成條貫，另外撰成《周易通論月令》二卷。弟子郭賢坤

〔註72〕引自〔清〕姚配中撰：《周易通論月令·自序》【一經廬叢書本】，收入《續修四庫全書·經部·易類》第30冊（上海：上海古籍出版社，2002年3月），頁690。

〔註73〕姚配中於道光十四年（1834）自云爲《月令箋》五卷，而汪守成於道光二十五年（1845）曰：「先生所著仍有《月令箋》七卷，其大義微言，已見《周易通論月令》中，俟當續刻，以成完璧。」爲何姚配中自云《月令箋》五卷，汪守成卻宣稱《月令箋》爲七卷？其中變化到底如何？筆者將較有可能的三種推論說明如下：

一、兩說間隔十一年，這段期間，姚配中又多寫了《月令箋》第六、第七卷，故有《月令箋》七卷與《周易通論月令》二卷，乃兩種內容不同的著作。

二、汪守成所謂的《月令箋》七卷，實爲原本《月令箋》五卷，再加上《周易通論月令》二卷的內容，汪氏整理稿本時未察，將《周易通論月令》摻入《月令箋》中。

三、與第二點類似，但此點爲姚配中晚年蓄意將《周易通論月令》二卷，併入《月令箋》五卷，使《月令箋》成爲更加完備的七卷，亦使兩書內容重疊。然而，筆者臆測應爲第一種可能，《周易通論月令》爲《月令箋》之菁華、綱領，以通論性質寫成，如同《周易姚氏學》本文與《易學闡元》（卷首〈贊元〉、〈釋數〉、〈定名〉）的關係，「復探其微言大義，統而論之」，而再成一篇，恐爲姚配中撰寫易類著作的習慣。何況，汪氏又云：「若夫讐校有舛悟，則守成之咎也。」足知汪氏負責校正姚配中遺稿，若兩書內容重複，汪守成何以只說姚氏有《月令箋》七卷，而不加任何說明？

關於《月令箋》卷數的問題，因《一經廬叢書》未續刊印，無從證實，亦無其他相關文獻可以佐證，筆者妄自揣測這三種可能，恐有未當，尚祈指正。汪氏之語引自〔清〕姚配中撰：周易姚氏學·汪守成醲柈一經廬叢書記》【一經廬叢書本】，收入《續修四庫全書·經部·易類》第30冊（上海：上海古籍出版社，2002年3月），頁452。

於《周易通論月令・跋》曰：「先生于時撰《月令箋》，方脫稿，諸名公爲之〈序〉，繼復繹其微言大義，以成是篇，乃《月令箋》之綱領也。」〔註74〕是知《周易通論月令》本爲《月令箋》之綱領，可惜《月令箋》早已亡佚，其中的內容、思想、學術價值，僅能從《周易通論月令》窺見一二。

（二）版本

《周易通論月令》只有【清道光二十五年（1845）汪守成等校刊一經廬叢書木活字本】（簡稱【一經廬叢書木活字本】）和【清光緒十九年（1893）貴池劉氏聚學軒叢書刻本】（簡稱【聚學軒叢書刻本】）兩種刻本，其他影印本皆據此印刷，茲簡介二者如下：

1. 【清道光二十五年（1845）汪守成等校刊一經廬叢書木活字本】

    附註：9 行 21 字小字雙行

2. 【清光緒十九年（1893）貴池劉氏聚學軒叢書刻本】

    附註：11 行 21 字小字雙行白口四周雙邊雙魚尾

據「中文古籍書目資料庫」查詢〔註75〕，現今可見的《周易通論月令》古籍善本收藏地大多在「中國國家圖書館」與「臺灣中央研究院文哲所圖書館」。兩種刻本差異不大，卷首都有〈陳雲序〉、〈宋翔鳳序〉、〈姚配中自序〉，本文後面皆附〈李宗沆跋〉及〈郭賢坤跋〉。兩刻本不同處有二，一爲【一經廬叢書木活字本】比【聚學軒叢書刻本】多了〈胡開益序〉；二爲《周易通論月令》被劉世珩收入《聚學軒叢書》，劉氏對其所搜書籍，皆會再親自校勘，故知【聚學軒叢書刻本】已經過劉氏校正，應修訂了不少訛誤。〔註76〕

《周易通論月令》【一經廬叢書木活字本】被《續修四庫全書》收入，乃唯一選用【一經廬叢書木活字本】的叢書。《續修四庫全書》影印自北京圖書館分館藏的【一經廬叢書木活字本】（原書版高一八七毫米，寬二六八毫米），收入《經部・易類》第 30 冊，銜接在《周易姚氏學》之後（頁 687～717）。

〔註74〕引自〔清〕姚配中撰：《周易通論月令・跋》【一經廬叢書本】，收入《續修四庫全書・經部・易類》第 30 冊（上海：上海古籍出版社，2002 年 3 月），頁717。

〔註75〕「中文古籍書目資料庫」網址：ttp://rarebook.ncl.edu.tw/rbook.cgi/frameset4.htm

〔註76〕爲配合本研究對《周易姚氏學》所採用的【一經廬叢書本】，故本研究在引述《周易通論月令》文句時，亦使用【一經廬叢書本】的《周易通論月令》，以符合一致性。

上海古籍出版社於上海 2002 年 3 月出版。

　　《周易通論月令》【聚學軒叢書刻本】原屬劉世珩《聚學軒叢書》第三集第一，劉氏〈聚學軒叢書提要〉曰：「仲虞注《易》二十餘年，絕去依傍，獨探本原，所撰《周易姚氏學》，海內推爲專家。……今《姚氏學》梓於鄂局，因梓此書，以補其闕。」〔註77〕劉世珩繼湖北崇文書局刊刻《周易姚氏學》後，將《周易通論月令》付梓，彌補闕漏的姚配中易作。楊家駱曾說：「《叢書集成》亦商務印書館所印行，選取叢書百部，約六千種，二萬七千餘卷，汰除重複，綜爲一籍。」〔註78〕商務印書館選取叢書百部，編輯出版《叢書集成》後，各大出版社爭相仿效，循其例印行續集，《周易通論月令》即被藝文印書館〔註79〕、新文豐出版公司〔註80〕、上海書店出版社〔註81〕三家各自出版的《叢書集成續編》收入，而三家均影印自【聚學軒叢書刻本】，遂使此刻本的《周易通論月令》大行。

（三）內容概要

　　姚配中：「日月爲易，懸象著明，日月行而陰陽之氣應焉。氣候者，乾元之變化，而陰陽之驗也。」〔註82〕氣候爲大易陰陽的具體顯現，〈月令〉記載古代聖王順天施政的做法，故宋翔鳳曰：「〈月令〉一篇，備觀象於天，觀法

〔註77〕引自劉世珩撰：《聚學軒叢書總目提要・經部・周易通論月令二卷》，收入《聚學軒叢書》（臺北：藝文印書館，1970 年 6 月），葉 5。
〔註78〕引自楊家駱著：《叢書大辭典・叢書大辭典草創本序例・叢書史・序例十一》（臺北：中國學典館復館籌備處，1970 年 7 月），頁 5。
〔註79〕此版本的《叢書集成續編》以叢書爲編排單位，《周易通論月令》直接收入劉世珩整部《聚學軒叢書》之中，難以顯現其價值，但也是因爲以叢書爲主軸，故唯獨保留了劉世珩〈周易通論月令提要〉，爲其他版本所無。《周易通論月令》見於嚴一萍選輯：《叢書集成續編・聚學軒叢書》第三集第一（臺北：藝文印書館景印，1970 年 6 月）。
〔註80〕此版本的《叢書集成續編》由高本釗選定各叢書，再由新文豐編輯部合力推動而成，以作者時代編排順序，故可顯見各作者被收納之著作。《周易通論月令》見於王德毅主編：李淑貞等人編輯：《叢書集成續編・哲學類・易類哲學》第 29 冊（臺北：新文豐出版公司，1989 年 7 月），頁 667～691。
〔註81〕此版本的《叢書集成續編》所選叢書，以「流傳稀少」、「學術價值較高」，以及「對研究工作具有實用性」爲選書標準。同樣以作者時代編排順序。《周易通論月令》見於陸國強等編纂：《叢書集成續編・經部・易類・傳說之屬》第 3 冊（上海：上海書店出版社，1994 年 6 月），頁 289～311。
〔註82〕引自〔清〕姚配中撰：《周易通論月令》卷二【一經廬叢書本】，收入《續修四庫全書・經部・易類》第 30 冊（上海：上海古籍出版社，2002 年 3 月），頁 705。

於地，鳥獸之文與地之宜，合乎君子先愼乎德，以義爲利之旨。」〔註83〕《周易通論月令》主旨就在於融通《周易》與〈月令〉兩者。

1. 第一卷

《春秋繁露》：「春秋何貴乎元而言之？元者，始也，言本正也；道，王道也；王者，人之始也。」〔註84〕以王者爲人之始，始、元互通，故王者爲人之元。姚配中在《周易通論月令》利用董仲舒「王者爲人之元」的概念，曰：「天子者，天下之元，體元出治者也。」〔註85〕先連接「王」與「元」兩者，又曰：「月令者，聖王所以體元，出治順陰陽之消息，以贊化育參天地，致中和，而成〈既濟〉者也。」〔註86〕闡發天子體「元」而治天下之理，再以「元」會通八卦，曰：

> 乾元周而四時成、八卦列矣。八卦者，明堂之位、天子之居。……
> 帝出乎〈震〉、齊乎〈巽〉、相見乎〈離〉、致役乎〈坤〉、說言乎〈兌〉、
> 戰乎〈乾〉、勞乎〈坎〉、成言乎〈艮〉。帝之所在，因時易名，而八
> 卦位焉。〈坎〉、〈離〉、〈震〉、〈兌〉者，四正；〈乾〉、〈艮〉、〈巽〉、
> 〈坤〉者，四隅，而明堂之法立焉。四正者，明堂之四堂；四隅者，
> 四堂之左右个。元位中央，藏于戊己，則明堂之大廟大室也。〔註87〕

八卦爲明堂之位、天子之居，因時易名，分四正、四隅，元在中央，以八卦配上明堂方位。並取《周易》少陽爲七、少陰爲八、老陽爲九、老陰爲六之義，比附〈月令〉所記的氣候、星宿、五行、五蟲、五帝五神、五音十二律、五味、五祀等等。〔註88〕姚配中每發一議論，後必引述馬融、鄭玄、王肅、

〔註83〕引自〔清〕姚配中撰：《周易通論月令·宋翔鳳序》【一經廬叢書本】，收入《續修四庫全書·經部·易類》第30冊（上海：上海古籍出版社，2002年3月），頁689。

〔註84〕引自〔清〕蘇輿撰〔民國〕鍾哲點校：《春秋繁露義證·王道第六》卷四（北京：中華書局，2010年1月），頁100～101。

〔註85〕引自〔清〕姚配中撰：《周易通論月令》卷一【一經廬叢書本】，收入《續修四庫全書·經部·易類》第30冊（上海：上海古籍出版社，2002年3月），頁693。

〔註86〕引自〔清〕姚配中撰：《周易通論月令》卷一【一經廬叢書本】，收入《續修四庫全書·經部·易類》第30冊（上海：上海古籍出版社，2002年3月），頁691。

〔註87〕引自〔清〕姚配中撰：《周易通論月令》卷一【一經廬叢書本】，收入《續修四庫全書·經部·易類》第30冊（上海：上海古籍出版社，2002年3月），頁692。

〔註88〕筆者根據《禮記·月令》經文製成十二月份所對應事物，內包含氣候、星宿、

崔憬、張遂（法號一行）等先賢之說，或是用《尚書》、《禮記》、《春秋繁露》、《說文》、《史記》、《漢書》、《後漢書》、《呂覽》、《淮南子》、《白虎通》、《參同契》、《易緯》等各部書籍佐證，嫻熟於文獻資料的使用，吳承仕曰：「姚氏自命巧慧，左右採獲，穿穴無所不通；加之博徵古義，旁引馬、鄭、荀、虞，訓辭深厚，似若深有典據。」〔註89〕實深明仲虞者。

2. 第二卷

《周易通論月令》第二卷則以《周易》卦氣、象數法則來闡釋〈月令〉文句，大抵依循西漢易學家孟喜的「卦氣說」〔註90〕，把《周易》卦象與節氣互相對應。開頭簡單說明卦氣之條例：

> 〈坎〉、〈離〉、〈震〉、〈兌〉各主一方，謂之方伯卦。八卦成列，則各主四十五日，其十二消息各主一月，爻主一候，氣變則又別成一卦，此卦氣之所由立也，以六十卦當七十二候，卦主六日七分。〔註91〕

〈震〉、〈離〉、〈兌〉、〈坎〉各主東、南、西、北一方，代表春、夏、秋、冬四時。八卦各主四十五日，由立春開始，立春〈艮〉用事，仲春〈震〉用事，立夏〈巽〉用事，如此延續，週而復始。十二消息卦各主一中氣及一節氣，每卦六爻又各主一候，七十二候就此成立。若六十四卦去除〈震〉、〈離〉、〈兌〉、〈坎〉四個方伯卦，以六十卦當七十二候，每卦主六日七分。第二卷在敘述過卦氣條例後，就用卦氣、卦象、卦變等象數易法則，依序解釋〈月令〉孟春之月至季冬之月的十二個月份。此處即以「立夏之月」爲例，配合姚配中

五行、五蟲、五帝五神、五音十二律、五味、五祀等等，置於「附錄二」，以供參考。《禮記》版本採用〔漢〕鄭玄注〔唐〕孔穎達等正義：《禮記正義‧月令》卷十四～十七，收入〔清〕阮元校勘：《十三經注疏》（臺北：藝文印書館，2007 年 8 月），頁 278～357。

〔註89〕 引自吳承仕撰：《檢齋讀易提要‧周易通論月令二卷》，收入張善文等校理：《尚氏易學存稿校理‧附編》第 3 卷（北京：中國大百科全書出版社，2005 年 6 月），頁 32。

〔註90〕 孟喜以陰陽說解《周易》，以此推測氣候的變化、推斷人事的吉凶，提出「四正卦說」、「十二月卦說」、「六十卦配以七十二候」、「六日七分說」等說法，開啓漢易「卦氣說」的濫觴。可參閱朱伯崑著：《易學哲學史‧漢唐時期‧孟喜的卦氣說》第一卷（臺北：藍燈文化事業，1991 年 9 月），頁 131～142。

〔註91〕 引自〔清〕姚配中撰：《周易通論月令》卷二【一經廬叢書本】，收入《續修四庫全書‧經部‧易類》第 30 冊（上海：上海古籍出版社，2002 年 3 月），頁 705。

解釋部份，節錄一段〈月令〉原文，以方便參照，見《禮記・月令》：

> 孟夏之月，日在畢，昏翼中，旦婺女中。其日丙丁。其帝炎帝，其神祝融。其蟲羽。其音徵，律中中呂。其數七。其味苦，其臭焦。其祀竈，祭先肺。螻蟈鳴，蚯蚓出，王瓜生，苦菜秀。〔註92〕

再看《周易通論月令》第二卷對此段經文的解釋：

> 立夏之日，螻蟈鳴。螻蟈，〈巽〉蟲也。卦氣成〈旅〉，又五日，蚯蚓出。《易傳》曰：「尺蠖之屈，以求信。」尺蠖之求信，所以象氣也。是月陽息成，〈乾〉氣盡發，故蚯蚓出。卦氣成〈師〉，又五日，王瓜生，〈坤〉陰以五月消〈姤〉，四月純陽，〈乾〉用事，位在〈巽〉，交而成〈姤〉，陰氣萌，故王瓜生。〈姤〉之九五曰：「以杞包瓜含章，有隕自天。」陽盛極必當復消；陰之消陽，始于〈巽〉，極于〈剝〉，此聖人所先戒也。卦氣成〈比〉，小滿之日，苦菜秀，陽極火，味也。〔註93〕

姚配中已在第一卷論述星宿、五蟲、五帝五神、五音十二律、數字、五味、五祀，故第二卷釋文中不重複解釋，直接略過。本段即從「螻蟈鳴，蚯蚓出，王瓜生，苦菜秀。」開始解說。謂螻蟈為〈巽〉蟲，是以卦象為說，而卦氣間的轉換，則以互體為解〔註94〕，並適時引《周易》經傳為證，配合陰陽消息之變，逐句解釋〈月令〉經文。

第四節　結　語

　　姚配中自幼聰穎，興趣廣泛，故能過目不忘，涉獵多方，熟讀經、史、子部書籍之外，於天文、曆法、音律等學問，也都莫不通曉。唯獨書法之學，苦苦難以自通，縱使經常臨摹大家之筆，仍不得其門而入。約二十六歲時，與包世榮一同遊歷揚州，並於此地向包世臣拜師學書藝，因而旅居揚州五年。

〔註92〕引用〔漢〕鄭玄注〔唐〕孔穎達等正義：《禮記正義・月令》卷十五，收入〔清〕阮元校勘：《十三經注疏》（臺北：藝文印書館，2007年8月），頁305～306。

〔註93〕引自〔清〕姚配中撰：《周易通論月令》卷二【一經廬叢書本】，收入《續修四庫全書・經部・易類》第30冊（上海：上海古籍出版社，2002年3月），頁708。

〔註94〕例如「卦氣成〈師〉」下以小字附註：「〈坎〉下〈坤〉上，互〈震〉、〈坤〉」；「卦氣成〈比〉」下亦以小字附註：「〈坤〉下〈坎〉上，互〈坤〉、〈艮〉。」

在包世榮的引薦下，姚配中在這段時間與包慎言、劉文淇、薛傳均等漢學家結為知交，眾人長期互相切磋，使彼此的學問日進。〔註95〕姚氏學藝雖多，最後有所成就者，即易、琴、書三種：於易，初習時逐以虞仲翔入門，貫通後則以鄭康成為宗，曾夢見鄭、虞二人激辯，又嘗夢吞〈乾〉卦五爻，足見其對易理的執著，撰有《周易通論月令》與《周易姚氏學》，被海內推為專家。〔註96〕於琴，時時撫弄，年復一年不間斷，終能領悟和聲之道、知曉同應之理，曾原數說聲，上溯本源，更正古樂譜，並自創新曲。四十二歲時，將畢生體悟到的琴學理數，費兩年時間撰成《琴學》（又稱《一經廬琴學》）。於書，自幼臨摹山谷、歐陽字帖，之後拜師於包世臣門下五年，能得師承外，又提出不少創見，例如曾與金壇段玉立論〈書次東坡五言十四韻〉，文中屢見姚氏對書中原韻的理則、創說；又與包世臣談論隋僧智果〈心成頌〉中暗藏的作書之法，姚配中的書學理論，多被收錄在《書學拾遺》。有官員欣賞姚配中的才學，意欲特別提拔、栽培，姚氏雖貧困，卻能不慕榮利，不去追求權位，反而投身於故鄉的教育上。關於這一切，弟子們其實都看在眼裡，除了景仰姚師的人格與學識外，更是滿懷感激之情。姚配中死後，汪守成帶領眾弟子釀金刊刻《一經廬叢書》，讓姚氏著作得以留存，汪氏又與郭賢演兩人一肩扛起姚家的生計，並教導、資助其子姚邦達讀書，荀子有云：「水深而回，樹落則糞本，弟子通利則思師。」〔註97〕姚配中及其弟子之懿行，即為最佳例證。留下的著作有《周易姚氏學》、《周易通論月令》、《琴學》、《書學拾遺》、《一經廬文鈔》，皆被弟子們集結成《一經廬叢書》，經汪守成校訂後刊刻出版。

今日可見的姚配中易學著作有《周易姚氏學》、《易學闡元》、《周易通論月令》三本。《周易姚氏學》是姚配中傾注全力撰寫的易學代表作，此書多次易稿，兩度更名，首稱《周易參象》，二稱《周易疏證》，最後才定名為《周易姚氏學》，屬於注疏類易書，依序注解《周易》六十四卦（包括〈彖傳〉、〈象傳〉、〈文言傳〉）及其他《易傳》部份。姚配中在撰寫《周易參象》時，又另外寫了易論十篇，當作此書綱領，附於書後，至《周易疏證》時仍保留這十

〔註95〕姚配中的易學思想，也頗受師友之啟迪，關於這方面論述，請參閱本論文第四章第一節「學者社群之相輔」。

〔註96〕參閱劉世珩撰：《聚學軒叢書總目提要‧經部‧周易通論月令二卷》，收入《聚學軒叢書》（臺北：藝文印書館，1970 年 6 月），葉 5。

〔註97〕引自〔清〕王先謙集解：《荀子集解‧致仕篇第十四》卷九（臺北：藝文印書館，1967 年 7 月），頁 372。

篇，姚配中回歸鄉里後，持續修訂原書，又將附於書後的易論十篇，刪減爲〈贊元〉、〈釋數〉、〈定名〉三篇，並挪到書籍卷首，完成《周易姚氏學》。光緒八年（1882），張壽榮刻《花雨樓叢書》，認爲此三篇易學通論有益於後學，遂將之獨立刻印，自成一書，題名爲《易學闡元》，故可知《易學闡元》實爲《周易姚氏學》卷首通論之集成，但現今的書目文獻與尙秉和〈《易學闡元》三篇提要〉，卻都未述及此事，恐會讓人誤以爲姚配中撰寫了三本內容不同的易學著作。姚配中在注解《周易姚氏學》時，亦撥出空檔，另撰《月令箋》，將《周易》比附〈月令〉所記的星宿、五行、五蟲、五帝五神、五音十二律、五味、五祀等等，並逐句闡釋〈月令〉經文，以融通《周易》與〈月令〉兩者，又加以統合《月令箋》菁華，另成《周易通論月令》二卷。姚氏眾弟子首度刊刻《一經廬叢書》時，先刊行《周易通論月令》，未將《月令箋》付梓，汪守成雖言：「俟當續刻，以成完璧。」〔註98〕然因經費困窘，無法再行刊刻《一經廬叢書》，《月令箋》久而亡佚，姚配中在〈月令〉、曆法、卦氣方面的思想與造詣，只能從《周易通論月令》中窺見一斑。

　　光緒年間，越來越多學者注意到姚配中及其易書價值，陸續將其書刊印、收編：張壽榮刊刻《易學闡元》，成爲《花雨樓叢書》的一部分、王先謙把《周易姚氏學》編入《皇清經解續編》、劉世珩親自校勘《周易通論月令》，將之納入《聚學軒叢書》。因此，《周易姚氏學》和《周易通論月令》除了最早的【道光二十五年（1845）汪守成等校刊一經廬叢書木活字本】，又各自增加了其他刻印本，《周易姚氏學》多了【清光緒三年（1877）湖北崇文書局刻本】、【光緒十四年（1888）江陰南菁書院刻皇清經解續編刻本】、【光緒十五年（1889）上海蜚英館刻皇清經解續編石印本】、【民國二十四年（1935）上海商務印書館鉛印本】四種，《周易通論月令》則增添【清光緒十九年（1893）貴池劉氏聚學軒叢書刻本】一種，《易學闡元》爲張壽榮所創，故僅有【清光緒八年洨川張氏刻花雨樓叢抄本】。民國以來，也有九部叢書收納姚配中易學著作，分別是臺灣商務印書館《國學基本叢書四百種》、廣文書局《易學叢書》、鼎文書局《國學名著彙刊》、成文出版社《無求備齋易經集成》、上海古籍出版社《續修四庫全書》、新文豐出版股份有限公司《大易類聚初集》、藝文印

〔註98〕引自〔清〕姚配中撰：《周易姚氏學‧汪守成醲棻一經廬叢書記》【一經廬叢書本】，收入《續修四庫全書‧經部‧易類》第 30 冊（上海：上海古籍出版社，2002 年 3 月），頁 452。

書館《叢書集成續編》、新文豐出版股份有限公司《叢書集成續編》、上海書店出版社《叢書集成續編》，茲將此九部叢書對姚氏易書的收入狀況與採用版本整理於下（請參見表五），作為本章結尾。

表五、姚配中易學著作與民國各大叢書收入狀況對應表

姚氏易學著作 民國出版叢書九部	《周易姚氏學》	《易學闡元》	《周易通論月令》
《國學基本叢書四百種》 （臺北：臺灣商務印書館）	【汪守成等校刊一經廬叢書活字本】		
《易學叢書》 （臺北：廣文書局）	【南菁書院刻皇清經解續編刻本】		
《國學名著彙刊》 （臺北：鼎文書局）	【南菁書院刻皇清經解續編刻本】		
《無求備齋易經集成》 （臺北：成文出版社）	【南菁書院刻皇清經解續編刻本】	【花雨樓叢抄本】	
《續修四庫全書》 （上海：上海古籍出版社）	【汪守成等校刊一經廬叢書活字本】	【花雨樓叢抄本】	【汪守成等校刊一經廬叢書活字本】
《大易類聚初集》 （臺北：新文豐出版股份有限公司）	【南菁書院刻皇清經解續編刻本】		
《叢書集成續編》 （臺北：藝文印書館）			【聚學軒叢書刻本】
《叢書集成續編》 （臺北：新文豐出版股份有限公司）		【花雨樓叢抄本】	【聚學軒叢書刻本】
《叢書集成續編》 （上海：上海書店出版社）			【聚學軒叢書刻本】

第四章　清代學人對《周易姚氏學》之摩盪

　　姚配中到二十三歲才開始研讀《易經》〔註1〕，其學易始終沒有師承，完全由自己苦思力索，自學而成一家之言，在易學路線上，宗主漢、魏易學家之說，並致力於象數易研究。獨學無師者，爲何走上這條路線？除了第二章簡述的時代風氣無形浸染外，姚氏的易學思想，也受到當代結識或未結識學者的激發與啓迪，潛移默化下，累積形成姚配中的易學養分。本章的探討對象爲「清代學術界對姚配中有所影響的學者」，並將之分爲三個層面論述，第一節爲「學術社群之相輔」，介紹姚配中日常生活中接觸到的諸位友人；第二節爲「惠、張兩氏之潤澤」，惠棟開漢易風氣之先，張惠言《周易虞氏義》乃姚配中踏入漢易殿堂的啓蒙書籍，惠、張兩人對姚氏影響甚大；第三節「其他學者之潛益」則介紹《周易姚氏學》援引的五位學者（惠士奇、秦蕙田、戴震、姚鼐、孫星衍）之語。

第一節　學術社群之相輔

　　余英時先生於《中國知識階層史論》曾論及漢、晉之際士大夫的群體意識。當時的士大夫集團已有頻密的大規模集會、推選集團領袖等活動，甚至

〔註1〕　包世榮回憶：「余于嘉慶甲戌（1814）歲居金陵識仲虞，仲虞始學易。」引自
　　　　〔清〕姚配中撰：《周易姚氏學・包世榮序》【一經盧叢書本】，收入《續修四
　　　　庫全書・經部・易類》第30冊（上海：上海古籍出版社，2002年3月），頁
　　　　450。

出現內在分化現象。集團內部有所互動外，各集團之間的士大夫也會相互結
識、請益、交誼。〔註2〕雖然各時代、各地域的士大夫集團在規模、層級、凝
聚目的等各方面都大有所異，但在中國的學術界，以此種模式運作的學術社
群〔註3〕層出不窮，透過學術社群內、外的交流與競爭，往往能提升整體學術
的研究品質。

　　姚配中也有自己的交友圈，和志趣相投的學者來往。眾人長久互相督導、
鞭策，讓彼此的學術日進。若撰寫著作，也會有人幫忙勘誤、改訂，姚配中
及其易學作品，就受到不少社群中人的幫助，甚至採錄幾條同遊者的學說放
入己書之中，以下便分成「間接助益」與「直接助力」來介紹學術同好對姚
氏的幫助。

一、間接助益

　　姚配中拜師於包世臣門下學書法的五年間，在揚州結識許多士人，都是
一時俊秀之才，大多兼治經學或小學，仲虞與他們共遊，頗能增進自己的經
學造詣。如包世臣〈清故文學薛君之碑〉：

　　嗣與孟瞻及予弟季懷友善，因以次締交于孟開、仲虞，五人者相結

〔註2〕 參閱余英時著：《中國知識階層史論〈古代篇〉‧漢晉之際士之新自覺與新思
　　　　潮‧士之羣體自覺》（臺北：聯經出版事業，1980 年 8 月），頁 206～230。

〔註3〕 本節要介紹的是姚配中和他幾個要好的朋友所組成的士大夫集團，所帶給仲
　　　　虞易學的影響。冠名「學派」的限制較爲嚴苛，例如暴鴻昌先生便提出可稱
　　　　作「學派」的三個條件：「大凡學術以地域稱流派者，必備以三種條件：
　　　　其一，此流派必皆同一地域之人，方可以地名冠以學派。
　　　　其二，治學宗旨及學術風格迥然別于其他地域而自成特色，方可以派稱之。
　　　　其三，其獨特之學術風格，淵源流長，師承有緒，方可以流目之。」
　　　　　仲虞等人的地緣關係雖然密切，但不一定有同樣的師承，也沒有發展出
　　　　獨特的學術風格，難以歸類在清代的某一學派之下，也未能自成一個學派，
　　　　無法以「某某學派」稱之。
　　　　　因此，筆者須尋覓其他較適當的詞彙，轉向其他學界的論文挖掘，最後
　　　　找出呂玟鐶教授的文章，呂氏曾探討過「社群」一詞的意涵，文中贊同 Olwig
　　　　先生提出的「歸屬感的共享場所」作爲社群的同義詞，筆者認爲「社群」一
　　　　詞較能象徵姚配中等人組成的士大夫學術交流團體，故以「學術社群」名之。
　　　　上述兩文分別引自暴鴻昌：〈乾嘉考據學流派辨析——「吳派」、「皖派」說質
　　　　疑〉，《史學集刊》總第 48 期（1992 年 8 月），頁 68；並請參閱呂玟鐶：〈社
　　　　群建構與浮動的邊界：以白沙屯媽祖進香爲例〉，《臺灣人類學刊》第 6 卷‧
　　　　第 1 期（2008 年 6 月），頁 33～38。

爲本原之學。季懷、孟瞻、孟開治《詩》，攻毛、鄭氏；仲虞治易，

攻鄭、虞氏；子韻治小學，攻許氏；皆旁通群籍而據所業爲本，砥

礪以有成。〔註4〕

仲虞與薛傳均（子韻）、劉文淇（孟瞻）、包世榮（季懷）、包愼言（孟開）四人相結爲本原之學。各自有專攻的學門，唯獨薛氏鑽研小學，其餘四人共治經學，並且全部攻治漢學。在嘉、道兩朝的學術界中，士大夫們彼此締結、立約向學的情景並不罕見，亦可見於劉寶楠、劉文淇、梅植之、包愼言、柳興恩、陳立六人之間〔註5〕，由此稍可窺見清代學術社群交流的盛況。學術社群中，士人互相討論、砥礪、協助，姚書的撰寫便受惠於諸多學術同好，姚配中對此深懷感激，於《周易姚氏學・自序》說：

丁丑遊揚，由季襄館於洪桐先生家，爲校書籍，得盡閱其所藏。又得

識季襄兄愼伯世臣、其族子孟開愼言、其姻兄瞿徵五愼典，徵五弟

楚珍維善。若揚之薛子韻傳均、劉孟瞻文淇、楊季子亮、汪小城穀、

劉楚槙寶楠、梅蘊生植之、吳熙載廷颺，皆季襄之友也。鎮江之汪芷

生沅、柳賓叔興宗，則余館洪桐生先生家及館於鎮江汪氏之所友，而

季襄亦友之者。切磋之益，惠我靡窮……可謂極友朋之樂矣。〔註6〕

包世榮與姚配中爲摯友〔註7〕，藉著季懷的引薦，仲虞結識了尙未蒙面的包氏子弟，並與薛傳均、劉文淇、楊亮、汪穀、劉寶楠、梅植之、吳熙載等人會面。《禮記・學記》有明訓：「獨學而無友，則孤陋而寡聞。」〔註8〕眾人一起

〔註4〕引自〔清〕包世臣撰〔民國〕李星點校：《藝舟雙楫・論文四・清故文學薛君之碑》卷四，收錄於《包世臣全集》（合肥：黃山書社，1994年5月），頁359。

〔註5〕劉恭冕：「及道光戊子（1828），先君子應省試。與儀徵劉先生文淇、江都梅先生植之、涇包先生愼言、丹徒柳先生興恩、句容陳丈立始爲約：各治一經，加以疏證。先君子發策得《論語》，自是屛棄他務，專精致思。」引自〔清〕劉寶楠、劉恭冕撰：《論語正義・後敍》（臺北：世界書局，1983年3月），頁434。

〔註6〕引自〔清〕姚配中撰：《周易姚氏學・書前自序》【一經廬叢書本】，收入《續修四庫全書・經部・易類》第30冊（上海：上海古籍出版社，2002年3月），頁451。

〔註7〕包世榮：「孟瞻、仲虞與吾爲道義交二十年。」引自〔清〕包世臣撰〔民國〕李星點校：《藝舟雙楫・論文四・清故揀選知縣道光辛巳舉人包君行狀》卷四，收入《包世臣全集》（安徽：黃山書社，1994年5月），頁349～350。

〔註8〕引自〔漢〕鄭玄注；〔唐〕孔穎達等正義：《禮記正義・學記》卷三十六，收入〔清〕阮元校勘：《十三經注疏》（臺北：藝文印書館，2007年8月），頁653。

研討學問，能讓個人的思緒越來越通達；眾友不吝給予指正，能讓作品越來越精細，足見學術社群對個體撰著的重要性。姚氏斟酌諸友的建議，將己書一再修訂、精益求精，並自樂於如此的學術氛圍。士人之間的切磋問學，令姚配中的《周易姚氏學》更臻於完善。

二、直接助力

士人圈的良善學術風氣，可化為學者研究的動力。研究者受到認同與肯定，能強化信心、增加熱情，姚配中得以不厭其煩地鑽研漢人易說、象數易學，這股潛在的精神支持實不容忽略。《周易姚氏學》經過數人商議，大量修改後才定稿成書，這些都是友朋的間接助益。另有四人，更是直接參與姚書內容的編寫，分別為：包世榮、劉文淇、薛傳均、柳興恩。這四個學者和仲虞朝夕相處〔註9〕，彼此熟識，包季懷替姚氏序言，劉孟瞻為姚書校訂，四人的見解都被仲虞援引入書，直接有功於《周易姚氏學》。以下淺述此四人之生平、與姚配中之交誼、姚書援引之處。

（一）包世榮

包世榮（1784～1826），字季懷，安徽涇縣人，生於乾隆四十九年（1784），卒於道光六年（1826）九月，死時年僅四十三歲。〔註10〕祖父輯五，侯官縣知縣；父良葇，字重侯，道光登極恩詔賜級九品。家境貧苦，性雖佚蕩，然以廉隅自勵。包世臣為其從父兄，攜季懷游揚州，旅居二十年，教之毛、鄭氏《詩》。包世榮博覽群書，校閱古今書數千卷，寒暑不輟，始斐然有志於著

〔註9〕 包世臣：「儀徵劉文淇孟瞻、甘泉薛傳均子韻、丹徒汪沅芷生、江都汪穀小城、丹徒柳興宗賓叔、予從弟世榮季懷、族子慎言孟開，以治漢學，與君朝夕，皆嘆為莫及。」引自〔清〕包世臣撰〔民國〕李星點校：《藝舟雙楫‧附錄二‧清故文學旌德姚君傳》卷八，收入《包世臣全集》（合肥：黃山書社，1994年5月），頁504。

〔註10〕 包世榮生平的主要參考資料為：包世臣所寫的〈行狀〉和沈欽韓的〈墓表〉，兩者記載的卒年明確，但都不錄出生年及歲數。幸好沈欽韓〈包君墓表〉有此語：「慎伯與予同歲生，而稍後季懷則後予生者九歲。」（慎伯為包世臣的字）根據胡韞玉先生所編《包慎伯先生年譜》，包世臣生於乾隆四十年（1775），以此後推九年應是季懷生年。參閱〔清〕沈欽韓〈包君墓表〉，收錄於閔爾昌編：《碑傳集補‧經學三》卷四十一，收入《清碑傳合集》第4冊（上海：上海書店，1988年4月），頁3589；胡韞玉編：《包慎伯先生年譜》，收入《晚清名儒年譜》第1冊（北京：北京圖書館出版社，2006年12月），頁9。

述，嘗謂：「毛公恪遵雅訓，義最優，簡質雜曉，故鄭氏時出別義以輔之。」
〔註11〕嘉慶二十一年（1816），推鄭氏以《禮》說《詩》之意，爲書十卷，既
而棄之，又六年，作《學詩識小錄》十三卷。〔註12〕同年冬，季懷有言曰：「鄭
君，《禮》家也，其注《禮》多主韓《詩》說，晚見毛《詩》，以其義優乃箋
毛。……始知非學《禮》，無以言《詩》。」〔註13〕欣然謂仲虞曰：「學《詩》
八年，自謂有得，奮然欲述《詩禮》。」〔註14〕遂成《毛詩禮徵》十卷。

　　包世榮在揚州時，常閉戶唸書，不通人事，幸虧能善加擇友以自淑，與
族子包愼言、儀徵劉文淇、甘泉薛傳均、旌德姚配中，日以道義相切劘，四
君皆人豪，務實不好名位，因此論交特別篤實。〔註15〕季懷撰《毛詩禮徵》
時，也受到學術社群鼎力相助，見包世臣之描述：

> 其薰草紛糾，鉤勒拉雜，間有繁複待芟、統類未一之處，則子韻、
> 孟瞻、賓叔、孟開，與賓叔之友陳君牧夫、陳君敬庭共有事焉。……
> 仲虞遠在旌德，相距且千里，將來郵寄成書，如指摘疵纇當更正者，
> 削楮以從，固季懷之意。〔註16〕

當時包世榮稿子未善，而能得薛傳均、劉文淇、柳興恩、包愼言等熟稔好友
相助，透過柳氏的牽引，陳牧夫、陳敬庭兩人也不辭辛勞，共同協助編修《毛
詩禮徵》。姚配中雖與包世榮相隔兩地，仍時時關切此書的進展，仲虞還順著

〔註11〕引自〔清〕包世臣撰〔民國〕李星點校：《藝舟雙楫·論文四·清故揀選知縣
　　　　道光辛巳舉人包君行狀》卷四，收入《包世臣全集》（合肥：黃山書社，1994
　　　　年5月），頁348。

〔註12〕十三卷包含訓詁八卷、草木二卷、鳥獸一卷、蟲魚一卷、輿地一卷。參閱〔清〕
　　　　包世臣撰〔民國〕李星點校：《藝舟雙楫·論文二·十九弟季懷學詩識小錄序》
　　　　卷二，收入《包世臣全集》（合肥：黃山書社，1994年5月），頁274。

〔註13〕引自〔清〕包世榮撰：《毛詩禮徵·自序》【清道光八年刻本】，收入《續修四
　　　　庫全書·經部·詩類》第69冊（上海：上海古籍出版社，2002年3月），頁
　　　　106。

〔註14〕引自〔清〕包世榮撰：《毛詩禮徵·包世臣序》【清道光八年刻本】，收入《續
　　　　修四庫全書·經部·詩類》第69冊（上海：上海古籍出版社，2002年3月），
　　　　頁100。

〔註15〕參閱〔清〕沈欽韓〈包君墓表〉，收錄於閔爾昌編：《碑傳集補·經學三》卷
　　　　四十一，收入《清碑傳合集》第4冊（上海：上海書店，1988年4月），頁
　　　　3589。

〔註16〕引自〔清〕包世榮撰：《毛詩禮徵·包世臣序》【清道光八年刻本】，收入《續
　　　　修四庫全書·經部·詩類》第69冊（上海：上海古籍出版社，2002年3月），
　　　　頁100～101。

季懷的文脈、理路，仔細審閱包書，挑出錯誤，更正缺失，再把修訂資料匯集，一起郵寄給包氏，用心如此，交情絕非泛泛。在諸友之中，包世榮與姚配中、劉文淇交情尤善，兩人皆與季懷相交二十年，包氏臨終前把兒子委託給仲虞及孟瞻照顧〔註17〕，兩人日後也確實負擔起扶養與教育其子的責任，三人互重、互信、互助的情誼令人稱羨。

如同姚配中對《毛詩禮徵》的付出，包世榮也為姚書下了不少苦工，因知仲虞當時尚未讀過惠棟易書，便拿惠氏書來加以校對，且於道光元年（1821）三月為姚氏易書序文。〔註18〕季懷的經學造詣深厚，時有高見，仲虞即徵引兩則包世榮的說法，援入《周易姚氏學》，見〈泰‧六四〉：

〈泰‧六四〉：翩翩，不富以其鄰，不戒以孚。

注：虞翻曰：〈坤〉虛无陽，故不富。宋衷曰：四互體〈震〉，翩翩之象也。

案：四在〈震〉為樂，故翩翩自得之貌。處〈泰〉之時，當恐懼修省，則二升五成〈既濟〉，日東月西，富以其鄰，不自惕而自喜，則〈泰〉反〈否〉矣。包氏世榮云：「《詩毛傳》：『翩翩，往來貌。』翩翩者，往來求富，求富則貪，故不富。」〔註19〕

當二升五時，陰陽轉移成〈既濟〉，雖能並濟其鄰，但姚氏指出六四在〈震〉為樂，「翩翩」有自得貌，宜警惕，否則將自我淪喪。季懷則引《詩‧小雅》：「緝緝翩翩，謀欲譖人。」且據《毛傳》：「翩翩，往來貌」〔註20〕加以推闡，說明追逐物質富裕者，將導致心靈或道德上的匱乏，視「翩翩」為往來求富

〔註17〕季懷染重疾時語其室人曰：「吾不起矣，耄父、幼子以累卿。吾女已許仲虞，葬後即歸姚氏童養之。卿撫長子至六歲以屬仲虞，托次子至六歲以屬孟瞻，為吾教誨之，必得成立，卿尚不至煢老無依也。」引自〔清〕包世臣撰〔民國〕李星點校：《藝舟雙楫‧論文四‧清故揀選知縣道光辛巳舉人包君行狀》卷四，收入《包世臣全集》（合肥：黃山書社，1994 年 5 月），頁 349。

〔註18〕參閱〔清〕姚配中撰：《周易姚氏學‧包世榮序》【一經廬叢書本】，收入《續修四庫全書‧經部‧易類》第 30 冊（上海：上海古籍出版社，2002 年 3 月），頁 450。

〔註19〕引自〔清〕姚配中撰：《周易姚氏學‧泰‧六四》卷五【一經廬叢書本】，收入《續修四庫全書‧經部‧易類》第 30 冊（上海：上海古籍出版社，2002 年 3 月），頁 519。

〔註20〕兩句皆引自〔漢〕毛亨傳；鄭玄箋〔唐〕孔穎達等正義：《毛詩正義‧小雅‧節南山之什‧巷伯》卷十二—三，收入〔清〕阮元校勘：《十三經注疏》（臺北：藝文印書館，2007 年 8 月），頁 429。

者，與仲虞所解釋的意思不同，再看〈歸妹‧九四〉：

〈歸妹‧九四〉：歸妹愆期，遲歸有時。

注：虞翻曰：愆，過也。〈坎〉月〈離〉日爲期。〈坎〉爲曳，〈震〉爲行，（行）〔註21〕曳，故遲也。

案：四互體〈離〉、〈坎〉，本有期者也。四失位，〈坎〉、〈離〉皆不正，故愆期，即謂待年者也。《穀梁隱七年集解》：「許叔重云：『姪娣年十五以上，能共事君子，可以往，二十而御』」，引此經以證，是以愆期爲待年。包氏世榮云：「非禮不行，三族不虞亦不行。皆爲愆期，當兼言之。」〔註22〕

姚配中以四失位，使本有期的〈坎〉、〈離〉不正，釋「愆期」爲待年，並取范氏《穀梁集解》中徵引的許愼之言佐證。〔註23〕包世榮則再舉《儀禮‧士昏禮》的「三族之不虞」〔註24〕補充姚氏之說。然而，以仲虞與季懷的交情，包世榮對《周易姚氏學》的建議、增補話語恐怕不只如此，可惜被《周易姚氏學》明文載入的僅有這兩則。

（二）劉文淇

劉文淇（1789～1854），字孟瞻，出生在乾隆五十四年（1789）十月的揚州，亦在咸豐四年（1854）九月的揚州善終，享年六十六。劉家先世本居溧水，至高祖父才遷徙到揚州，祖父與其從兄在儀徵設戶籍，就此定居揚州。父親劉錫瑜行醫，懸壺濟貧，世稱善人；母淩孺人，乃淩曙姊。〔註25〕孟瞻十四歲時，

〔註21〕對照〔清〕黃奭輯佚書《漢學堂經解‧虞翻易注》所載，姚書此處漏一「行」字，於此補上。參照〔清〕黃奭編輯：《虞翻易注‧歸妹‧九四》，收入《黃氏逸書考》【民國十四年王鑒據懷荃室藏板修補本】第1冊（京都：中文出版社，1986年10月），頁210。

〔註22〕引自〔清〕姚配中撰：《周易姚氏學‧歸妹‧九四》卷十二【一經廬叢書本】，收入《續修四庫全書‧經部‧易類》第30冊（上海：上海古籍出版社，2002年3月），頁608。

〔註23〕參閱舊題〔晉〕范甯集解〔唐〕楊士勛疏：《春秋穀梁傳注疏‧隱公‧七年》卷二，收入〔清〕阮元校勘：《十三經注疏》（臺北：藝文印書館，2007年8月），頁22。

〔註24〕賈公彥疏：「云『惟是三族之不虞，使某也請吉日』者，今將成昏，須及吉時，但吉凶不相干，若值凶，不得行吉禮，故云惟是三族。死生不可億度之事，若值死時，則不得娶，及今吉時，使某請吉日以成昏禮也。」參閱〔漢〕鄭玄注；〔唐〕賈公彥疏：《儀禮注疏‧士昏禮》卷六，收入〔清〕阮元校勘：《十三經注疏》（臺北：藝文印書館，2007年8月），頁63。

〔註25〕參閱〔日〕小澤文四郎編：《劉孟瞻先生年譜》【民國二十八年鉛印本】，收入

肄業於梅花書院，與包世臣、翟愼典、凌曙、包世榮、薛傳均等人從學洪桐〔註26〕，十八歲就開始自行講學。之後遵從包世臣的建言，治毛、鄭氏《詩》，接著又攻讀《左傳》，考訂杜預《春秋》的缺失，著手撰寫《左傳舊注疏證》十二卷〔註27〕，此書工程浩大，孟瞻死而未盡，劉毓崧、劉壽曾等兒孫輩累世相傳，終能完結此書，成爲儀徵劉氏學的代表作品，至今不朽。

劉文淇的交友圈不廣，所識者不多，但結交後多能熟絡，成爲深交。孟瞻曾在六十二歲回憶過往結識的朋友們，囊括薛傳均、包氏家族、劉寶楠、柳興恩、姚配中等人，見劉氏的懷舊詩一首：

> 余素少交游，自姻戚以外，生平相知至厚者，不過十數人。就中子韻交最久，季懷、子敬、子駿、孟開次之；楚槙、儉傾、蘊生、仲虞、賓叔、彥之又次之；最後乃得石州。〔註28〕

仲虞雖非孟瞻交往最久、交情最深的朋友，但可謂「相知至厚」，兩人情誼深篤。劉文淇自二十歲以來，就與薛傳均、包氏子弟、姚配中、柳興恩等人結交，於《劉楚槙江淮泛宅圖・序》曰：

> 余弱冠後，與里中薛子韻，涇縣包季懷、包孟開，旌德姚仲虞，丹徒柳賓叔泛覽經史，楚槙因余得與諸君交，相與切磋，爲友朋之極樂。未幾而季懷、子韻先後淹沒，仲虞、孟開、賓叔又各反里門。

〔註29〕

孟瞻對仲虞等人的散亡，深感惋惜，作詩道：「故人幾處逐雲飛，憔悴年來見面稀。白馬湖光牛渚月，懸知沽酒典春衣。寶應劉楚槙久居郡城，涇縣包孟開、

《晚清名儒年譜》第 2 冊（北京：北京圖書館出版社，2006 年 12 月），頁 15～17。

〔註26〕 參閱〔清〕劉文淇著〔民國〕曾聖益點校；蔣秋華審訂：《劉文淇集・文集・祭洪桐生師文》卷十（臺北：中央研究院中國文哲研究所，2007 年 12 月），頁 248～251。

〔註27〕 參閱〔清〕包世臣撰〔民國〕李星點校：《藝舟雙楫・論文二・十九弟季懷學詩識小錄序》卷二，收入《包世臣全集》（合肥：黃山書社，1994 年 5 月），頁 274。

〔註28〕 引自〔清〕劉文淇著〔民國〕曾聖益點校；蔣秋華審訂：《劉文淇集・詩集・懷人六絕句效少陵存歿口號并序》（臺北：中央研究院中國文哲研究所，2007 年 12 月），頁 270。

〔註29〕 引自〔清〕劉文淇著〔民國〕曾聖益點校；蔣秋華審訂：《劉文淇集・文集・劉楚槙江淮泛宅圖序》卷四（臺北：中央研究院中國文哲研究所，2007 年 12 月），頁 68。

旌德姚仲虞前此並客揚州，今各反里。」〔註30〕古代的交通建設沒有今日發達，相見大不易，異地朋友間見面的機會不高。對比昔日朝夕相處的情景，如何能不感慨？

　　劉文淇屢次協助姚配中校稿，姚氏於《周易姚氏學·自序》曰：「每卷脫藁，必與孟瞻挍之，諸友討論之。」〔註31〕《周易姚氏學》有十六卷，卷卷微妙精深，繁瑣難明其意，若非學識豐厚者，絕無法勝任校對工作，可見仲虞對孟瞻學養的肯定，並在書中援引兩則劉文淇的易學見解，一則在〈大有·九四〉：

　　　　〈大有·九四〉：匪其彭，无咎。

　　　　注：虞翻曰：匪，非也。變而得正，故无咎。干寶曰：彭亨，驕盛
　　　　　貌……。劉氏文淇云：「據鄭義：謂此卦周公攝政朝諸侯，四著戒慎之辭。
　　　　　　恐離偪上之悔也，故匪其彭，言不敢驕。」〔註32〕

劉文淇藉鄭玄易說明：周公攝政時，面對四方諸侯，對代主掌權之事感到恐懼，絲毫不敢有一絲驕矜之心，爲賢人明哲保身的自勉辭。此語能補充虞翻及干寶的注解，被姚氏採納。另一則在〈大畜·六四〉：

　　　　〈大畜·六四〉：童牛之牿，元吉。

　　　　案：牿，牛、馬牢也。〈艮〉爲童，上陰未發成〈坤〉，故曰童牛。〈震〉
　　　　　爲木，〈艮〉爲木多節，牛止其中，故曰牿，閑之也。……劉氏
　　　　　云：「牿之言角，其即解且角之意與。」〔註33〕

仲虞將「牿」解釋爲牛角上的橫木，能阻止牛以角牴觸；孟瞻則認爲「牿」如同《論語·雍也》：「犂牛之子騂且角。」〔註34〕指的就是牛角，兩人意見

〔註30〕引自〔清〕劉文淇著〔民國〕曾聖益點校；蔣秋華審訂：《劉文淇集·詩集·李蘭卿觀察彥章招同桃花庵修禊和新城王文簡公冶春詞二十首存六》（臺北：中央研究院中國文哲研究所，2007年12月），頁261。

〔註31〕引自〔清〕姚配中撰：《周易姚氏學·書前自序》【一經廬叢書本】，收入《續修四庫全書·經部·易類》第30冊（上海：上海古籍出版社，2002年3月），頁451。

〔註32〕引自〔清〕姚配中撰：《周易姚氏學·大有·九四》卷六【一經廬叢書本】，收入《續修四庫全書·經部·易類》第30冊（上海：上海古籍出版社，2002年3月），頁525。

〔註33〕引自〔清〕姚配中撰：《周易姚氏學·大畜·六四》卷八【一經廬叢書本】，收入《續修四庫全書·經部·易類》第30冊（上海：上海古籍出版社，2002年3月），頁549。

〔註34〕引自〔魏〕何晏注〔宋〕邢昺疏：《論語注疏·雍也》卷六，收入〔清〕阮元校勘：《十三經注疏》（臺北：藝文印書館，2007年8月），頁52。

上各有所執。由此得知，仲虞不會盲目順從他人建議，也不會武斷否決他人想法，必會經過自我思辨後才有所裁定。然而，不論贊同或反對，孟瞻都啓發了仲虞另條思考路線。

（三）薛傳均

薛傳均（1788～1829），字子韻，揚州甘泉人，乾隆五十三年（1788）生，道光九年（1829）八月卒，享年四十二。二十歲時補博士弟子，終爲諸生，肄業於梅花書院，師事洪桐。生性篤實、恬淡，求布衣疏食終其身，曾向劉文淇說：「富貴不敢期，但使有暇讀書，則願足矣。」〔註35〕子韻藏書豐富，博覽羣籍，強記精識，擅長經、史，於《十三經注疏》諸本皆反覆研讀過十數次，注疏本手自校勘，發明毛、鄭、賈、服氏之說，重師法之顓守，而大端尤在小學，於許愼《說文解字》鉤稽貫串，洞其義而熟其辭。時人嘉定錢大昕《潛研堂文集》有〈答問八·說文〉一卷〔註36〕，深明通轉假借之義，子韻博引經史以證，成《說文答問疏證》六卷。又以《昭明文選》中多古字，條舉件繫，疏通證明，撰《文選古字通疏證》六卷。〔註37〕

薛傳均以經、史爲學問基礎，與姚配中、劉文淇、包世榮、包愼言相結爲本原之學。〔註38〕其中，又和季懷、孟瞻、仲虞三人志趣相投，講貫至久，彼此之間的友誼又格外深厚。〔註39〕薛氏困苦而能向學，最被孟瞻敬仰：「余

〔註35〕引自〔清〕劉文淇著〔民國〕曾聖益點校；蔣秋華審訂：《劉文淇集·文集·文學薛君墓誌銘》卷十（臺北：中央研究院中國文哲研究所，2007 年 12 月），頁 234。

〔註36〕諸傳皆記載稱〈說文答問〉。然而，《潛研堂文集》卷四到卷十五皆爲〈答問〉類，內容涵蓋經、史、《說文》、算術、音韻，「說文」只是〈答問〉類的其中一篇，而非獨有一篇〈說文答問〉。參閱〔清〕錢大昕撰〔民國〕呂友仁標校：《潛研堂文集·目錄》（上海：上海古籍出版社，1989 年 11 月）。

〔註37〕包世臣《藝舟雙楫》記作《文選古字通疏義》十二卷，時薛氏草創未卒業。今直接查閱此書，見稱名爲《文選古字通疏證》，唯有六卷，有些史傳載錄此書卷數爲十二，應是據包氏書著錄而來。參閱〔清〕包世臣撰〔民國〕李星點校：《藝舟雙楫·論文四·清故文學薛君之碑》卷四，收錄於《包世臣全集》（合肥：黃山書社，1994 年 5 月），頁 359；〔清〕薛傳均撰：《文選古字通疏證》，收入王德毅主編：《叢書集成續編》第 103 冊（臺北：新文豐，1989 年 7 月），頁 557～610。

〔註38〕參閱〔清〕包世臣撰〔民國〕李星點校：《藝舟雙楫·論文四·清故文學薛君之碑》卷四，收錄於《包世臣全集》（合肥：黃山書社，1994 年 5 月），頁 359。

〔註39〕〔清〕桂文燦著：《經學博采錄·包季懷》卷八（臺北：明文書局，1992 年 8 月），頁 257。

交游中多勤學之士，其最攻苦者：甘泉薛傳均。子韻於百憂中手不釋卷，儀徵汪縠小城病至咯血誦讀自若，而君實似之。」〔註40〕劉文淇與薛傳均結識最久，兩人同年補博士弟子，且爲梅花書院同學，尤爲相知相惜，彼此相勉爲根柢之學，遂相約購書累積三載，在學問上能互相問難。

　　姚書的〈序言〉中雖然沒有談到薛傳均對《周易姚氏學》的實質貢獻，但從書中的注釋裡，還是能發掘出薛子韻給仲虞的意見，以及兩人共同討論的痕跡，見〈隨・九四〉：

　　　〈隨・九四〉：隨有獲，貞凶，

　　　　案：獲二，二之五爲四所獲，非所宜得，故曰獲，不順五而獲五之應，自正其位，故貞凶。薛氏傳均云：「初貞吉。《傳》云：『從正吉』，此貞凶亦得是違正凶，謂違五也。」有孚在道以明，何咎？……案：在，察也。孚五察應而後之正，成〈離〉明，故有孚。在道以明，所謂從正吉也。〔註41〕

仲虞言此爻不應而應，非所宜得，故貞凶。子韻則用〈隨・初九〉之〈象傳〉：「官有渝，從正吉也。」〔註42〕說明此爻之貞凶亦得是違九五之君，故應守正。姚配中於爻辭的後一句又再次闡釋「從正吉」之緣由，薛氏之說啓發了仲虞，成爲姚氏注解時牽上搭下的橋樑。

（四）柳興恩

　　柳興恩（1795～1880），原名興宗，字賓叔，江蘇丹徒人，出生於乾隆六十年（1795），光緒六年（1880）離世，年八十有六。生性敦厚，貧而好學，多能實踐其諾言。道光十二年（1832）中舉〔註43〕，治經首攻讀毛氏《詩》，後見阮元刻《皇清經解》的《春秋》三傳中，《公羊》、《左氏》俱有專家，獨

〔註40〕引自〔清〕劉文淇著〔民國〕曾聖益點校：蔣秋華審訂：《劉文淇集・文集・清故貢士梅君墓誌銘》卷十（臺北：中央研究院中國文哲研究所，2007 年 12 月），頁 236～237。

〔註41〕引自〔清〕姚配中撰：《周易姚氏學・隨・九四》卷六【一經廬叢書本】，收入《續修四庫全書・經部・易類》第 30 冊（上海：上海古籍出版社，2002 年 3 月），頁 531。

〔註42〕引自〔魏〕王弼、〔晉〕韓康伯注〔唐〕孔穎達等正義：《周易正義・隨・初九》卷三，收入〔清〕阮元校勘：《十三經注疏》（臺北：藝文印書館，2007 年 8 月），頁 56。

〔註43〕參閱〈柳興恩傳〉，收錄於〔清〕繆荃孫編：《續碑傳集・儒林四》卷七十四，收入《清碑傳合集》第 3 冊（上海：上海書店，1988 年 4 月），頁 2883。

缺《穀梁》無人。〔註44〕又以毛公師荀卿，而荀卿又師穀梁氏，故認爲《穀梁傳》爲千古絕學，不應被學界漠視，後決心鑽研《穀梁春秋》，撰成《穀梁春秋大義述》三十卷〔註45〕，書成，挾書渡江就正於阮元，芸臺閱畢嘆服，並惜見柳書之晚，而爲之序言。〔註46〕陳澧嘗爲《穀梁箋》及《穀梁釋例》，久而未成，後從見柳氏書，讚其精博，遂將自己與亡友侯康兩部未成的《穀梁》著作刻本，致贈賓叔，並爲柳書作〈序〉。〔註47〕

　　柳興恩受到阮元的賞識，阮文達學名顯赫，交遊廣闊，結友遍天下，且不吝爲士人們互相介紹、引薦，賓叔即透過阮公而與陳澧等人相識。因此，賓叔除了與包氏家族、孟瞻、子韻、仲虞這批學者們相善外，還另有其他友好的學術社群。

　　賓叔曾經攻讀易學，撰有《周易卦氣輔》四卷、《虞氏逸象考》二卷。〔註48〕對漢人易說、象數易學，也有一番研究，因此比較能了解仲虞在易學研究上的疑難雜症，並給予妥貼的建議，從姚書中兩則柳氏之說可知，先看〈頤·六二〉：

　　　　〈頤·六二〉：顚頤，拂經；于丘頤，征凶。

　　　　注：王肅曰：拂，違也。經，常也。

　　　　案：顚，頂也，謂上喻高也。二當應五，不應五而養於上，故拂經。

　　　　　　高以下始，二之之上，由五失位，五〈艮〉中，故曰：丘于丘

〔註44〕《皇清經解》共選入二十五本「春秋類」著作，穀梁學卻僅佔二部，一部爲阮元《十三經注疏校勘記》之一的《春秋穀梁傳校勘記》十三卷，另一部爲劉逢祿《穀梁廢疾申何》二卷，皆非專家之學（阮氏博通經書，不獨嗜某經；劉氏則爲公羊學大家，兩人都不是專治穀梁之學者）。參閱〔清〕阮元編纂：《皇清經解·分類目錄》第 20 冊（臺北：復興書局，1972 年 11 月）。

〔註45〕參閱〔清〕柳興恩撰：《穀梁大義述·敘例》【光緒十四年南菁書院刻皇清經解續編本】，收入《續修四庫全書·經部·春秋類》第 132 冊（上海：上海古籍出版社，2002 年 3 月），頁 23～24。

〔註46〕參閱〔清〕柳興恩撰：《穀梁大義述·阮元序》【光緒十四年南菁書院刻皇清經解續編本】，收入《續修四庫全書·經部·春秋類》第 132 冊（上海：上海古籍出版社，2002 年 3 月），頁 23。

〔註47〕侯康，字君模，撰《穀梁禮證》，未成即歿，賓叔爲之序言。陳澧見柳氏《穀梁》著作之事，請參閱陳澧〈穀梁禮證序〉及〈柳賓叔穀梁大義述序〉，收錄於《東塾集》卷三，收入〔清〕陳澧著〔民國〕黃國聲主編：《陳澧集》第 1 冊（上海：上海古籍出版社，2008 年 7 月），頁 116～118。

〔註48〕柳氏著作豐富，他著請參閱國史館編：《清史稿校註·列傳二百六十九·儒林三》卷四百八十九，第 14 冊（臺北：國史館，1990 年 2 月），頁 11110。

頤，言由五養之失正，故二之上，言有漸也，上非二應，二征之上，故征凶。柳氏興宗云：「《書》稱：『不有康食』，顛頤之謂，拂其耆長，拂經于丘頤之謂。」〔註49〕

仲虞謂六二陰柔不能自養，欲求陽之應，但六五失位，無法應二，二即轉求高位之上九，而上非二應，故征凶。柳興恩應是想引《尚書・商書・西伯戡黎》：「不有康食，不虞天性，不迪率典。」〔註50〕來類比六二之拂經。然而，〈頤〉為口，口所以養身，因此只用「不有康食」一句當作六二不得安食的比況，比喻貼切，被仲虞納入書中。柳氏之說另見〈睽・六三〉：

〈睽・六二〔註51〕〉：見輿曳，其牛掣，其人天且劓，无初有終。

注：虞翻曰：〈離〉為見，〈坎〉為車、為曳，故見輿曳。四動，〈坤〉為牛，牛角一低一仰，故稱掣。〈離〉上而〈坎〉下，其牛掣也。黥額為天，割鼻為劓。〈兌〉〔為〕〔註52〕刑人，故其人天且劓。

案：柳氏興宗云：「天謂天疾。《昭二十年穀梁傳》云：『有天疾者，不得入乎宗廟。』《大戴・本命》云：『女有五不取，世有刑人不取，為其棄於人，世有惡疾不取，為其棄於天。』天且劓，則既棄於天，復棄於人者。〈巧言〉云：『既微且尰，爾勇伊何！』亦言天棄之也。」〔註53〕

柳興恩解「天且劓」的「天」為天疾，並連舉《穀梁傳》、《大戴禮記》兩種文獻說明：天疾者乃天棄之人，不得入宗廟、女子不得娶，何況是天、人共棄的「天且劓」者？最後引《毛詩・小雅・節南山之什》言眾人憎惡的微腫

〔註49〕 引自〔清〕姚配中撰：《周易姚氏學・頤・六二》卷八【一經廬叢書本】，收入《續修四庫全書・經部・易類》第30冊（上海：上海古籍出版社，2002年3月），頁551。

〔註50〕 引自舊題〔漢〕孔安國傳〔唐〕孔穎達等正義：《尚書正義・商書・西伯戡黎》卷十，收入〔清〕阮元校勘：《十三經注疏》（臺北：藝文印書館，2007年8月），頁145。

〔註51〕 《周易姚氏學》【一經廬叢書本】原本漏一橫，刻作六二，〈睽〉卦第二爻為陽，錯誤顯見，應作「六三」。

〔註52〕 對照〔清〕黃奭輯佚書《漢學堂經解・虞翻易注》所載，姚書此處漏一「為」字，於此補上。參照〔清〕黃奭編輯：《虞翻易注・睽・六三》，收入《黃氏逸書考》【民國十四年王鑒據懷荃室藏板修補本】第1冊（京都：中文出版社，1986年10月），頁181。

〔註53〕 引自〔清〕姚配中撰：《周易姚氏學・睽・六三》卷十【一經廬叢書本】，收入《續修四庫全書・經部・易類》第30冊（上海：上海古籍出版社，2002年3月），頁573。

者，亦爲天棄之人。賓叔所釋「天且劓」相當完滿，連一向求全求備的姚配中，也不再添加或反駁其論點，直接引用柳氏之說。

《周易姚氏學》是姚配中與諸友共同切磋琢磨，且經過眾人指正、修訂後的產物。此書援用了包世榮二則、劉文淇二則、薛傳均一則、柳興恩二則，共引七則密友的學術見解。包季懷、劉孟瞻、薛子韻、柳賓叔、姚仲虞等人互相熟識，縱使每個人攻讀的經書不同，也皆以漢學爲根基，在治學方法及思想宗旨上有其相似之處，同中有異、異中有同，這樣的團體，最能互相包容彼此之異議，達到學術激盪的效果。

第二節　惠、張兩氏之潤澤

本章第一節概述姚配中和包世榮、劉孟瞻、薛子韻、柳興恩等幾個熟絡朋友所組成的學術社群，藉著觀察這些人與姚氏的互動及釋《易》論點，以了解仲虞及其著作受益於切身之友的情形。第二、三節則將範圍擴大到姚配中知曉的清代學者，仲虞雖然未嘗和他們會面，但由於清代的學術界交流頻繁，使得學派領袖、治學有成、極具爭議等話題人物，多能聲名遠播，被當時的士人景仰、討論、批駁，即使是不擅長、不喜歡交際的學者，也不會對外界一無所知。

惠棟與張惠言兩人均治經學，且精深易學，宗主漢易，尤其推崇虞翻之說。張惠言的易作，基本上是對惠棟治易方針的發揚與推闡，後出轉精，在學術界再一次揚起漢易和虞氏易的大旗。又因惠棟爲江蘇吳派創始者，張惠言亦爲常州學派領導者，都居於學派領袖階層，登高者的著作有其一定的水準與影響力，兩名學界巨擘一前一後，在清代易學界樹立了漢易典範，學說被諸多易學家遵循與評判，如《周易姚氏學》就提及了惠棟三十六次、張惠言九次，書中援引兩人學說的次數遠超過當時其他學者。況且，張氏《周易虞氏義》爲仲虞首次接觸到的漢易著作，張惠言可謂姚配中的易學啓蒙師。基於以上原因，筆者特別將惠棟與張惠言兩人挑出，在此作爲主軸探討。

一、漢易奠基者──惠棟

江蘇吳縣的惠氏家族四世傳經〔註 54〕，從曾祖惠有聲開始，即以經學教

〔註54〕目前學界多稱「東吳三惠」（惠周惕、惠士奇、惠棟），實隱沒了惠棟曾祖「惠有聲」（號樸庵）之功，樸庵雖未成名，卻可謂清代惠氏經學的播種者，應稱

授鄉里，且立意表彰漢學，惠周惕、惠士奇陸續繼承家學，亦深邃於經學，崇尚漢、魏儒者。惠棟自幼便置身在這樣的環境中，學術與思想主要淵源於家學，曾說：

> 棟曾王父樸庵先生，嘗閔漢學之不存也，取李氏《易解》所載者，參眾說而爲之傳。天、崇之際，遭亂散佚，以其說口授王父，王父授之先君子。……棟趨庭之際，習聞餘論，左右采獲，成書七卷。……四世之學，上承先漢，存什一于千百，庶後之思漢學者，猶知取證，且使吾子孫無忘舊業。〔註55〕

此話道出惠氏家族四世以傳承漢人之學爲己任的精神。惠棟期望自己能延續此道，讓後代子孫不忘惠有聲以來，用古義訓子弟、咸通漢學的本意。〔註56〕惠棟總惠氏家學之大成，勤於著述（有撰述之書二十二種、批校之書八種）〔註57〕，推廣漢學不遺餘力，吳縣學者莫不知曉惠棟，莫不感受惠氏學風〔註58〕，當地逐漸形成「吳派」學術，後世遂以惠棟爲吳派創立者。〔註59〕

惠家爲「四世傳經」較爲公允。蕭穆曰：「四世傳經，古今實所罕見，所云先曾王父者乃樸庵。明經有聲，明季嘗以九經教授鄉里，於詩義尤深，而其名稍晦，至元龍大令周惕、天牧學士，士奇及松厓徵君棟均有著述行世，學者無不知之，然則樸庵先生開創經術，以詒子孫，其功實不可沒也。」引自〔清〕蕭穆著：《敬孚類稿・記惠半農松厓兩先生閱明北監本漢書》第八卷，收入沈雲龍主編：《近代中國史料叢刊》第 43 輯（臺北：文海出版社，1973 年 12 月），頁 388。

〔註55〕 引自〔清〕惠棟撰：《松厓文鈔・《易漢學》自序》卷一【清光緒劉氏刻聚學軒叢書本】，收入《續修四庫全書・集部・別集類》第 1427 冊（上海：上海古籍出版社，2002 年 3 月），頁 270。

〔註56〕 惠棟自云家族重視漢學，乃因「漢猶近古，去聖未遠。」引自〔清〕惠棟撰：《松厓文鈔・上制軍尹元長先生書》卷一【清光緒劉氏刻聚學軒叢書本】，收入《續修四庫全書・集部・別集類》第 1427 冊（上海：上海古籍出版社，2002 年 3 月），頁 275。

〔註57〕 耿志宏先生曾考述惠棟之著述，分爲「撰述之書」與「批校之書」，並列出書目、刊本、簡介。參閱耿志宏：《惠棟之經學研究・惠棟之家學及著述考》（臺北：國立政治大學中國文學研究所碩士論文，1984 年 5 月），頁 45～58。

〔註58〕 陳黃中：「然君（惠棟）晚歲，遇雖益寒，名益高，四方士大夫過吳門者，咸以不識君爲恥。」引自〔清〕陳黃中〈惠徵君棟墓誌銘〉，收錄於〔清〕錢儀吉纂〔民國〕勒斯校點：《碑傳集・經學下之上》卷一百三十三，第 11 冊（北京：中華書局，2008 年 5 月），頁 3983。

〔註59〕 章炳麟：「清世裡學之言竭，……其成學著系統者，自乾隆朝始，一自吳，一自皖南。吳始惠棟，其學好博而尊聞；皖南始自江永、戴震，綜形名、任裁斷，此其所異也……。」引自章太炎著：《檢論・清儒》卷四，收入《筆記三

（一）惠棟生平及易學論著概況

惠棟（1697～1758），字定宇，自號松崖，學者稱小紅豆先生，於康熙三十六年（1697）誕生，乾隆二十三年（1758）逝世，享年六十二歲。家多藏書，日夜誦讀，於經、史、諸子、百家雜說皆能嫻熟，就連佛、道二《藏》也可通曉。其父友人李紱初見惠棟，驚奇讚曰：「仲孺有子矣。」〔註60〕惠棟生性凝靜敦樸，好學不倦，好禮不變，以孝友忠信爲坊表。二十歲補元和縣學諸生。四十八歲時，赴乾隆甲子（1744）鄉試，因爲使用《漢書》文句，被考官所黜（筆者案：此舉逾越朱熹《四書集註》範圍，可能是觸犯到朝廷官員偏好宋學的潛規則），從此絕意進取。〔註61〕乾隆十六年（1751），天子詔舉經明行修之士，兩江總督黃廷桂、陝甘總督尹繼善，咸以惠棟之名舉薦，稱譽其「博通經史，學有淵源」〔註62〕，會大學士九卿所著書未及進，罷歸而回鄉里，全力於撰作及教學。〔註63〕其弟子知名者：江聲、余蕭客，皆布衣通經學。

小紅豆晚年專心經術，尤邃於易，潛心歸隱後，勤奮撰作，著述宏富。惠氏易書的宗旨在審定經義、闡揚漢學；特色在考據詳覈、蒐羅豐富，使孟喜、京房、鄭玄、虞翻、荀爽、干寶等漢、魏易說躍然而出，實爲清代象數易學先聲，在乾隆朝享有極高的聲譽，主要的易學專著有：《周易述》、《易微言》〔註64〕、《易漢學》、《易例》、《易大義》（又名《易大誼》）、《周易本義辨證》。其他易類相關論著有《九經古義》中的〈周易古義〉兩卷、《新本鄭氏

編》（臺北：廣文書局，1970 年 12 月），頁 23。

〔註60〕 引自〔清〕錢大昕撰〔民國〕呂友仁標校：《潛研堂文集・傳三・惠先生棟傳》卷三十九（上海：上海古籍出版社，1989 年 11 月），頁 698。

〔註61〕 參閱〔清〕王昶〈惠先生墓誌銘〉，收錄於〔清〕錢儀吉纂〔民國〕勒斯校點：《碑傳集・經學下之上》卷一百三十三，第 11 冊（北京：中華書局，2008 年 5 月），頁 3984。

〔註62〕 引自〔清〕錢大昕撰〔民國〕呂友仁標校：《潛研堂文集・傳三・惠先生棟傳》卷三十九（上海：上海古籍出版社，1989 年 11 月），頁 698～699。

〔註63〕 參閱〔清〕王昶〈惠先生墓誌銘〉，收錄於〔清〕錢儀吉纂〔民國〕勒斯校點：《碑傳集・經學下之上》卷一百三十三，第 11 冊（北京：中華書局，2008 年 5 月），頁 3984。

〔註64〕 《易微言》上、下兩卷，在學海堂《皇清經解》的版本中，列於《周易述》末卷之後。參閱〔清〕惠棟撰：《周易述》，收入〔清〕阮元編纂：《皇清經解》卷三百四十九至三百五十，第 5 冊（臺北：復興書局，1972 年 11 月），頁 3662～3706。

周易》（又名《增補鄭氏周易》）、《明堂大道錄》、《禘說》、《周易講義合參》等。還有一些單篇易類論文，散見於《九曜齋筆記》、《松崖筆記》、《松崖文鈔》當中。〔註65〕漆永祥先生另覓尋出上海圖書館藏的《周易講義合參》稿本，以及北京大學圖書館藏的《五經條辨義例‧易條辨》清鈔本〔註66〕，此二書流傳數目稀少，容易被學術界忽略，尚無任何專文、專書研究。

　　《周易姚氏學》提及惠棟之名，一共高達三十六次之多，全都引自惠氏《周易述》前二十卷（訓釋經文的部份）〔註67〕，該書實為仲虞撰寫時的重要參考書籍。〔註68〕《周易述》主旨在發揮漢儒易學，以闡釋虞翻之學為首要，其次為荀爽與鄭玄，再參以宋咸、干寶諸家之說〔註69〕，能一一原本漢儒，推闡考證，引據古義，具有根柢，融會其義，自為注而自疏之。〔註70〕可惜書未成而身亡，凌廷堪曾敘述此事曰：

> 元和惠君定宇，著《周易述》二十卷，未竟而卒，闕自〈鼎〉至〈未濟〉十五卦、〈序卦〉、〈雜卦〉二傳……。癸卯春，在京師聞徽德江君國屏，為惠氏之門人，作《周易述補》，心慕其人，未得見也。次

〔註65〕 此處的惠棟易學書籍，多參自陳伯适先生的整理，陳先生在其博士學位論文第一章第三節中有〈惠棟易學論著簡介〉，對各書的卷數、版本、內容大意都做了詳實的考證，並且深入淺出地精簡介紹。參閱陳伯适著：《惠棟易學研究（一）》，收入林慶彰主編：《中國學術思想研究輯刊五編》第9冊（臺北：花木蘭文化出版社，2009年9月），頁64～73。

〔註66〕 漆氏扼要介紹兩書的樣貌、版本、內容等，並撰寫提要，讓這兩部惠氏易書能重見天日，有助於惠棟易學研究的發展，實功不可沒也。參閱漆永祥：〈清人稀見著述十五種提要〉，《文獻季刊》總第105期（2005年7月第3期），頁191～192。

〔註67〕 今本《周易述》雖名為二十三卷。但第二十一卷全卷內容從闕，第二十二及二十三卷為《易微言》，訓釋經文者，僅有前二十卷。筆者所用《周易述》為鄭萬耕先生點校本（此版本以文淵閣《四庫全書》為底本，參校《皇清經解》本編成），參閱〔清〕惠棟撰〔民國〕鄭萬耕點校：《周易述‧點校說明》，上冊（北京：中華書局，2007年9月）。

〔註68〕 經筆者逐條查考，發現《周易姚氏學》引述的惠棟三十六條論點，都來自《周易述》，僅將整理表置於論文後面的「附錄三」，以供參照。

〔註69〕 根據耿志宏先生的統計，《周易述》徵引虞翻義226次，荀爽義28次，鄭玄義13次，其餘十三家，多數為1、2次，最高不超過6次（唯馬融義和《九家》義為6次）。統計數字引自耿志宏：《惠棟之經學研究‧惠棟之易學‧周易述探述》（臺北：國立政治大學中國文學研究所碩士論文，1984年5月），頁75。

〔註70〕 參閱〔清〕紀昀等撰：《欽定四庫全書總目‧經部‧易類六》卷六，第1冊（臺北：藝文印書館，2004年10月），頁159。

年客揚州，汪容甫始介予交江君，讀其所補十五卦，引證精博，羽
翼惠氏。〔註71〕

從凌氏所記可知《周易述》缺少〈鼎〉、〈震〉、〈艮〉……〈未濟〉十五個卦
及〈序卦傳〉、〈雜卦傳〉，直到乾隆四十八年（1783），惠棟再傳弟子江藩作
《周易述補》，才補齊下經十五卦。然而，姚配中純粹徵引惠棟的《周易述》
一書，未取江藩之所補，所以《周易姚氏學》對《周易述》的引用，也就僅
止於〈井〉卦。

（二）《周易姚氏學》對《周易述》之徵引

姚配中首次撰寫易書時，還未曾閱讀過惠棟易書，之所以會去參酌惠氏
書，並對其說加以徵引、應用、評斷，實多虧了摯友包季懷，此事可見於《周
易姚氏學‧包序》：

吾友姚君仲虞……乃據鄭爲主，參以漢、魏經師舊說，作《周易參
象》，時尚未觀惠氏書。余因取惠氏書，按其所得，同者居其三、四，
而精到之處，足以正惠氏之非者，已復不少。〔註72〕

由此語可知姚配中是因爲包世榮取惠氏易書替《周易參象》〔註73〕校對，才
會接觸到惠氏易書。而包世榮又稱姚氏書與惠氏書相似之處，約佔三、四成，
其中有不少獨到的識見，足以訂正惠棟的錯誤。可見姚配中在釋《易》上，
有不少與惠定宇相似之處，至於在看法歧異之處，是否稱得上糾正惠氏之非？
實乃見仁見智了。

注解經書是一種「經典詮釋」，撰寫內容難免會展現作者主觀的思想核心
及學問範疇。〔註74〕大多數的詮釋者在作品形成後，主觀意識幾乎已經暫時

〔註71〕引自〔清〕江藩撰：《周易述補‧凌廷堪敍》，收入〔清〕阮元編纂：《皇清經
解》卷一千一百六十六，第 16 冊（臺北：復興書局，1972 年 11 月），頁 12385。

〔註72〕引自〔清〕姚配中撰：《周易姚氏學‧包世榮序》【一經盧叢書本】，收入《續
修四庫全書‧經部‧易類》第 30 冊（上海：上海古籍出版社，2002 年 3 月），
頁 450。

〔註73〕《周易參象》爲《周易姚氏學》前身，姚書流轉情形已在本論文第三章第三
節探討，此不另述。

〔註74〕鄭吉雄：「所謂『詮釋』，其實泰半是不自覺地受到經典與傳注的理念和語言
所驅遣，又不斷闌入（解經者）自身性格的侷限性，來解釋一部他自以爲是
獨立於自身之外，卻其實從未離開他精神世界的典籍。在這種情形下，詮釋
經典者自以爲可以客觀地以種種文獻的方法與理據解剝經典，而真實的情
形，卻往往是自己在解釋自己。」引自鄭吉雄：〈乾嘉經典詮釋的典範性綜論
——思想史的考察〉，收錄於勞悅強、梁秉賦主編：《經學的多元脈絡：文獻、

定型，若與他人的注釋觀點不同，短時間內，恐怕難以認同他人的見解。姚配中是在己書成形後，才開始對照惠氏書。因此，《周易姚氏學》對惠棟易說，也或多或少存有一些成見，在〈序言〉、〈乾〉、〈坤〉、〈蒙〉、〈比〉、〈履〉、〈隨〉、〈蹇〉、〈繫辭上傳〉等十四處皆直指惠氏之非〔註75〕，筆者摘錄較具代表性的三則於下，首先看到〈乾·初九〉：

〈乾·初九〉：潛龍勿用。

案：氣從下生，故下稱初。初，始也，不言一，別一也。潛，伸也，藏也。……荀爽其用四十有九，注云「乾初九，潛龍勿用」者，蓋以潛龍爲元。全氣之伏辭見於初，故連言初九。惠氏棟據以爲說，乃云：「初九，元也，其一不用，謂此爻也。」遺去潛龍，專言爻數，亦語簡而失荀指矣。〔註76〕

仲虞認爲荀慈明連言〈乾〉卦初九，蓋以潛龍爲元，初爲元、爲始，爲全氣之伏辭所在。惠棟不言潛龍之象，獨以爻數說之，雖知以初九爲元，但論述過簡，有失荀爽本義。〔註77〕次見〈乾·文言〉：

〈乾·文言〉：潛龍勿用，陽氣潛藏。

案：藏猶隱也，潛藏謂元。惠氏棟云：「陽息初，〈震〉下有伏〈巽〉，故曰潛藏。」案：初之潛藏，自謂陽在地中，若云伏〈巽〉，〈巽〉初陰爻耳，與〈乾〉陽无與，且伏〈巽〉是〈巽〉伏，非陽氣潛藏之義。〔註78〕

此段出自《周易述·文言傳》，惠定宇視〈乾〉初九爲陽息之時，〈震〉爲陽

動機、義理、社群》（臺北：臺灣學生書局，2008年10月），頁89。

〔註75〕除了下文所舉的〈乾·初九〉、〈乾·文言〉、〈隨·初九〉三例之外，另有〈自序·贊元第一〉、〈乾·用九〉、〈乾·象傳〉、〈坤·六二〉、〈蒙·象傳〉、〈蒙·九二〉、〈比〉、〈比·象傳〉、〈履·九二〉、〈蹇〉、〈繫辭上傳〉十一例。

〔註76〕引自〔清〕姚配中撰：《周易姚氏學·乾·初九》卷一【一經廬叢書本】，收入《續修四庫全書·經部·易類》第30冊（上海：上海古籍出版社，2002年3月），頁465。

〔註77〕惠棟言論見於《周易述》兩處，一在〈乾·初九〉注：「乾爲龍，陽藏在下，故曰潛龍。其初難知，故稱勿用。大衍之數虛一不用，謂此爻也。」二在〈乾〉總疏：「荀爽注『大衍之數五十』云：〈乾〉初九潛龍勿用，故用四十九。初九，元也，即太極也。太極函三爲一，故大衍之數虛一不用耳。」分別引自〔清〕惠棟撰〔民國〕鄭萬耕點校：《周易述·周易上經·乾》卷一，上冊（北京：中華書局，2007年9月），頁4、5。

〔註78〕引自〔清〕姚配中撰：《周易姚氏學·乾·文言》卷二【一經廬叢書本】，收入《續修四庫全書·經部·易類》第30冊（上海：上海古籍出版社，2002年3月），頁479。

氣初長，下又有〈巽〉伏，故曰潛藏。〔註79〕姚配中批駁惠棟「伏〈巽〉」之說，言〈巽〉初爻爲陰，與〈乾〉陽無相契合之處，且初九潛藏，爲陽在地中，伏〈巽〉是〈巽〉伏，並非陽氣潛藏。最後舉〈隨·初九〉爲例：

〈隨·初九〉：官有渝，貞吉。出門交有功。

注：《荀九家》曰：「渝，變也。」

案：官有渝，謂四化應初，故貞吉。……惠氏棟伸之云：「官，官鬼也。〈震〉初庚子水，得〈否〉、〈坤〉乙未土之位，水以土爲官。」案：《易》以爻象爲主，不當雜以官鬼之說。〔註80〕

惠棟用《京房易傳》中「六十四卦納辰配六親」〔註81〕的概念解《易》，見《周易述·隨》原文：「官，官鬼也。……京房謂：『世應、官鬼、福德之說，皆始于文王。』《火珠林》亦云：故《九家易》曰：『震爲子，得土之位，故曰官。』是也。卦自〈否〉來，〈震〉初庚子水，得〈否〉。〈坤〉乙未土之位，水以土爲官，以〈震〉易〈坤〉，故官有渝也。」〔註82〕可知惠棟不鄙棄一些被視爲方術之流的觀點，更不排斥用《火珠林》等方外爐火之說來解《易》，但此舉無法得到仲虞的認同，直言《易》不該夾雜「官鬼」之說。

雖然仲虞對惠棟部分解《易》之說稍有微詞，但絕非全盤否定。姚氏在論述時，也是會用惠棟的學說，來證明自己的論點，或直接引出惠氏之言以解《易》。這種情況在《周易姚氏學》多有所見，於下亦舉三例說明之，一見

〔註79〕參閱〔清〕惠棟撰〔民國〕鄭萬耕點校：《周易述·文言傳》卷十九，下冊（北京：中華書局，2007 年 9 月），頁 355。

〔註80〕引自〔清〕姚配中撰：《周易姚氏學·隨·初九》卷六【一經廬叢書本】，收入《續修四庫全書·經部·易類》第 30 冊（上海：上海古籍出版社，2002 年 3 月），頁 530。

〔註81〕從陸續注京氏易，始稱京氏之寶爻爲子孫，專爻爲兄弟，繫爻爲官鬼，制爻爲父母，義爻爲子孫，再加原卦，合稱「六親」。「六十四卦納辰配六親」以本宮五行屬性（乾金、坎水、震木、巽木、離火、坤土、兌金）與各卦各爻地支之五行屬性相應，而以本宮五行之屬性爲自身（我），各爻地支爲應，視其生克或同氣而配「六親」，生我者父母，我生者子孫，比和者兄弟，我克者妻財，克我者官鬼。例如：〈震〉爲木宮，初爻爲庚子水，水生木，六親配父母；〈坤〉爲土宮，初爻爲乙未土，土、土相比和，六親配兄弟。參閱許老居著：《京氏易傳發微·京氏易傳通論·京氏易傳六親說》（臺北：新文豐，2007 年 5 月），頁 297～299。

〔註82〕引自〔清〕惠棟撰〔民國〕鄭萬耕點校：《周易述·周易上經·隨》卷三，上冊（北京：中華書局，2007 年 9 月），頁 53～54。

〈乾・文言〉：

　　〈乾・文言〉：終日乾乾，行事也；或躍在淵，自試也。

　　案：進德脩業，故行事或上或下，故自試，所謂疑之也、試驗也、
　　　　嘗視也。惠氏棟云：「求陽正位而居之，故自試。」四非居五，則當下居初，
　　　　或之，故自試也。〔註83〕

九四上進或下退，完全憑藉自己的抉擇，君子進德脩業貴及時〔註84〕，自試
者，難判也。仲虞引《周易述・文言傳》言九四爲陽爻處陰位，欲求陽位正
居，故將離己位而自試，徵引後再補充說明，四若不上居五位，便受初九所
應，下居初位，將上或下，自試於心。接著看〈賁・初九〉：

　　〈賁・初九〉：「賁其趾，舍車而徒。」〈象〉曰：「舍車而徒，義弗
　　乘也。」

　　注：虞翻曰：應在〈震〉，〈震〉爲足，〈坎〉爲車，徒步行也。位在
　　　　下，故舍車而徒。

　　案：〈坎〉車非初所宜乘。惠氏棟云：「禮唯大夫不徒行，初爲士。《尚書大傳》
　　　　曰：『古之命，民能敬長憐孤、取舍好讓、舉事力者命於其君，得命然後得乘
　　　　飾車駟馬。未有命者不得乘，乘者有罰。』」〔註85〕

初九與六四相應，故欲進之，四與三、五兩爻互體成〈震〉，〈震〉象爲足，
故賁其趾。因位階尚卑，資格不足以乘〈坎〉車〔註86〕，乘則有失禮儀，恐
會導致失位，只好捨車步行。惠棟用《尚書大傳》解此爻，清楚說明未符合
條件而未得君王召命的初階士大夫不得乘車之典故〔註87〕，惠氏這段文字出

〔註83〕引自〔清〕姚配中撰：《周易姚氏學・乾・文言》卷二【一經廬叢書本】，收
　　　　入《續修四庫全書・經部・易類》第30冊（上海：上海古籍出版社，2002年
　　　　3月），頁479。

〔註84〕〈文言傳〉：「九四曰：或躍在淵，何謂也？子曰：上下无常，非爲邪也，進
　　　　退无恆，非離羣也。君子進德脩業欲及時也，故无咎。」引自〔魏〕王弼、〔晉〕
　　　　韓康伯注〔唐〕孔穎達等正義：《周易正義・乾・文言傳》卷一，收入〔清〕
　　　　阮元校勘：《十三經注疏》（臺北：藝文印書館，2007年8月），頁14。

〔註85〕引自〔清〕姚配中撰：《周易姚氏學・賁・初九》卷七【一經廬叢書本】，收
　　　　入《續修四庫全書・經部・易類》第30冊（上海：上海古籍出版社，2002年
　　　　3月），頁540～541。

〔註86〕王新春註釋曰：「四爻之陰又在〈坎〉體之中（四爻與二、三兩爻互體爲〈坎〉）；
　　　　坎有「車」一逸象。引自王新春撰：《周易虞氏學・下篇・虞氏周易注今詮卷
　　　　五・賁》上集（臺北：頂淵文化事業，1999年2月），頁572。

〔註87〕《尚書大傳》原文：「古之帝王，必有命，民能敬長矜孤，取舍好讓者，命於

自於《周易述・象上傳・賁》〔註88〕，仲虞將之直接挪至己書。最後一例在〈繫辭上傳〉：

> 〈繫辭上傳〉：仁者見之謂之仁，知者見之謂之知。百姓日用而不知，故君子之道鮮。

> 案：仁、知，性也。性仁見仁，性知見知。卦有陰陽成之者，性也，
> 君子則見仁見知。……惠氏棟云：「見仁見知，賢知之過。日用不知，
> 愚不肖之不及。」一陰一陽，道之全也，仁、知合，乃爲君子之道。〔註89〕

卦有陰、陽，性也，如同人有仁、知之性。人因性不同而各偏一隅，仁者見仁，知者見知，無法了解易道的全貌，必兼含兩者方能達，所謂「一陰一陽之謂道」，仁、知合，乃爲君子之道。《周易述・繫辭上傳》曰：「〈乾〉爲仁，〈坤〉爲知，〈乾〉爲百，〈坤〉爲姓。見仁見知，賢知之過；日用而不知，愚不肖之不及也。知仁合乃爲君子之道。」〔註90〕仲虞不取惠棟〈乾〉、〈坤〉爲仁、爲知，或爲百、爲姓之說，只引用惠說義理的部分。

（三）惠棟易學對姚配中的影響

孫劍秋先生和陳修亮先生嘗歸納《周易述》的幾點特色，孫先生舉出「述而不作」、「雜揉家法」、「改易經文」三點，並提出其闡發義理的三要點：「釋《易》以取象、卦氣爲主」、「以易爲通天人之學」、「援道術以入《易》」；〔註91〕陳先生則就「尊漢法，以象數解《易》」、「重小學，以文字、音韻、訓詁知識解《易》」、「貫通群書，納入多學科以解《易》」、「追求古義，改易經文」四要點來探討。〔註92〕兩先生論點詳實，藉著觀察《周易述》的行文與解《易》

其君，然後得乘飾車、駢馬、衣文錦。未有命者，不得衣、不得乘，乘、衣者有罰。」引自〔漢〕伏勝撰：鄭玄注〔清〕陳壽祺輯校：《尚書大傳・唐傳・舜生姚墟》卷一【古經解彙函本】，收入《叢書集成初編》（北京：中華書局，1985年），頁11。

〔註88〕 參閱〔清〕惠棟撰〔民國〕鄭萬耕點校：《周易述・象上傳・賁》卷十二，上冊（北京：中華書局，2007年9月），頁212。

〔註89〕 引自〔清〕姚配中撰：《周易姚氏學・繫辭上傳》卷十四【一經廬叢書本】，收入《續修四庫全書・經部・易類》第30冊（上海：上海古籍出版社，2002年3月），頁634。

〔註90〕 引自〔清〕惠棟撰〔民國〕鄭萬耕點校：《周易述・繫辭上傳》卷十五，上冊（北京：中華書局，2007年9月），頁257。

〔註91〕 參閱孫劍秋：〈惠棟《易》學著作特色、特色及其貢獻述評〉，《國立臺北師範學院學報：人文藝術類》第16卷第1期（2003年3月），頁65～70。

〔註92〕 參閱陳修亮：〈試論惠棟《周易述》的治易特色〉，《周易研究》總第69期（2005

方式，發掘以上要點，作出細部且具體的描述。若直接將兩先生歸結的《周易述》特色對應姚書，會看到仲虞不認同惠棟改易經文的做法〔註93〕，且盡量不把道術之說混入易學，對惠定宇釋《易》法亦多所批評，很難察覺《周易述》對姚書的影響。如果換個角度想，從思想層面考察，並融合孫劍秋和陳修亮兩先生對《周易述》的描述，即可發現惠氏易的精神爲「回歸古經義，篤守漢易」及「貫通群書以解《易》」兩點，以下即以此兩點探索，看看《周易姚氏學》是否有惠氏易的影子？

　　小紅豆秉持「回歸古經義，篤守漢易」的信念作《周易述》，大開有清一代漢易風尙，姚配中身逢這股漢易風氣的末梢，《周易姚氏學》中徵引的注解，絕大多數爲馬融、鄭玄、虞翻、荀爽等漢、魏易學家之語，雖偶引王弼，卻幾無宋、元、明三代之易說，似刻意排除，以堅定自己的漢易立場。姚配中釋《易》常用象數之法，這點雖與惠棟同，但所謂「師儒授受，別派專門，見仁見知」〔註94〕，漢代經師們注《易》的歧見早已層出不窮，何況後人解讀時產生的差異？惠、姚兩人的說法自然多所出入，見《周易姚氏學·比·象傳》：

　　〈象〉曰：比，吉也；比，輔也。下順從也。

　　案：比，故吉也。相比故相輔。下謂下四陰，坤爲順，四陰順，從五而比輔之，所以吉也。……惠氏棟以爲下謂五陰，一在上，四在下，引孟康《漢書注》：「陽爲上，陰爲下。」以證。案：陽上陰下，猶君尊臣卑之義，非謂上爻有下稱。經云：後夫凶，則上不在順從之列可知。〔註95〕

年2月第1期），頁41～48。

〔註93〕惠棟改〈蒙·九二〉爻辭爲：「九二，包蒙，納婦吉。」包蒙後缺一「吉」字；將〈謙〉卦字改爲「嗛」；〈賁·初九〉爻辭的「趾」被改爲「止」；〈遯〉、〈晉〉、〈蹇〉三字皆換成古字，〈家人·九三〉爻辭爲：「家人嗃嗃，悔厲，吉。婦子嘻嘻，終吝。」，遭改爲「家人熇熇，悔厲，吉。婦子喜喜，終吝。」以上僅舉《周易姚氏學》引述《周易述》之處，其他惠棟改易《周易》原文之處，可見於陳伯适先生的「王弼與惠棟《周易》經文對照差異情形」整理表，參閱陳伯适：〈惠棟改易經文以釋《易》述評〉，《臺中教育大學學報：人文藝術類》第20卷第2期（2006年12月），頁4～16。

〔註94〕引自〔清〕姚配中撰：《周易姚氏學·卷首自序》【一經廬叢書本】，收入《續修四庫全書·經部·易類》第30冊（上海：上海古籍出版社，2002年3月），頁453。

〔註95〕引自〔清〕姚配中撰：《周易姚氏學·比·象傳》卷五【一經廬叢書本】，收入《續修四庫全書·經部·易類》第30冊（上海：上海古籍出版社，2002年3月），頁511。

《周易述》以一在上，四在下，謂「下有五陰」，並引〈繫辭〉：「天尊地卑，乾坤定矣。」之語，言天尊為上，地卑為下，導論出上下後夫之殊。〔註96〕不同於姚氏所謂「下四陰，從五而比輔之」，認為陽上陰下，猶君尊臣卑之義。兩人見解不同，各有持理，孰是孰非？見仁見智而已。唯一能肯定的是惠棟推行的漢易餘風，被姚配中承繼下來，成為嘉、道時期的漢易學家代表。

惠棟解《易》博引經、史、子、集各部，能以天文、曆法、律呂、兵學各種學理解析，又不避《易林》、《火珠林》等術數類書籍，使易學更加博大宏闊。隨取一個〈泰〉卦為例，《周易述》解讀〈泰〉卦經文時，縱使扣掉各家《易》傳，尚列舉了《別錄》、《後漢書》、《爾雅》、《詩經》、《周禮》、《中庸》、《乾鑿度》、《禮記》、《公羊傳》、《左傳》、《荀子》、《孔子家語》、《世本》、《逸周書》、《尚書》等十數本書目〔註97〕，這種「貫通群書以解《易》」的精神，深深影響乾、嘉學風，根植於清代士人心中。姚配中讀書必多方習染，於《周易姚氏學·自序》曰：「《樂》、《詩》、《禮》、《書》、《春秋》五者，五常之道，而《易》為之原。是故不通羣籍者，不足與言易。」〔註98〕主張治易不可獨守一經，應將各經書互相參證，觸類旁通，以求根本之理，實受惠氏遺風滋潤也。

二、漢易啓蒙師——張惠言

張惠言治易專主虞仲翔，在嘉慶二年（1797）撰成《周易虞氏義》九卷。此書在漢、魏易說的資料輯錄方面，比惠書全面、清楚之外，張書立意鑽研虞氏易，家法較惠棟更為明了，闡述也更能聚焦，將虞翻一家易學，發揮得淋漓盡致，時人讚許有加，紛紛效仿，促使大批易學家蜂擁投入虞氏易學的研究行列，姚配中便是其中一員。其友包世榮回憶道：

我朝文運昌明，漢學復興。元和惠氏棟宗禰虞氏，旁徵他說，作《周

〔註96〕參閱〔清〕惠棟撰〔民國〕鄭萬耕點校：《周易述·象上傳·比》卷九，上冊（北京：中華書局，2007 年 9 月），頁 149～150。

〔註97〕參自〔清〕惠棟撰〔民國〕鄭萬耕點校：《周易述·周易上經·泰》卷二，上冊（北京：中華書局，2007 年 9 月），頁 36～40。

〔註98〕引自〔清〕姚配中撰：《周易姚氏學·卷首自序》【一經廬叢書本】，收入《續修四庫全書·經部·易類》第 30 冊（上海：上海古籍出版社，2002 年 3 月），頁 453。

易述》；武進張氏惠言專據虞氏注，作《周易虞氏義》。吾友姚君仲
虞始于市得張氏書，因爲虞氏之學，余爲改今字，美其志也。〔註99〕

惠棟宗主虞翻，作《周易述》；張惠言專主虞翻，作《周易虞氏義》。姚配中
在書店購買到張氏易書，對其精深的漢易學養極度嘆服，因而開始摸索虞仲
翔易學，甚至讓好友包季懷改己字爲「仲虞」。由此事即可見張惠言及其易書
在當時的風行程度與影響力。

（一）張惠言生平及易學論著概況

張惠言（1761～1802），字皋文，號茗柯，常州（今屬江蘇）武進人，生
於乾隆二十六年（1761），命坎早卒，死於嘉慶七年（1802），年僅四十二。
四歲喪父〔註100〕，由姜氏母孺人撫養成立，家貧困窘，年十四即擔任童子師，
以貼補家用。十七歲補縣學附生，兩年後，補廩膳生。二十七歲，本省鄉試
中舉，在京師識惲敬，兩人結爲至交，因而見賢自省，始奮發自壯，知讀書
求成身及物之要。〔註101〕後考取景山宮官學教習，任職期滿，例得引見，聞
母疾，請急歸，遂居母喪。〔註102〕曾向皖派金榜問學，嘆服曰：「三年在學，
莫窺美富。」〔註103〕嘉慶四年（1799）進士，時大學士朱珪爲吏部尚書，以
皋文學行特奏改庶吉士，充實錄館纂修官，不幸散館，朱珪復特奏授翰林院
編修。〔註104〕善修文，散文效韓愈、歐陽修，又工詞，爲常州詞派奠基者，

〔註99〕 引自〔清〕姚配中撰：《周易姚氏學·包世榮序》【一經廬叢書本】，收入《續
　　　 修四庫全書·經部·易類》第30冊（上海：上海古籍出版社，2002年3月），
　　　 頁450。

〔註100〕 參閱〔清〕張惠言撰：《茗柯文·二編卷下·先妣事略》，收入楊家駱主編：《中
　　　 國文學名著第六集》第24冊（臺北：世界書局，1964年2月），頁23。

〔註101〕 參閱〔清〕張惠言撰：《茗柯文·初編·送惲子居序》，收入楊家駱主編：《中
　　　 國文學名著第六集》第24冊（臺北：世界書局，1964年2月），頁22。

〔註102〕 參閱〔清〕惲敬撰：《大雲山房文稿·初集·張皋文墓誌銘》卷四，收入楊家
　　　 駱主編：《中國文學名著第六集》第23冊（臺北：世界書局，1964年2月），
　　　 頁88。

〔註103〕 引自〔清〕張惠言撰：《茗柯文·四編·祭金先生文》，收入楊家駱主編：《中
　　　 國文學名著第六集》第24冊（臺北：世界書局，1964年2月），頁20。

〔註104〕 張氏在仕途上，頗得朱珪拔擢，幸遇貴人外，實因自己謙讓的性格所致。阮
　　　 元記曰：「惠言修學立行，敦禮自守，人皆稱敬之。鄉會兩試，皆出朱珪門，
　　　 未嘗以所能自異，默然隨羣弟子進退而已。珪潛察得之，則大嘉，故屢進達
　　　 之。」引自〔清〕阮元〈張惠言傳〉，收錄於〔清〕錢儀吉纂〔民國〕勒斯校
　　　 點：《碑傳集·經學下之下》卷一百三十五，第11冊（北京：中華書局，2008
　　　 年5月），頁4037。

有「意內言外」〔註 105〕等詞學理論建樹,與張琦共編《詞選》。〔註 106〕

　　阮元稱張惠言:「為學博而精,旁探百氏,要歸六經,而尤深《易》、《禮》。……所著以《周易虞氏義》、《儀禮圖》為最。」〔註 107〕足知皋文於經,專治《易》、《禮》二學,易作以《周易虞氏義》最為精要,已簡述於前。〔註 108〕根據《重修清史藝文志》的記載,張氏除了《周易虞氏義》外,尚有十一部易作〔註 109〕,但其中的《虞氏易變表》為學生江安甫所作,江生書未成而歿,皋文惋惜而補之,並置於《周易虞氏消息》後〔註 110〕,非單獨成書,故張氏其他易書,應計十部,有一本《易緯略義》,被《續修四庫全書》收入〈經部·易類〉。《周易鄭氏義》(或稱《周易鄭荀義》)、《易義別錄》、《周易荀氏九家義》、《虞氏易禮》、《周易虞氏消息》此五本,加上《周易虞氏義》,一併被阮元編入《皇清經解》;王先謙再把《虞氏易事》、《虞氏易候》、《虞氏易言》、《易圖條辨》四本收入《皇清經解續編》〔註 111〕,廣文書局則將《正、續清經解》所收的十書集結,編纂為《張惠言易學十書》。

　　張惠言學說在《周易姚氏學》中,總共出現九次,每個引句的來源皆屬《周易虞氏義》。〔註 112〕如同《周易述》,該書亦為姚配中注《易》時的重要參考書籍。惠、張兩人皆擅長援用虞翻易說來闡釋《周易》經傳意義,《周易

〔註 105〕張惠言「意內言外」之說,出自《詞選》卷首:「傳曰:『意內而言外者謂之詞。』其緣情造端,興於微言,以相感動,極命風謠里巷男女哀樂,以道賢人、君子幽約怨悱不能自言之情,低徊要眇以喻其致,蓋《詩》之比興,變風之義,騷人之歌,則近之矣。」引自〔清〕張惠言錄;董子遠續錄:《詞選·目錄敘》(臺北:廣文書局,1979 年 6 月),頁 6。

〔註 106〕有關張惠言詞學理論的描述、影響、評價等,可參閱趙伯陶著:《張惠言暨常州派詞傳·常州詞派的理論建設及其創作實踐》,收入費振剛主編:《中國歷代名家流派詞傳》第 9 冊(吉林:吉林人民出版社,1999 年 1 月),頁 10~22。

〔註 107〕引自〔清〕張惠言撰:《儀禮圖·阮元序》【上海辭書出版社圖書館藏清嘉慶十年刻本】,收入《續修四庫全書·經部·禮類》第 90 冊(上海:上海古籍出版社,2002 年 3 月),頁 427。

〔註 108〕請參考本論文第二章第二節「張惠言及其《周易虞氏義》」。

〔註 109〕參見彭國棟纂修:《重修清史藝文志·經部·易類》(臺北:臺灣商務印書館,1968 年 6 月),頁 4。

〔註 110〕參閱〔清〕張惠言撰:《茗柯文·三編·虞氏易變表序》,收入楊家駱主編:《中國文學名著第六集》第 24 冊(臺北:世界書局,1964 年 2 月),頁 23。

〔註 111〕書目參照藝文印書館的《皇清經解易類彙編》及《續經解易類彙編》。

〔註 112〕經筆者逐條查考,發現《周易姚氏學》引述的九條張惠言論點,都來自《周易虞氏義》,僅將整理表置於論文後面的「附錄四」,以供參照。

虞氏義》與《周易述》的主要差別即是「對虞翻易的專精程度」。《周易述》
大抵宗禰虞氏，然若有未能盡通之處，則補以他家之義，學者或以未能專一
惜之。張惠言繼惠棟而起，攻治虞翻易，積年有成，遂成《周易虞氏義》。視
此書之〈自序〉、名稱，在在表露出皋文獨守虞翻一家之說的意圖，其窮研之
精、用力之深，溢於言表，使得作為讀者的仲虞也激起了研讀虞氏易學的興
趣，可謂姚配中無形的易學啟蒙之師。

（二）《周易姚氏學》對《周易虞氏義》之徵引

　　姚書援引《周易虞氏義》有九處，分別在《周易姚氏學》的〈乾‧用九〉、
〈蠱‧初六〉、〈蠱‧九二〉、〈賁‧六二〉、〈剝‧象傳〉、〈剝‧六三〉、〈大過‧
九二‧象傳〉、〈蹇‧象傳〉、〈繫辭下傳〉。不同於對《周易述》的諸多批判，姚
書對張惠言易說，幾乎全是直接引述，即使偶有一、二則與張氏見解有異，也
不會使用反詰、貶斥的語氣。畢竟，皋文是仲虞的啟蒙易師，學說大致上會被
姚氏接納或尊重。下文便簡單舉幾個例子說明，見《周易姚氏學‧繫辭下傳》：

　　〈繫辭下傳〉：天地之道，貞觀者也。

　　案：張惠言曰：「天尊地卑，天正位於五，地正位於二，中正以觀天
　　　　下，故貞觀者也。」〔註113〕

天正位於五，地正位於二，天尊地卑，各自安於其位，故能長久永正，以中
正示天下。此段直接引用《周易虞氏義》同處的解說，將其一字不差地搬過
來。〔註114〕這種狀況亦可見於〈大過‧九二‧象傳〉：

　　〈大過‧九二〉：「枯楊生稊，老夫得其妻女〔註115〕，无不利。」〈象〉
　　曰：「老夫、女妻，過以相與也。」

　　注：虞翻曰：「謂二過初與五，五過上與二，獨大過之爻得過其應，
　　　　故過以相與也。」案：張氏惠言云：「初比二，而二使之過與五；上比五，

〔註113〕 引自〔清〕姚配中撰：《周易姚氏學‧繫辭下傳》卷十五【一經廬叢書本】，
　　　　收入《續修四庫全書‧經部‧易類》第30冊（上海：上海古籍出版社，2002
　　　　年3月），頁652。

〔註114〕 參照〔清〕張惠言撰：《周易虞氏義‧繫辭下傳》卷八【清嘉慶八年阮氏琅嬛
　　　　仙館刻本】，收入《續修四庫全書‧經部‧易類》第26冊（上海：上海古籍
　　　　出版社，2002年3月），頁515。

〔註115〕 經文原應作「女妻」，參照〔魏〕王弼、〔晉〕韓康伯注〔唐〕孔穎達等正義：
　　　　《周易正義‧大過‧九二》卷三，收入〔清〕阮元校勘：《十三經注疏》（臺
　　　　北：藝文印書館，2007年8月），頁70。

而五使之過與二。」〔註116〕

爻位上爲二、五相應，但因兩者皆爲陽，本無應，然因屬〈大過〉之爻，所以能「過以相與也」。九二讓相鄰的初六越過自己，與九五相應；九五也讓相比的上陰越過本身，與九二相應，此處也是完全援用《周易虞氏義》所釋爲解。仲虞除了完全徵引張書易解之外，亦有抽取文句、簡述其理者，例如《周易虞氏義》釋〈蠱·九二〉爻辭「不可貞」之因曰：

凡言貞者，之正也；凡言不可貞者，正守也。此或失之不可貞者，謂當與五易位，不可自正而已，旁通卦皆自正，三、四不變，故五待二易位。〔註117〕

此爲虞氏「爻象易位」之例〔註118〕，九二以陽爻居陰位，六五以陰爻居陽位，兩爻相應而均不當位，若互換即可當位。〈蠱〉與〈隨〉旁通，〈隨〉二、五爻皆能自正，〈蠱〉應三、四不變，二、五當動變而得正。張氏說明詳盡，姚書卻只引：「張氏惠言云：『謂當與五易位，不可自正。』」〔註119〕於〈剝·六三〉亦然，皋文釋曰：

消三〈坤〉成〈剝〉體，已就故直言〈剝〉。〈剝〉窮於上，〈乾〉魂先返三，三返成〈艮〉，成終成始，故无咎。〔註120〕

〈剝〉爲五陰消剝一陽，陽窮於上位，而〈乾〉之陽魂返三爻之位，則內、外卦皆爲〈艮〉，成〈艮〉卦，成終成始，所以无咎。然而，《周易姚氏學》僅有引出「〈剝〉窮於上，〈乾〉魂先反三」這段文字。〔註121〕

〔註116〕引自〔清〕姚配中撰：《周易姚氏學·大過·九二》卷八【一經廬叢書本】，收入《續修四庫全書·經部·易類》第30冊（上海：上海古籍出版社，2002年3月），頁553。

〔註117〕引自〔清〕張惠言撰：《周易虞氏義·蠱·九二》卷二【清嘉慶八年阮氏琅嬛仙館刻本】，收入《續修四庫全書·經部·易類》第26冊（上海：上海古籍出版社，2002年3月），頁452。

〔註118〕「爻象易位」：凡是兩相應之爻，如均不當位，即令此兩爻互相變易爻位，即可達到當位的目的。參閱劉玉建著：《兩漢象數易學研究·虞翻易學·易象說》下冊（南寧：廣西教育出版社，1996年9月），頁729。

〔註119〕引自〔清〕姚配中撰：《周易姚氏學·蠱·九二》卷六【一經廬叢書本】，收入《續修四庫全書·經部·易類》第30冊（上海：上海古籍出版社，2002年3月），頁533。

〔註120〕引自〔清〕張惠言撰：《周易虞氏義·剝·六三》卷二【清嘉慶八年阮氏琅嬛仙館刻本】，收入《續修四庫全書·經部·易類》第26冊（上海：上海古籍出版社，2002年3月），頁457。

〔註121〕參閱〔清〕姚配中撰：《周易姚氏學·剝·六三》卷七【一經廬叢書本】，收

　　雖然，張惠言對仲虞的易學有莫大的啓迪之功，姚氏也大多認同張氏之見，但治學實事求是的姚配中，不會囫圇吞下某人的學說，必也審定而後言。《周易姚氏學》中，仍有兩則否定張惠言易說之處，一爲〈乾・用九〉：

　　　〈乾・用九〉：見羣龍无首，吉。

　　　案：用九，乾元用九也。陽爻爲九，元則用之，故見羣龍无首。……

　　　　張氏惠言謂：「用九變成〈既濟〉。〈離〉爲見，〈坤〉爲羣，〈乾〉、〈坤〉交〈離〉，

　　　　〈乾〉象不見。」亦非。經明言見羣龍，何得云〈乾〉象？不見六爻爲羣，

　　　　何取乎〈坤〉？〔註122〕

張惠言曰：「〈離〉爲見，〈坤〉爲羣，〈乾〉爲龍、爲首。〈乾〉、〈坤〉交〈離〉，〈乾〉象不見，故見羣龍无首。」〔註123〕以〈乾〉、〈坤〉、〈離〉三卦象解析「羣龍何以无首」？姚配中則直指「陽爻爲九，元則用之」，無涉卦象，故有「何得云〈乾〉象？」、「不見六爻爲羣，何取乎〈坤〉？」之質問，兩人的立足點根本不同。另一則在〈蹇・象傳〉：

　　　〈象〉曰：「蹇，難也，險在前也。見險而能止，知矣哉！蹇利西南，

　　　往得中也。不利東北，其道窮也。」……案：〈坎〉五即〈乾〉居〈坤〉

　　　五，成〈比〉者也，險在前，見險而止，止而往西南，故云利西南。……張氏惠言

　　　云：「〈乾〉五當使三之〈復〉二成〈睽〉。」非是。〔註124〕

〈乾〉陽入〈坤〉之中爻而成〈坎〉，五在〈坤〉中爲〈比〉。上卦爲〈坎〉，凶險也，見險當止，不可冒然而往，靜觀「文王八卦方位圖」〔註125〕，得見〈坎〉險在北，東北爲止，應往反方向的〈坤〉位走，故云「利西南」。虞仲翔運用「月體納甲方位」解曰：「〈坤〉，西南卦，五在〈坤〉中，〈坎〉爲月，

　　　　入《續修四庫全書・經部・易類》第 30 冊（上海：上海古籍出版社，2002
　　　　年 3 月），頁 543。

〔註122〕引自〔清〕姚配中撰：《周易姚氏學・乾・用九》卷一【一經廬叢書本】，收
　　　　入《續修四庫全書・經部・易類》第 30 冊（上海：上海古籍出版社，2002
　　　　年 3 月），頁 468。

〔註123〕引自〔清〕張惠言撰：《周易虞氏義・乾・用九》卷一【清嘉慶八年阮氏琅嬛
　　　　仙館刻本】，收入《續修四庫全書・經部・易類》第 26 冊（上海：上海古籍
　　　　出版社，2002 年 3 月），頁 430。

〔註124〕引自〔清〕姚配中撰：《周易姚氏學・蹇・象傳》卷十【一經廬叢書本】，收
　　　　入《續修四庫全書・經部・易類》第 30 冊（上海：上海古籍出版社，2002
　　　　年 3 月），頁 575。

〔註125〕朱子的《周易本義》卷首錄有「文王八卦方位圖」，參見〔宋〕朱熹撰〔民國〕
　　　　廖名春點校：《周易本義・圖目》（北京：中華書局，2009 年 11 月），頁 18。

月生西南，故利西南。往得中，謂西南得朋也。」姚書徵引的皋文之語，即附在虞翻此句下方。《周易虞氏義》此處未依循虞氏《易》注，而是提出自己的一套理說〔註126〕，可惜此說不被姚氏認同，直指張氏爲非。

（三）張惠言易學對姚配中的影響

透過《周易虞氏義》，仲虞窺見虞翻易學之堂奧，此後便醉心於易。張惠言詮釋的虞氏易說，是姚配中邁進易學殿堂的第一道門。因此，張氏易說必然會對仲虞產生相當程度的內化〔註127〕，自然地滲入姚配中的易學思想中。姚氏除了吸收張書說解的各種漢、魏易例之外，更在張氏易學的基礎上，擇取某些尚未完備的觀念，做進一步的闡發。其中最突出的，莫過於對「易元」的發明，見〈剝·象傳〉：

〈象〉曰：剝，剝也，柔變剛也。不利有攸往，小人長也。順而止之，觀象也，君子尚消息盈虛，天行也。

注：虞翻曰：〈坤〉順〈艮〉止，謂五消〈觀〉成〈剝〉，故觀象也。〈乾〉息爲盈，〈坤〉消爲虛，故君子尚消息盈虛，天行也。則出入无疾，反復其道。易虧〈巽〉，消〈艮〉，出〈震〉，息〈兌〉，盈〈乾〉，虛〈坤〉。案：此《參同契》納甲之義。張氏惠言云：「易，謂乾元。」〔註128〕

〈剝〉爲「十二消息卦」〔註129〕之一，五陰消剝〈觀〉之陽而成〈剝〉，陽息長則盈，陰消剝則虛，君子尚陰陽盈虛之天道，故能出入無疾。以下爲虞翻「月體納甲說」所開展的陰陽消息盈虛之義：變易中，陽虧缺於〈巽〉，消剝

〔註126〕參閱〔清〕張惠言撰：《周易虞氏義·蹇》卷四【清嘉慶八年阮氏琅嬛仙館刻本】，收入《續修四庫全書·經部·易類》第26冊（上海：上海古籍出版社，2002年3月），頁473。

〔註127〕「內化」（internalization）：「指由外在的學習轉化爲個人內在的興趣、態度、價值等心理特質。」引自張春興著：《教育心理學·教育心理學的實踐（二）》（杭州：浙江教育出版社，2006年3月），頁447。

〔註128〕引自〔清〕姚配中撰：《周易姚氏學·剝·象傳》卷七【一經廬叢書本】，收入《續修四庫全書·經部·易類》第30冊（上海：上海古籍出版社，2002年3月），頁542。

〔註129〕屈萬里先生釋「十二消息卦」曰：「陽息〈坤〉謂之息，陰消〈乾〉謂之消。……陽息〈坤〉則由〈復〉而〈臨〉、而〈泰〉、而〈大壯〉、而〈夬〉，以至於〈乾〉。陰消〈乾〉則由〈姤〉而〈遯〉、而〈否〉、而〈觀〉、而〈剝〉，以至於〈坤〉。故消息之卦，凡十有二。」引自屈萬里著：《先秦漢魏易例述評·十二消息卦》卷下（臺北：臺灣學生書局，1969年4月），頁78～79。

於〈艮〉，現於〈震〉，息於〈兌〉，盈滿在〈乾〉，消失於〈坤〉。﹝註130﹞張惠言曰：「易，乾元也。」﹝註131﹞略提到「乾元」一詞，而姚配中則就「元」這個觀念，大大發揮一番，甚至以此爲題，撰有〈贊元〉﹝註132﹞一篇，成爲姚氏易學的主要特色。

晚清的皮錫瑞曾說：「惠棟爲東南漢學大宗，然生當漢學初興之時，多采掇而少會通，猶未能成一家之言。其《易漢學》采及《龍虎經》，正是方外爐火之說，故《提要》謂其掇拾散佚，未能備睹專門授受之全。……張氏著《周易虞氏義》，復有《虞氏消息》、《虞氏易禮》、《易事》、《易言》、《易候》，篤守家法，用功至深，漢學顓門，存此一線。治顓門者，當治張氏之書，以窺漢易之旨。」﹝註133﹞皮氏對惠氏的評價雖有欠公允，但在指出惠、張二學差別的敘述上，頗具參考價值。惠棟立意在漢人易說，雖以虞翻爲大宗，實兼及諸家，包容多元，爲漢易的奠基者；張氏繼其道，而鑽之彌堅，遂入顓門，精深於虞氏易。張惠言這種「專主」、「精研」一家之學的研究態度，感染了嘉、道時期的易學者，開專家研究之法。仲虞《周易姚氏學》、《周易通論月令》兩本易學著作，皆以鄭玄易爲宗，包世臣曰：「君諱配中……研究群說，鄭氏最優。苦其簡略，意推之至形夢寐，嘗夢請業於鄭氏。」﹝註134﹞對鄭氏易苦思如此，姚配中對一家之學的這股執著，實早有所承。

﹝註130﹞ 王新春先生釋此段如下：「三日左右，新月出現於庚（西）方，〈震〉象成；八日左右，上弦月出現於丁（南）方，〈兌〉象成；十五日左右，月相盈滿於甲（東）方，〈乾〉象成；十六日左右，月相始缺於辛（西）方，〈巽〉象成；二十三日左右，下弦月出現於丙（南）方，〈艮〉象成；二十九日左右，月相消於乙（東）方而藏於癸（北）方，〈坤〉象成。」引自王新春撰：《周易虞氏學·下篇·虞氏周易注今詮卷五·剝》上集（臺北：頂淵文化事業，1999年2月），頁579～580。

﹝註131﹞ 參照〔清〕張惠言撰：《周易虞氏義·剝·象傳》卷三【清嘉慶八年阮氏琅嬛仙館刻本】，收入《續修四庫全書·經部·易類》第26冊（上海：上海古籍出版社，2002年3月），頁457。

﹝註132﹞ 此文收錄於〔清〕姚配中撰：《周易姚氏學·序·贊元》卷首【一經廬叢書本】，收入《續修四庫全書·經部·易類》第30冊（上海：上海古籍出版社，2002年3月），頁453～457。

﹝註133﹞ 引自〔清〕皮錫瑞著：《經學通論·易經·論近人說易張惠言爲顓門焦循爲通學學者當先觀二家之書》（北京：中華書局，2008年6月），頁33～34。

﹝註134﹞ 引自〔清〕包世臣撰〔民國〕李星點校：《藝舟雙楫·附錄二·清故文學旌德姚君傳》卷八，收入《包世臣全集》（合肥：黃山書社，1994年5月），頁504。

第三節　其他學者之潛益

清代經類書籍眾多且紛雜，嘉、道以前，早已累積不少清人解經之作。姚配中雖非當時學術界的主流人物，但絕非孤陋寡聞之士，對幾位有名的經學家著作也有所涉獵。然而，若要說仲虞的易學思想究竟受哪些清代人影響？恐難以分判。本研究僅能列出《周易姚氏學》明文徵引的五名清代學者，並依序各自簡述五人的生平、易學成就、學說被徵引之處，分別爲惠士奇（三則）、秦蕙田（一則）、戴震（一則）、姚鼐（一則）、孫星衍（三則）。比起惠、張兩氏，這五個人被援引的數量固然較少，卻也都帶給仲虞釋《易》之啓示，不可略而不談。

一、惠士奇

惠士奇（1671～1741），字天牧，一字仲孺，晚年自號半農居士，江蘇吳縣東渚邨人，東吳惠家第三世。其父周惕曾植紅豆於書房階前，自號紅豆主人〔註 135〕，天牧沿其名，人稱紅豆先生。三十八歲，舉鄉試第一，隔年禮部會試，榜上進士，選庶吉士，散館授予翰林院編修一職。五十歲任廣東學政，頒教條，以通經爲先。雍正四年（1726），奉旨還都，後因「奏對不實旨」之罪名，罰修鎮江城，以產盡停供削籍。〔註 136〕乾隆元年（1736），回調京都，明年以其品學兼優，破格擢拔爲補翰林院侍讀，再明年，以病告老還鄉，乾隆六年（1741）卒，齡七十一。

紅豆先生博覽諸經，學有根柢，撰有《易說》六卷，《四庫全書》及《皇清經解》皆有著錄。天牧認爲古《易》猶存於漢，漢儒學說雖異，而指歸則一，絕不可廢，今所傳之《易》，出自費直，費氏本古文，王弼盡改爲俗書，又創虛象之說。〔註 137〕天牧有意矯王輔嗣弊端，此書專宗漢學，雜釋卦、爻，

〔註 135〕李富孫：「研溪所居曰紅豆書屋，在吳城東冷香溪之北。吳郡東禪寺有紅豆樹，相傳白鴿禪師所種。研溪移一枝植階前，因自號紅豆主人。」引自〔清〕葉昌熾著〔民國〕王欣夫補正；徐鵬輯：《藏書紀事詩附補正》卷四（上海：上海古籍出版社，1989 年 9 月），頁 419。

〔註 136〕此案爲雍正朝政治操作下的无妄之災，諭旨中充斥對惠士奇人品、政績的不實負面評價，王應憲先生曾撰單篇論文探討此事，詳可參閱王應憲：〈惠士奇「罰修鎮江城」考論〉，《東方論壇》（2006 年 6 月第 3 期），頁 108～113。

〔註 137〕參閱徐世昌等編纂；沈芝盈、梁運華點校：《清儒學案‧研溪學案》卷四十三，第 2 冊（北京：中華書局，2008 年 10 月），頁 1684。

大旨以闡明卦象、爻象爲主，徵引極博，故不免失之駁雜。〔註138〕

　　姚配中對惠士奇釋《易》多呈正面評價，《周易姚氏學》引《易說》之處有三，均直接援引其說，無質疑、批判、駁斥之語。兩人存世時間相距百餘年，而兩人對易的見解大抵相似，惠士奇爲清人研究漢易的先河，姚配中則爲漢易末流，學術血脈相承如此，實不能忽視紅豆家族對清代易學的影響。《周易姚氏學・文言傳・乾》爲全書首度引惠士奇之語：

　　〈文言傳〉：見龍在田，時舍也。

　　注：虞翻曰：二非王位，時暫舍也。

　　案：舍，止也。乘時升五，乃爲大人，未升則舍於二。得位而升，
　　　　升之時也；非時而舍，舍之時也，故曰時舍。謂二云見龍在田
　　　　者，以其得時，方升未升，則尚在田也。惠氏士奇云：「舍讀爲田舍
　　　　東郊之舍，時舍對時行、時乘。乘而行，舍則止，時止則止，時行則行，動
　　　　靜不失其時，其道光明，見龍之象也。初時潛，二時舍，三時行，四時躍，
　　　　五時飛，至上而窮，故亢。亢者，不知時也。」〔註139〕

姚配中言九二有升至九五大人之位的機會。若時機未到，則必須捨棄向上的念頭，靜候待時；若時機至，則應乘時上升。此處方升而未升，因此尚留在田，並引惠士奇《易說》補充，強調六龍動作皆有時，時止則止，時行則行，動靜不失其時，唯上九不知時，故亢。〔註140〕次引《易說》之處，見〈大畜・六五〉：

　　〈大畜・六五〉：豶豕之牙，吉。

　　注：鄭康成曰：牙讀爲互。

　　案：……豶，幼豕也。牛用童牛，故豕用幼豕。畜之大莫過於祭，
　　　　所謂博碩肥腯者也。……惠氏士奇云：「童牛、豶豕，幼小之名。《爾雅》：
　　　　『豕子，豬。豵，豶。幺，幼。注云：俗呼小豶豬爲豵子。』」〔註141〕

〔註138〕參閱〔清〕紀昀等撰：《欽定四庫全書總目・經部・易類六》卷六，第1冊（臺
　　　　北：藝文印書館，2004年10月），頁153。

〔註139〕引自〔清〕姚配中撰：《周易姚氏學・文言傳》卷二【一經廬叢書本】，收入
　　　　《續修四庫全書・經部・易類》第30冊（上海：上海古籍出版社，2002年3
　　　　月），頁479。

〔註140〕姚配中引用惠書之處，可參見〔清〕惠士奇撰：《易說》卷一，收入《易學叢
　　　　書續編》（臺北：廣文書局，1974年9月），頁8～9。

〔註141〕引自〔清〕姚配中撰：《周易姚氏學・大畜・六五》卷八【一經廬叢書本】，
　　　　收入《續修四庫全書・經部・易類》第30冊（上海：上海古籍出版社，2002

姚氏解釋「豶」爲幼豕之意，天牧亦以「豶豕」爲幼小，且引《爾雅注疏・釋獸》爲佐證，被仲虞援引入書。〔註142〕〈大過・上六〉爲《周易姚氏學》最後一個徵引惠士奇《易說》之處：

〈大過・上六〉：過頂〔註143〕涉滅頂，凶，无咎。

注：虞翻曰：〈兌〉爲水澤。（頂）〔註144〕，首也。〈乾〉爲頂，頂沒〈兌〉水中，故滅頂，凶。得位，故无咎。案：澤深至上，陽過於中，陰上窮不能反，莫如之何，尚何咎哉？惠氏士奇云：「《後漢書》趙溫曰：『一爲過，再爲涉，三而弗改，滅其頂凶。』當不得不涉之時，有不容復反之勢，又有不可復反之心。君子濡迹以救時，誰得而咎焉？步長六尺，以長爲深，則涉深六尺，過涉則水益深，故有滅頂之象。」〔註145〕

〈大過〉爲兌上巽下，仲虞言陰上窮而不能返回，澤深滅頂，呈凶險之象，幸虧上六得位，所以終能无咎。惠士奇《易說》則引趙溫之言，說明若不改其行，危難將逐漸迫近。天牧又提起君子濡迹救時，雖自知險象環生，但見時勢如此，仍然挺身而出，知其不可而爲之，因其心正，即使有滅頂之象，亦能無過〔註146〕，此言亦被姚配中收錄於《周易姚氏學》。

二、秦蕙田

秦蕙田（1702～1764），享年六十三，字樹峯，一字樹澧，號味經，諡文恭。爲宋贈龍圖閣直學士秦觀的二十六世孫，江蘇金匱人。乾隆元年（1736）

年3月），頁550。

〔註142〕姚配中引用惠書之處，可參見〔清〕惠士奇撰：《易說》卷三，收入《易學叢書續編》（臺北：廣文書局，1974年9月），頁79。

〔註143〕《周易》經文原無「頂」字，敬請對照〔魏〕王弼、〔晉〕韓康伯注〔唐〕孔穎達等正義：《周易正義・大過・上六》卷三，收入〔清〕阮元校勘：《十三經注疏》（臺北：藝文印書館，2007年8月），頁71。

〔註144〕對照〔清〕黃奭輯佚書《漢學堂經解・虞翻易注》所載，姚書此處漏一「頂」字，於此補上。參照〔清〕黃奭編輯：《虞翻易注・大過・上六》，收入《黃氏逸書考》【民國十四年王鑑據懷荃室藏板修補本】第1冊（京都：中文出版社，1986年10月），頁168。

〔註145〕引自〔清〕姚配中撰：《周易姚氏學・大過・上六》卷八【一經廬叢書本】，收入《續修四庫全書・經部・易類》第30冊（上海：上海古籍出版社，2002年3月），頁553。

〔註146〕姚配中引用惠書之處，可參見〔清〕惠士奇撰：《易說》卷三，收入《易學叢書續編》（臺北：廣文書局，1974年9月），頁89～90。

一甲三名進士，授編修，官至太子太保尚書，立朝三十年，治事以勤，奉上以敬。乾隆二十九年（1764），以病請解任回籍，惜卒於途。隔年，乾隆帝南巡無錫，幸「寄暢園」〔註147〕，憶及樹峯，御制詩有句曰：「養疴旋里人何在？撫境愀然是此間。」〔註148〕秦氏通經能文章，主張為學不可離經，生平文章，集稱《味經窩類稿》，說經之文占大半，夙精三禮，主導編纂《五禮通考》二百六十二卷。〔註149〕

秦樹峯少喜談易，嘗謂：「易者，象也。先儒詳於言理，略於言象。」〔註150〕故撰《周易象義日箋》若干卷，曾援引易理上書勸諫皇帝。〔註151〕雍正年間，與沈敬亭於金陵志館會面，兩人談易甚歡，相知相惜，遂彼此訂交。往後，秦蕙田替沈書《周易孔義集說》作〈序〉，沈氏則讚秦氏曰：「余觀先生立朝行己之際，殆所謂善用《易》者，能像象者也，非忘象者也。」〔註152〕

《周易姚氏學》中只提過秦蕙田之名一次，乃因不認同秦氏《五禮通考》中「往媵之禮」的某個論點而發。味經先生《易》、《禮》兼通，絕非不明經義之士，姚氏以為誤，應是兩人見解不同，見〈歸妹·初九〉：

〈歸妹·初九〉：歸妹以娣，跛能履，征吉。

〔註147〕陳麗妃女士曾在碩士論文第二章第一節詳細解釋「寄暢園」一名。「寄暢園」為秦家祖產，建於明代，康熙、乾隆兩帝南巡江南，必遊此地，故留下許多詩章、匾額、對聯。1952 年，秦氏後裔將之捐獻國家，1988 年，被列為國家級重點文物保護單位。參閱陳麗妃：《秦蕙田之昏禮學研究》（高雄：國立高雄師範大學經學研究所碩士論文，2009 年 7 月），頁 8。

〔註148〕引自吳忠匡總校訂；褚德新副校訂：《滿漢名臣傳·漢名臣傳·秦蕙田列傳》卷二十一（哈爾濱：黑龍江人民出版社，1991 年 12 月），頁 2003。

〔註149〕參閱〔清〕錢大昕撰〔民國〕呂友仁標校：《潛研堂文集·墓誌銘一·光祿大夫經筵講官太子太保刑部尚書秦文恭公墓誌銘》卷四十二（上海：上海古籍出版社，1989 年 11 月），頁 752。

〔註150〕引自〔清〕李元度著：《國朝先正事略·名臣·秦文恭公事略》第十七卷，收入沈雲龍主編：《近代中國史料叢刊》第 12 輯（臺北：文海出版社，1973 年 12 月），頁 870。

〔註151〕例如〈龍德而正中者也〉一篇，為秦氏《文集·經筵講義》之一。此文收錄於徐世昌等編纂；沈芝盈、梁運華點校：《清儒學案·味經學案》卷六十七，第 3 冊（北京：中華書局，2008 年 10 月），頁 2590～2592。

〔註152〕引自秦氏《文集·《周易象義日箋》序》，收錄於徐世昌等編纂；沈芝盈、梁運華點校：《清儒學案·味經學案》卷六十七，第 3 冊（北京：中華書局，2008 年 10 月），頁 2601。

注：虞翻曰：初无應，變成〈坎〉。〈坎〉爲曳，變爲陰，故征吉也。

案：初爲二娣，化之陰，之四乃得位，故征吉。〈震〉嫁兌，以娣
行。初化之陰，與二俱升也。《公羊・莊十九年傳》云：「諸侯取一國，
則二國往媵之，以姪娣從。姪者何？兄之子也。娣者何？弟也。諸侯一聘九
女，諸侯不再娶。」案：二國往媵之，所謂左右媵也，嫡與左右媵各有姪娣，
凡九人上，直以姪娣爲媵，但或姪或娣，不必俱備。……《白虎通》云：「卿
大夫一妻二妾何？尊賢重嗣也。不備姪娣何？北面之臣卑勢，不足盡人骨肉
之親。士一妻一妾何？下卿大夫禮也。」其云不備姪娣，亦謂不必俱備，……
其云不足盡人骨肉之親，謂若必姪娣俱備，是盡人骨肉之親也，其義與經合，
與鄭亦不異。不備姪娣，非無姪娣也。秦氏蕙田據不備姪娣之言，因謂女從
者爲婦人送者，以士不得有姪娣，非也。經云：女則不得以婦人當之，云從
者，則與送者別。〔註153〕

〈歸妹〉爲女子婚嫁之卦，必然會涉及到昏禮之義。姚配中先引《春秋公羊
傳》解讀「姪」、「娣」意思，再說明二國往媵之禮，嫡與左右媵應各有姪及
娣。九爲陽數之極，爲諸侯娶妻上限，用意在「節人情，開媵路」〔註154〕，
若數過九人，諸侯恐自失其禮，則不必兼備姪、娣兩者。再舉《白虎通・嫁
娶》釋「不備姪娣」，此處尚與秦蕙田所見略同，但《五禮通考・昏禮》竟
據此推論：「卿大夫已異於諸侯之禮矣！何況士乎？女從者即下經所謂婦人
送者耳。」〔註155〕此言讓仲虞難以苟同，因此引經直指其非。

三、戴震

戴震（1724～1777），原字愼脩，後獨以東原爲字〔註156〕，安徽休寧人，

〔註153〕引自〔清〕姚配中撰：《周易姚氏學・歸妹・初九》卷十二【一經廬叢書本】，
收入《續修四庫全書・經部・易類》第30冊（上海：上海古籍出版社，2002
年3月），頁607。

〔註154〕舊題徐彥疏云：「九者，極陽數也。不再娶者，所以節人情，開媵路。」引自
〔漢〕何休解詁；舊題〔唐〕徐彥疏：《春秋公羊傳注疏・莊公・十九年》卷
八，收入〔清〕阮元校勘：《十三經注疏》（臺北：藝文印書館，2007年8月），
頁97。

〔註155〕引自〔清〕秦蕙田著；〔清〕秦蕙田、盧文弨、姚鼐等手校：《五禮通考・嘉
禮二十五・昏禮》卷一百五十二【味經窩初刻試印本】（新北市：聖環圖書，
1994年5月）。

〔註156〕戴震早年字「愼脩」，後又字「東原」，後廢去「愼脩」不用。其原因始末，

殁時年五十五。〔註157〕十七歲即有志聞道，攻讀各家注疏，實事求是，無所偏頗，與郡人鄭牧、程瑤田、金榜等人向江永問學〔註158〕，修習《禮經》，另於推步、樂律、文字皆能有得，二十九歲補諸生。〔註159〕戴氏學大致分爲三領域：一爲小學，二爲測算，三爲典章制度，所校者以《大戴禮記》、《水經注》尤爲精覈，認爲考據、訓詁僅爲明道之法。〔註160〕秦蕙田編纂《五禮通考》時，錢大昕推薦東原任其事，這筆履歷也讓戴震受總裁諸公推薦充《四庫》纂修。在館五年，因積勞卒。〔註161〕

　　戴東原無易類專著，今可見者有《經考・易考》十一篇、《經考附錄・易考》十八篇。另有〈周易補注目錄後語〉、〈法象論〉、〈讀易繫辭論性〉三篇，收錄於《東原文集》。總計戴氏所留下的易學專文，僅存三十二篇而已。從《經考》、《經考附錄》的易類篇章可看出戴東原早年偏好宋易，曾替朱熹《本義》載錄的九張圖辯護〔註162〕，稱頌宋儒能「復《易》古本」，對《程傳》和《本義》多呈肯定態度。〔註163〕直到中年以後，戴震學有所成，思想蛻變，反而直指宋人〈易圖〉之僞，且藉〈繫辭傳〉擺脫程、朱理學，發揮出一套自己的哲學體系。〔註164〕

請參閱余英時撰：《論戴震與章學誠——清代中期學術思想史研究》（臺北：華世出版社，1977 年 9 月），頁 170。

〔註157〕戴震生於雍正元年十二月廿四日（西曆 1724 年 1 月 19 日），卒於乾隆四十二年五月廿七日（西曆 1777 年 7 月 1 日）。徵引數字參自李開著：《戴震評傳・人生路標和學術起點》，收入匡亞明主編：《中國思想家評傳叢書》第 166 冊（南京：南京大學出版社，2006 年 6 月），頁 8。

〔註158〕戴震對師生關係的分野甚嚴，與江永恐誼在師友，未嘗正式著籍爲弟子，此議題請見鮑國順先生的整理，參閱鮑國順著：《戴震研究・上篇・事蹟考述》（臺北：國立編譯館，1997 年 5 月），頁 24～25。

〔註159〕參閱〔清〕段玉裁編：《戴東原先生年譜》，收入北圖社古籍影印編輯室輯：《乾嘉名儒年譜》第 5 冊（北京：北京圖書館出版社，2006 年 7 月），頁 224。

〔註160〕參閱胡適著：《戴東原的哲學・戴東原的哲學》（臺北：臺灣商務印書館，1963 年 5 月），頁 26～28。

〔註161〕參閱〔清〕錢大昕撰〔民國〕呂友仁標校：《潛研堂文集・傳三・戴先生震傳》卷三十九（上海：上海古籍出版社，1989 年 11 月），頁 712。

〔註162〕「爲朱熹《周易本義》卷首九張易圖開脫」一事，參閱鮑國順著：《戴震研究・下篇・經學》（臺北：國立編譯館，1997 年 5 月），頁 219～220。

〔註163〕戴震尤其贊同《程傳》的「理」、「象」之說，詳請參閱周兆茂整理：鮑善淳、余國慶審訂：《經考・說明》，收入〔清〕戴震撰〔民國〕張岱年主編：《戴震全書》第 2 冊（合肥：黃山書社，1995 年 10 月），頁 189。

〔註164〕參閱林文華著：《戴震經學之研究（下）・易學、春秋學》，收入林慶彰主編：

姚配中提及戴震之處,頗令人玩味。東原主張「〈說卦〉三篇爲後師所訓」,仲虞不以爲然,另搬出孫星衍的「逸《易》之說不足信」來強化自己的論點。此爭議出現在《周易姚氏學・繫辭上傳》:

> 戴氏震據《隋志》謂〈說卦〉三篇爲後師所訓,亦非。孫先生云:『〈論衡・正說篇〉云:「逸《易》一篇」。《隋志》言三篇,俱不足信。』案:〈說卦〉之名,見於〈孔子世家〉,則司馬遷得見之,云宣帝時得之者,非矣。〈始皇本紀〉云:秦燒書不去醫藥、卜筮之書。《漢書・儒林傳》云:秦禁學,《易》爲筮卜之書,獨不禁,故傳授者不絕。據此,則《易》无逸篇。〔註165〕

《隋志》:「秦焚書,《周易》獨以卜筮得存,唯失〈說卦〉三篇,後河內女子得之……今殆絕矣。」〔註166〕戴震據此考〈說卦〉、〈序卦〉、〈雜卦〉三篇,認爲三篇內容不類孔子之言,可能是經師所記載的孔門餘論,或者是各家傳述之語,漢代博士蒐輯編訂,合爲《十翼》,遂將名歸屬於孔子。〔註167〕姚氏案語先駁斥王充「宣帝時逸《易》一篇」之說〔註168〕,認爲《史記》早出現〈說卦〉一名,太史公是漢武帝時代的人,既然〈說卦〉之稱,漢武帝時便已存有,豈不與「宣帝時得之」矛盾?之後又依據《漢書》的記載,強調《易》書未被秦燬、易學不被秦禁,一直完整地流傳不絕,實無「後人假借」與「逸篇出現」的介入空間。

《中國學術思想研究輯刊・初編》第 26 冊(臺北:花木蘭文化出版社,2008 年 9 月),頁 265～267。

〔註165〕引自〔清〕姚配中撰:《周易姚氏學・繫辭上傳》卷十四【一經廬叢書本】,收入《續修四庫全書・經部・易類》第 30 冊(上海:上海古籍出版社,2002 年 3 月),頁 634。

〔註166〕引自〔唐〕長孫無忌等撰:《隋書・志二十七・經籍一》卷三十二【元饒州路學刊本】,收錄於成文出版社編纂:《仁壽本二十六史》第 21 冊(臺北:成文出版社,1971 年 10 月),頁 11983。

〔註167〕戴震此論,詳參〈十翼〉和〈周易補注目錄後語〉兩文,分別收錄於周兆茂整理;鮑善淳、余國慶審訂:《經考・易考》卷一和余國慶、楊昭蔚等整理;楊應芹審訂:《東原文集》卷一,收入〔清〕戴震撰〔民國〕張岱年主編:《戴震全書》(合肥:黃山書社,1995 年 10 月),第 2 冊(頁 197～201)和第 6 冊(頁 225～226)。

〔註168〕王充:「孝宣皇帝之時,河內女子發老屋,得逸《易》、《禮》、《尚書》各一篇,奏之。宣帝下示博士,然后《易》、《禮》、《尚書》各益一篇……《禮》、《易》篇數亦始足。」引自黃暉撰:《論衡校釋・正說》卷二十八,第 4 冊(北京:中華書局,1995 年 5 月),頁 1124、1128。

四、姚鼐

姚鼐（1731～1815），壽長八十五，字姬傳，一字夢穀，安徽桐城人，名其軒曰惜抱，故稱惜抱先生。編修薑塢府君爲姚鼐伯父，親教之經學，又另請同里劉大櫆授古文法。姚鼐學問兼蓄漢、宋，而以程、朱爲宗，成爲繼方苞、劉大櫆之後的桐城古文帶領者。〔註169〕乾隆二十八年（1763）進士，四十三歲被朱昀薦舉，充《四庫》纂修。〔註170〕館員競尚新奇，厭薄宋、元以來儒者，以爲空疎，剖擊訕笑，惜抱往復辨論〔註171〕，而莫能助，終罷，作別官場。〔註172〕告歸後主講紫陽、鍾山書院，以誨後進爲務〔註173〕，著有《九經說》、《惜抱軒文集》、《古文辭類纂》等。〔註174〕

姚惜抱未曾撰寫易類專書，《文集》和《筆記》中亦無專述易學的文章，唯一能看到姚鼐易學思想之處，僅有《九經說》的前一、二卷，此兩卷皆爲〈易說〉，專門討論卦、爻辭之義，如〈黃裳元吉說〉、〈革說〉、〈旅六五爻辭說〉篇等。

〔註169〕姚鼐及其文風，能濟方苞、劉大櫆之歿，言古文者益推桐城爲正宗。參閱劉聲木撰；徐天祥點校：《桐城文學淵源／撰述考・桐城文學淵源考・姚鼐・補遺》卷四（合肥：黃山書社，1989 年 12 月），頁 158。

〔註170〕參閱〔清〕鄭福照編：《姚惜抱先生年譜》【同治七年刻本】，收入北圖社古籍影印編輯室輯：《乾嘉名儒年譜》第 7 冊（北京：北京圖書館出版社，2006 年 7 月），頁 516～517。

〔註171〕桐城後學馬其昶載錄一段姚鼐爲宋學辯護之語，筆者自摘大意於下：漢儒在秦火後，各抱一經，師徒相授，不相通曉，久之，通儒漸出。學風疲弊後，將有大儒出現，保握經術要旨，整頓當代經學弊端，創出比過去更高明的學術，從漢代以來皆如此，爲何獨賤宋儒？何況明朝皇帝多亂政，士人尚且能維持綱紀，堅守節義，明代能久存於史，豈非宋學明義之功？今之漢學者喜追古，以博爲量，欲盡捨程、朱，實不可也。論學不可偏廢義理、考據、辭章三者，且必以義理爲質，而後文詞有所附，考據有所歸。原文請參閱〔清〕馬其昶著〔民國〕毛伯舟點校：《桐城耆舊傳・姚惜抱先生傳弟百一》卷十（合肥：黃山書社，1990 年 2 月），頁 362～363。

〔註172〕王達敏先生曾分析姚鼐離開《四庫》館的關鍵因素，主要原因爲與戴震等漢學家的嚴重分歧及其孤立所致，參閱王達敏著：《姚鼐與乾嘉學派・四庫館內：不稱的頡頑・告退主因》（北京：學苑出版社，2007 年 11 月），頁 41～45。

〔註173〕參閱國史館編：《清史稿校註・列傳二百七十二・文苑二》卷四百九十二，第 14 冊（臺北，國史館，1990 年 2 月），頁 11191。

〔註174〕其他著作有《三傳補註》、《老子章義》、《莊子章義》、《五七言今體詩抄》，門人爲之鏤版行世。書目引自〔清〕姚瑩〈姚先生鼐家狀〉，收錄於〔清〕錢儀吉纂〔民國〕勒斯校點：《碑傳集・文學下之下》卷一百四十一，第 11 冊（北京：中華書局，2008 年 5 月），頁 4196。

　　桐城宋學家姚鼐之經解，竟然會被漢學派代表姚配中援引入書，何況，易學爲仲虞之所邃，而非惜抱之所長，姑且不論姚鼐此論精闢與否？實應讚許姚配中這種屏除偏見、不以人廢言的器量：

　　　〈賁‧六二〉：賁其須。

　　　　案：須，須五，五正乃應，故〈象〉曰：「與上興。」《春秋傳》曰：
　　　　　「寡君須矣。」張氏惠言云：「須，待也。五待之正。」姚氏鼐云：「須者，
　　　　　所俟也。趙宣子盛服將朝。《禮》曰：『揖私朝，煇如也，登車則有光矣。』
　　　　　此人臣之賁。其須至於賓客、會盟、祭祀皆豫飭而須焉。」案：禮先戒宿，
　　　　　即所謂「須」。二欲應五，五未正位，〈坎〉險在前，故須。成〈既濟〉，則陰
　　　　　陽俱有應，三不據二，故與上興。〔註175〕

君位五未正，二欲應五而不可得，只能等待六五爲正，仲虞便用楚相子反自稱己方國君的謙語作比喻。〔註176〕之後，又引姚鼐〈賁六爻說〉〔註177〕一篇表達〈賁〉義爲「文飾」。姚鼐舉《禮記‧玉藻》〔註178〕說明大夫即使是在自家之朝，仍應效法趙盾，遵守服飾之禮，重視儀容之盛，盡人臣之本份，不論是在賓客、會盟、祭祀等場合皆應如此。姚配中借用姚鼐易解後，爲「賁其『須』」，下了一句總結：「禮先戒宿，即所謂『須』。」

五、孫星衍

　　孫星衍（1753～1818），字伯淵，一字淵如，江蘇陽湖人，娶女詩人王氏玉瑛〔註179〕，享齡六十六。年輕時曾在句容書舍、龍城書院、鍾山書院等地

〔註175〕引自〔清〕姚配中撰：《周易姚氏學‧繫辭上傳》卷七【一經廬叢書本】，收
　　　　入《續修四庫全書‧經部‧易類》第 30 冊（上海：上海古籍出版社，2002
　　　　年 3 月），頁 541。

〔註176〕子反兩次曰：「寡君須矣，吾子其入也！」引自〔晉〕杜預集解；〔唐〕孔穎
　　　　達等正義：《春秋左傳正義‧成公‧十二年》卷二十七，收入〔清〕阮元校勘：
　　　　《十三經注疏》（臺北：藝文印書館，2007 年 8 月），頁 458。

〔註177〕此文討論〈賁卦〉初六到上九的爻辭。參閱〔清〕姚鼐撰：《惜抱軒九經說‧
　　　　易說一‧賁六爻說》卷一【同治五年省心閣刻惜抱軒全集本】，收入《續修四
　　　　庫全書‧經部‧群經總義類》第 172 冊（上海：上海古籍出版社，2002 年 3
　　　　月），頁 604。

〔註178〕參閱〔漢〕鄭玄注；〔唐〕孔穎達等正義：《禮記正義‧玉藻》卷二十九，收入
　　　　〔清〕阮元校勘：《十三經注疏》（臺北：藝文印書館，2007 年 8 月），頁 548。

〔註179〕陳香：「王玉瑛──字采薇。江蘇昆陵人；孫星衍室。知書識禮，喜吟詠。伉
　　　　儷甚篤，惜二十四而夭。詩哀感頑豔，著有『長離閣詩詞』，附刻於平津館叢

陸續就學，因通《說文》，常和盧文弨、洪亮吉、楊芳燦等學者來往，學問日進，袁枚品其詩，讚爲「天下奇才」〔註180〕，相與爲忘年交。然而，孫星衍不欲以詩聞名，深究經、史、小學，博極羣書，性好聚書，勤於著述，讀書無不考其原委，鉅細艱深〔註181〕，於經尤深於《尚書》，積二十餘年成《尚書今古文注疏》〔註182〕，其他著作甚多，晚年所著書，多付文登，畢亨、嘉興李貽德〔註183〕爲卒其業。

嘉慶二年到三年（1797～1798），孫星衍在畢以田、牛鈞等人的協助下，校勘《周易口訣義》，並且編成《周易集解》兩書〔註184〕，成爲孫氏易學的代表著作。（孫氏其他文編亦有幾篇易類文章，但較爲零散，且未成系統，在此不論）。〔註185〕《周易口訣義》畢竟爲校勘之作，不能擅自更動原書，若要窺探孫伯淵的易學思想，還是要從《周易集解》下手，此書依循李鼎祚《周易集解》的著述形式，合王弼〈注〉〔註186〕，兼採漢、魏、唐諸家舊注，匯集而成。

書中。」引自陳香編：《清代女詩人選集》上冊（臺北：人人文庫，1977 年 4 月），頁 15～16。

〔註180〕袁枚：「天下清才多，奇才少，讀足下之詩，天下之奇才也。」引自〔清〕阮元著：《揅經室集・二集・山東糧道淵如孫君傳》第 6 冊【文選樓叢書本】，收入《叢書集成初編》（北京：中華書局，1985 年），頁 402。

〔註181〕例如能專考「太歲」一星，撰《太歲歲星左右周天圖》，並與錢大昕尺牘往來討論。札信內容請參閱〔清〕錢大昕撰〔民國〕呂友仁標校：《潛研堂文集・書二・與孫淵如書》卷三十四（上海：上海古籍出版社，1989 年 11 月），頁 619～621。

〔註182〕孫星衍〈自序〉曰：「爲書始自乾隆五十九年（1794），迄于嘉慶廿年（1815）。……亟以數十年中條記書義，編纂成書。」引自〔清〕孫星衍撰：《尚書今古文注疏・自序》第 1 冊【平津館叢書本】，收入《叢書集成初編》（北京：中華書局，1985 年）。

〔註183〕畢亨、李貽德兩人事蹟，請參閱國史館編：《清史稿校註・列傳二百六十八・儒林二》卷四百八十八，第 14 冊（臺北：國史館，1990 年 2 月），頁 11067。

〔註184〕從二書之〈序〉可知成書時間與相助者，參閱〔清〕孫星衍校：《周易口訣義・孫星衍序》第 1 冊【岱南閣叢書本】及〔清〕孫星衍撰：《周易集解・序并注》第 1 冊【粵雅堂叢書本】，二書均收入《叢書集成初編》（北京：中華書局，1985 年）。

〔註185〕王學祥先生在其碩士論文中，撰有〈孫氏易學拾餘〉一小節（第四章第二節），找出《孫淵如先生全集》中錄有〈原性篇〉、〈相宅書序〉、〈先天卦位辨〉、〈河圖洛書考〉、〈易卦九六解〉、〈葬說〉六篇易類文章（《孫淵如先生全集》收入《續修四庫全書・集部・別集類》第 1477 冊），並簡介六篇內容，具參考價值。參閱王學祥：《孫星衍及其易學研究》（高雄：國立高雄師範大學經學研究所碩士論文，2008 年 6 月），頁 107～116。

〔註186〕孫氏《周易集解》較李氏《周易集解》多載錄數條王弼《易》解，羅卓文先

　　《周易姚氏學》三次引用孫星衍之言，其一在〈繫辭上傳〉，仲虞藉伯淵「逸《易》之說不足信」之語反駁戴震，另兩則分別見於〈文言傳〉和〈鼎・象傳〉。這兩則的引述方式與前面徵引四位同時代學者之語不同，並非直接拾取書中文字，而是用自己的話陳述其意，見姚書定義〈文言〉篇名之處：

　　　案：「文言」謂文王之言。〈文言〉曰：元者，謂文王之所謂元者，
　　　乃善之長也。卦、爻辭皆文王作，故又作〈文言傳〉以總釋之。劉
　　　瓛謂依文而言，其理非也。孫先生伯淵云：伏羲八卦有象无字。〈禮
　　　運〉：「觀殷道得坤、乾。」殷《易》以坤爲首，亦卦象，非卦名也，
　　　知卦名及卦辭是文王所名者。……卦名卦辭皆文言。〔註187〕

姚配中開宗明義說明文王爲六十四卦命名、繫上卦辭及爻辭、兼作〈文言傳〉闡釋其義，故「文言」顯然代表周文王之言，絕非劉氏定義的「依文而言」。仲虞確立〈文言傳〉和文王的相關性後，再用孫星衍的學說〔註188〕補充伏羲八卦本無文字，又用《禮記・禮運》中論及的殷《易》佐證〔註189〕，殷《易》徒有卦象，而無卦名，至《周易》才有卦名、卦辭，此皆周文王所予。另一則雖然明確寫出「孫先生」（姚書前兩次引孫星衍皆尊稱「孫先生」），但翻遍伯淵書，卻未尋得此句，見〈鼎〉的象辭：

　　　〈象〉曰：聖人亨以享上帝，而大亨以養聖賢。

　　　注：虞翻曰：初四易位。體大畜，〈震〉爲帝，在〈乾〉天上，故曰
　　　上帝。

　　　生即以〈履・初九〉和〈同人・象傳〉爲例，解說孫氏《周易集解》並存舊
　　　注與王弼取義之說。參閱羅卓文：〈孫星衍《易》學述要〉，《通識教育學報》
　　　總第 13 期（2008 年 6 月），頁 42～44。
〔註187〕引自〔清〕姚配中撰：《周易姚氏學・文言傳》卷二【一經盧叢書本】，收入
　　　《續修四庫全書・經部・易類》第 30 冊（上海：上海古籍出版社，2002 年 3
　　　月），頁 474。
〔註188〕筆者遍尋孫書，未能找到相同文句，此錄語句最相近者：「《易》之六十四卦，
　　　據管子稱伏羲作六爻，以迎陰陽。《淮南子》亦稱伏羲爲之六十四變，則重卦
　　　起于伏羲，但無文字。」此句引自〔清〕孫星衍撰：《孫淵如先生全集・岱南
　　　閣集・觀風試士策問五條》卷一【民國八年商務印書館四部叢刊影印清嘉慶
　　　刻本】，收入《續修四庫全書・集部・別集類》第 1477 冊（上海：上海古籍
　　　出版社，2002 年 3 月），頁 451。
〔註189〕參照〔漢〕鄭玄注：〔唐〕孔穎達等正義：《禮記正義・禮運》卷二十一，收
　　　入〔清〕阮元校勘：《十三經注疏》（臺北：藝文印書館，2007 年 8 月），頁
　　　415。

案：上言象，此言用。享上帝言亨，養聖賢言大亨者，神人之別

也。孫先生云：〈郊特牲〉：「郊血、大饗腥三獻爓，一獻孰，至敬不饗味，

而貴氣臭也。」神貴臭，故但言亨。晷，亨之也。人享味，故大亨孰之也。

〔註 190〕

此處言祀天，主在貴誠。仲虞區分上帝（神）與聖賢（人）之別，特意舉孫
氏之言，但伯淵也只是直接援用《禮記·郊特牲》〔註 191〕文句，不多行論述。
然而，無論是孫星衍的易類著作，或文集裡面，都不曾出現過此句。

　　東吳經學名門惠氏家族第三世的惠士奇、主持《五禮通考》編纂的秦蕙
田、壯大皖派的戴震、領導桐城學派的姚鼐、被隨園先生譽爲「天下奇才」
的孫星衍，此五位學者，皆是清代學術界赫赫有名的人物。姚配中一一拜讀
他們的著作，並在《周易姚氏學》援惠士奇之易說、非秦蕙田之《禮》說、
駁戴震之〈說卦〉論、用姚鼐之經解、舉孫星衍之論證，自我篩選諸儒學說
之是非，而評述皆有其理據。子曰：「學而不思則罔，思而不學則殆。」〔註
192〕仲虞能謹記夫子之訓，大量閱讀他人著作並進行批判，有助於個人思想的
育成。

第四節　結　語

　　若檢視《周易姚氏學》所徵引的這十一位學者生平，即可發現他們的主
要成長地點都集中在同一區域：劉文淇和姚配中爲儀徵同鄉、包世臣於涇縣
出生、戴震爲休寧人、姚鼐故鄉在桐城，仲虞和此四名學者地緣關係最親，
籍貫同屬安徽；而柳興恩來自丹徒、薛傳均處於甘泉、惠氏父子名揚吳縣、
張惠言從武進發跡、秦蕙田少起金匱、孫星衍幼在陽湖，七人地屬江蘇，故
可見姚書徵引的學者皆出自江南一帶。茲結合姚書對諸位學者的徵引狀況，
一併整理如下（請參見表六）：

〔註 190〕引自〔清〕姚配中撰：《周易姚氏學·鼎·象傳》卷十二【一經廬叢書本】，
　　　　收入《續修四庫全書·經部·易類》第 30 冊（上海：上海古籍出版社，2002
　　　　年 3 月），頁 599。
〔註 191〕參照〔漢〕鄭玄注；〔唐〕孔穎達等正義：《禮記正義·郊特牲》卷二十五，
　　　　收入〔清〕阮元校勘：《十三經注疏》（臺北：藝文印書館，2007 年 8 月），
　　　　頁 480。
〔註 192〕引自〔魏〕何晏注〔宋〕邢昺疏：《論語注疏·爲政》卷二，收入〔清〕阮元
　　　　校勘：《十三經注疏》（臺北：藝文印書館，2007 年 8 月），頁 18。

表六、《周易姚氏學》徵引清人學說的情形

類別	徵引人物	籍貫	徵引次數	累計	類別徵引數量百分比
學者社群	包世榮	安徽	2	7	11.48%
	劉文淇	安徽	2		
	薛傳均	江蘇	1		
	柳興恩	江蘇	2		
易學標竿	惠　棟	江蘇	36	45	73.77%
	張惠言	江蘇	9		
其他著名經學家	惠士奇	江蘇	3	9	14.75%
	秦蕙田	江蘇	1		
	戴　震	安徽	1		
	姚　鼐	安徽	1		
	孫星衍	江蘇	3		
總　計				61	100%

　　江南一帶交通四達、經濟富庶、人才濟濟，出產眾多博學鴻儒。梁啓超曾分析地理環境對人的潛在影響：

> 氣候山川之特徵，影響於住民之性質，性質累代之蓄積發揮，衍爲遺傳，此特徵又影響於對外交通及其他一切物質上生活。物質上生活還直接、間接影響於習慣及思想，故同在一國、同在一時，而文化之度相去懸絕，或其度不甚相遠，其質及其類不相蒙，則環境之分限使然也。〔註193〕

梁任公認爲自然環境的特徵會隱隱約約地融入當地居民的生活中，且會具體改變對外交通及物質生活，直接、間接地影響人們的習慣及思想。《周易姚氏學》援引的學者中，只有秦蕙田及姚鼐兩人爲宋學家，其餘九人皆爲漢學者，足知當時江南一帶的經學風氣。

　　從《周易姚氏學》的案語可以看到，姚配中縱使未必認同某些見解，但還是能尊重其說，並且加以採錄，若無法提出明確的否定理由，絕不妄加謗議，治學態度相當嚴謹而保守。姚氏平日與自己學術社群內諸友切磋，並廣泛習讀當代著名學者編著之書籍，這些舉動皆能讓自己觸類旁通，學問日長。

〔註193〕引自梁啓超著：《近代學風之地理的分布·序》，收入《飲冰室合集（四十一）》第5冊（北京：中華書局，1989年3月），頁50。

在《周易姚氏學》所徵引的三種清人學說類別中，與姚配中易學關係最直接的，恐怕莫過於「易學標竿」惠棟、張惠言兩人的易說，《周易姚氏學》徵引《周易述》、《周易虞氏義》兩書的次數和爲 45 次，比例高達 73.7%，可見者如此，何況是無形中的思想影響？《周易姚氏學》總共徵引了 61 則清朝學者之說，遂知同時代學人對姚配中易學思想的滋養，實不容小覷。

第五章　《周易姚氏學》博引群籍眾說以釋易

　　鄭吉雄先生曾說：「我認為乾嘉學者治經運用的方法固多，但歸納其基本趨向，則不外乎二途：1.向內返求經典，以本經、他經，以及其傳、注、疏，為範疇，以貫串《六經》、發明本義、闡釋聖賢道理為務，所用的方法以『本證』為主，在邏輯學上為『歸納法』（induction）；2.以本經、他經，以及其傳、注、疏，為中心，向外發展，進而至於以經證史、以經義闡發思想觀念、以經義批判社會政治，所用的方法以『推衍』為主，在邏輯學上為『演繹法』（deduction）。」〔註1〕此段所述的「歸納法」，即為《周易姚氏學》主要的釋《易》方法之一，但若要把鄭先生推導的定義套用到《周易姚氏學》對古籍的歸納上，恐稍嫌不足，鄭先生此語只限定於「經書」，而姚配中則廣泛徵引經、史、子、集文獻，將選材範圍拓展到四部各類，博采諸多文獻以釋《易》。姚氏之所以採取歸納眾說、大量援引群籍的方式來注解《易經》，主要可依「學者本身條件」、「學術研究風氣」、「文獻材料取得」、「清代學人助益」分為下面四項成因：

　　一、學者本身條件：穎悟力學，博覽群書〔註2〕

　　二、學術研究風氣：乾嘉餘風，宗法漢學〔註3〕

〔註 1〕　引自鄭吉雄：〈乾嘉學者治經方法與體系舉例試釋・前言〉，收錄於蔣秋華主編：《乾嘉學者的治經方法》上冊（臺北：中央研究院文哲所籌備處，2000年10月），頁109。

〔註 2〕　學者個人學識必須博大精深，才能彼此融通、巧妙應用諸書文句。

〔註 3〕　乾、嘉時期的漢學派重視文獻的考據與論證，姚配中攻治漢學，熟習此道。

三、古籍材料取得：輯佚盛行，文獻湧現〔註4〕

四、清代學人助益：諸友相盪，惠氏潤澤〔註5〕

上列四項成因的種種，前文已備，此處不再贅述，直接探討《周易姚氏學》對前賢之說、各部書籍的歸納與運用。比起經、史、子三部，姚配中徵引集部書籍的數量實在少之又少，並非主要援用文獻，故不納入本章討論，下文先以「援《周易》經傳自證」爲開端，介紹姚氏以《易》證《易》的注解模式，再論述《周易姚氏學》引用其他經部文獻、史部書籍與百家之語的釋《易》概況。

第一節　援《周易》經傳自證

　　《周易姚氏學·卷首自序》：「以《十翼》爲正鵠，以羣儒爲弓矢，博學以厚其力，思索以通其神，審辯以明其旨，則庶幾其不遠也。」〔註6〕故知《周易姚氏學》對文獻的援用是有層級之分的，後人學說必本於《十翼》，乃姚氏詮釋《周易》經文的最高指標。《十翼》即爲《易傳》，其作者、命名緣由、撰成時間皆已不可考，古代學者雖提出各種說法試圖解釋，卻都只是從書面文獻中揣測，縱使能自成一套假設理論，仍無法印證其眞僞。姚配中將《十翼》奉爲注《易》圭臬，自有其對《十翼》的諸多看法，筆者在本節第一小節列舉《周易姚氏學》對《十翼》各篇章的見解，並試著統合、分析出姚配中對《周易》經、傳的認知；第二小節大致將《周易姚氏學》對《易》的徵引情形區分爲「稱引範圍」與「引錄方式」兩類：姚氏引《易》自證時，或統稱《周易》全名，或通稱爲《易傳》，或指稱出某卦、某爻，或直接擷取文句，「稱引範圍」有大有小，以下便配合修辭學原理分述之；「引錄方式」則又可切割爲「自釋」與「互釋」，筆者也將簡單列舉數例說明；最後於第三小節嘗試製作徵引統計表，以量化的方式觀察《周易姚氏學》援用《周易》自證的情形。

〔註4〕當時輯佚學興盛，可直接參照、拾取其他學者的輯佚成果，使得研究材料更爲豐富。

〔註5〕諸友各自研究的經書不同，相互討論能觸類旁通，互補不足。惠棟「貫通群書以解《易》」的治學精神，隨著著作與學風，直接、間接地影響姚配中及其《周易姚氏學》。

〔註6〕引自〔清〕姚配中撰：《周易姚氏學·卷首自序》【一經廬叢書本】，收入《續修四庫全書·經部·易類》第30冊（上海：上海古籍出版社，2002年3月），頁453。

一、近人與姚配中對《周易》經傳之觀點

（一）近代對《周易》形成的普遍觀念

透過歷代學者的考證，已可知《周易》經、傳的形成是漸進的，卦爻象、卦爻辭、十篇《易傳》皆有其不同的完成階段，傳統的說法為：「人更三聖，世歷三古。」以伏羲為上古、文王為中古、孔子為下古。〔註7〕李鏡池針對此語批評道：「前人把它歸之于兩位聖人的主名之下，說文王作〈卦辭〉，周公作〈爻辭〉。我們知道那不過是一種偶像的崇拜，不過是一種『箭垛式』的把戲。」〔註8〕又言：「《易傳》作者雖不可考，然而這七種十篇文章不是一個人作底，也不是一個時代底產物，這一點卻可斷說。」〔註9〕李氏否定三聖制《易》之說，認為《周易》必定雜出眾手。平心而論，傳統說法只切割為「象→辭→傳」三個階段，未免太過含糊，這三個階段應能再細分為好幾個步驟，每個步驟又各自有不同的編制者與時代背景。以最原始的「卦象」為例，張其成先生就整理出古今十一種有關卦象來源的說法〔註10〕，其中較被學術界採信的「張政烺數字卦假設」〔註11〕，也必須歷經四次轉換程序〔註12〕，豈能

〔註7〕 班固曰：「《易》道深矣，人更三聖，世歷三古。」顏師古引孟康曰：「〈易繫辭〉曰：『《易》之興，其於中古乎？』然則伏羲為上古、文王為中古、孔子為下古。」〔漢〕班固等撰〔唐〕顏師古注：《漢書・藝文志第十》卷三十，第 6 冊（北京：中華書局，2007 年 10 月），頁 1704。

〔註8〕 引自李鏡池〈《周易》筮辭考・《周易》中的比興詩歌〉，收錄於顧頡剛編著：《古史辨》第 3 冊上篇（臺北：明倫出版社，1970 年 3 月），頁 225。

〔註9〕 引自李鏡池〈《易傳》探源（下）・《易傳》著作年代先後的推測〉，收錄於顧頡剛編著：《古史辨》第 3 冊上篇（臺北：明倫出版社，1970 年 3 月），頁 105。

〔註10〕 十一種包含：「取象說」、「據數說」、「太極兩儀說」、「河圖洛書說」、「結繩說」、「龜兆說」、「蓍草說」、「文字說」、「男根女陰說」、「測影說」、「筮數說」。參閱張其成：〈卦象爻數源流考〉《中國哲學史》1997 年第 4 期，頁 23～25。

〔註11〕 在 1978 年的古文字學研討會，張政烺將出土符號與《周易・繫辭傳》的揲蓍之法互証，把卜筮符號對應成數字，再以「奇數為陽，偶數為陰」的原則，轉換為《易》之陽爻與陰爻。兩年後，張政烺收集甲骨、銅器上的相關材料，整合後加以考證，列舉三十二個例子說明此論點，詳載於〈試釋周初青銅器銘文中的易卦〉一文，之後又發表〈帛書六十四卦跋〉及〈殷墟甲骨文中所見的一種筮卦〉兩篇論文，系統化建立「數字卦假設」的理論架構。此三篇論文均收錄於張政烺著：《張政烺文史論集》（北京：中華書局，2004 年 4 月），頁 561～580（〈試釋周初青銅器銘文中的易卦〉）、頁 680～691（〈帛書六十四卦跋〉）、頁 714～723（〈殷墟甲骨文中所見的一種筮卦〉）。

〔註12〕 四次轉換步驟依序為：「先將此類卜筮符號換成數字」→「再將數字分為奇數、偶數兩大類」→「將奇、偶數改為《周易》之陽爻、陰爻」→「用所得爻去

說這四個步驟都出於一人之智、一人之手？《周易》的形成應更加複雜而不可考，匯聚了眾人之力，沉澱了久長之歲，而終能成書，故戴君仁曰：「《易經》是一部叢書性質的書。」〔註13〕實為精要而中肯之語。

近代的學者能有這般見解，除了歷代學術論辯的積累外，還得力於大批文物的出土，故能將書面文獻、地下材料相互對照，發古人所未發，不囿於紙上之爭。然而，姚配中畢竟是清朝嘉慶、道光年間的學者，其對《周易》的認識，仍不脫傳統聖人制《易》的窠臼，若以今日的觀點看來，固然有些可笑，但若想了解《周易姚氏學》以《易》自證的內涵，便應設法拋開既往對《周易》的種種概念，重新探索姚配中對《周易》經、傳的認識與理解。

（二）姚配中對《易傳》的定義與理解

姚配中替〈彖傳〉、〈象傳〉兩詞下了明確的定義，又辨析〈文言傳〉之名，大談文王繫辭之事，簡述〈序卦傳〉、〈雜卦傳〉二〈傳〉，皆能由此窺見姚氏對《易傳》的認知，以下著錄《周易姚氏學》陳述七種《易傳》之引文，並加以詮釋。見《周易姚氏學》定義〈彖傳〉：

> 文王卦辭謂之彖，孔子為傳以釋之。稱「彖曰」者，申彖意也。……
> 卦辭本无彖名，孔子名之為〈彖〉，而卦辭遂得彖名，彖爻類此。……
> 彖者，才也，言乎彖者也。才，始也，彖始著為卦也。〔註14〕

「彖」為《易》卦之始，周文王作卦辭，涵蘊深邃，後人難明，孔子作〈傳〉申述其理，所言皆以「彖曰」開頭，故稱〈彖傳〉，乃孔子闡釋文王《易》卦之語。接著看〈象傳〉的定義：

> 象者，像也，六畫所以象形容物宜也。〈孔子象傳〉先言畫，後釋爻，
> 爻由象來，故通謂之象，六畫之變象也。〔註15〕

《易》卦六爻均自象來，像比擬之物，衍成圖畫，稱之為卦象，各卦六爻又

對應《周易》六十四卦」請參閱拙作：〈對數字卦的另一種解釋〉，《輔大中研所學刊》總第 23 期（2010 年 4 月），頁 79。

〔註13〕引自戴君仁著：《談易‧第一章》（臺北：臺灣開明書店，1995 年 3 月），頁 1。
〔註14〕引自〔清〕姚配中撰：《周易姚氏學‧乾‧彖傳》卷一【一經廬叢書本】，收入《續修四庫全書‧經部‧易類》第 30 冊（上海：上海古籍出版社，2002 年 3 月），頁 470。
〔註15〕引自〔清〕姚配中撰：《周易姚氏學‧乾‧象傳》卷一【一經廬叢書本】，收入《續修四庫全書‧經部‧易類》第 30 冊（上海：上海古籍出版社，2002 年 3 月），頁 472。

有爻象，是以《周易》共有六十四卦象及三百八十四爻象，孔子作《象傳》以明之。姚配中對〈文言傳〉則有一番辯解：

> 「文言」謂文王之言。……惠氏棟云：「『文言』者，指卦、爻辭也。以卦、爻辭爲文王制，故謂之『文言』。孔子爲之傳，故爲之〈文言傳〉，乃《十翼》之一也。」是也。《釋文》引梁武帝云：「『文言』是文王所制。」……其曰「文言」指卦、爻辭乃釋……，非謂〈文言傳〉爲文王所作也。〔註16〕

文王作卦、爻辭，孔子爲了解讀文王之辭，特別挑選〈乾〉、〈坤〉爲代表，作〈傳〉申論其意，命名爲「文言傳」，以表彰文王之功，後世不明，誤以爲〈文言傳〉爲周文王所作，姚配中於此特別申明〈文言傳〉爲孔子所撰。在〈繫辭傳〉方面，姚氏並未論及其所來由，只有記敘文王繫辭之事：

> 文王繫辭焉而命之，則統一卦而命以卦之名；統一卦六畫而命以卦之義。……觀畫之動而命之爲九六，觀九六之義而繫之以辭，初九潛龍勿用之類是也，所謂繫辭焉而命之也。〔註17〕

文王觀卦象而命卦名，考察卦義而繫卦辭；又以陽爻爲九，陰爻爲六，見陰、陽之道而繫爻辭。《周易姚氏學》對〈序卦傳〉、〈雜卦傳〉的敘述較少，僅見此段：

> 夫子又爲〈序卦〉，以明其所承受之義，又重爲〈雜卦〉，以易其次第。〈雜卦〉之末，又改其例，化而裁之，存乎變。〔註18〕

孔子作〈序卦傳〉，析論六十四卦之間相成、相受的意義，又另作〈雜卦傳〉，更改〈序卦傳〉所揭示的卦序，用「錯」、「綜」説明其義，但最末〈大過〉、〈姤〉、〈漸〉、〈頤〉、〈既濟〉、〈歸妹〉、〈未濟〉、〈夬〉八個卦又不從此例，表現出《周易》變化的樣貌。從《周易姚氏學》對《易傳》的理論性描述，至少可歸結四點：

〔註16〕引自〔清〕姚配中撰：《周易姚氏學‧乾‧文言》卷二【一經廬叢書本】，收入《續修四庫全書‧經部‧易類》第30冊（上海：上海古籍出版社，2002年3月），頁474。

〔註17〕引自〔清〕姚配中撰：《周易姚氏學‧繫辭下傳》卷十五【一經廬叢書本】，收入《續修四庫全書‧經部‧易類》第30冊（上海：上海古籍出版社，2002年3月），頁651。

〔註18〕引自〔清〕姚配中撰：《周易姚氏學‧雜卦傳》卷十六【一經廬叢書本】，收入《續修四庫全書‧經部‧易類》第30冊（上海：上海古籍出版社，2002年3月），頁685。

一、周文王繫卦、爻辭，《易傳》皆出自夫子之手。〔註19〕

二、《易傳》各篇名義始自孔子，文王時無〈彖〉、〈象〉之稱。

三、「象」爲《易》卦之始，六爻亦均自「象」來。

四、〈雜卦〉最後八個卦並非錯簡〔註20〕，而是《周易》變化不已的表徵。

以上四點爲《周易姚氏學》對《易傳》的基礎定義，由此可知姚配中相當重視「《易》象」，以「象」爲《易》之始，此亦爲漢易學家的一項特徵。而且，姚氏以爲《易傳》的內容與定名，均出自於孔子手中，是知姚配中在援引《易傳》自證《周易》經文時，乃認定自己是以孔子之言作爲憑據的。

二、援引《周易》自證模式之舉例

研究易學的方法多如恆河之沙，光是援引《周易》自證之法，就可依「稱引範圍」、「引錄方式」再細分。「稱引」指徵引某段文句時，對所標示的文獻出處之稱呼，隨著指稱的不同，範圍勢必會有所變化。另一方面，注《易》可用當卦、當爻自釋，或以他卦、他爻互釋，遂產生不同的「引錄方式」，以下即詳述兩者。

（一）稱引範圍

《周易姚氏學》的徵引形式大致可分爲「明引」與「暗用」兩種。「暗用」不指出徵引對象，直接挪用其文句；「明引」則會清楚註明所徵引文句的出處。〔註21〕若再細分「明引」，可發現指稱範圍有大有小，以下即列舉三例說明。見〈比〉卦之案語：

〈比〉：比，吉，原筮，元永貞，无咎。不寧方來，後夫凶。

案：不寧，不寧侯也。方來猶將來，不寧之侯亦將來，故〈象〉曰：

「上下應也。」……以〈象〉曰「下順從」，則下非不寧。〈傳〉云「上

〔註19〕 姚配中曾援引〈繫辭傳〉原文作爲論證，句終云：「（孔）子豈虛語哉！」故知姚氏認定〈繫辭傳〉亦爲孔子所作。參閱〔清〕姚配中撰：《周易姚氏學・乾・文言》卷二【一經盧叢書本】，收入《續修四庫全書・經部・易類》第30冊（上海：上海古籍出版社，2002年3月），頁484。

〔註20〕 〈雜卦傳〉末八個卦不依循「錯」、「綜」條例，宋代學者開始懷疑自〈姤〉以下是錯簡，南宋蔡淵即嘗試以例改正，使順序成爲〈大過〉、〈頤〉、〈既濟〉、〈未濟〉、〈歸妹〉、〈漸〉、〈姤〉、〈夬〉。

〔註21〕 關於「明引」和「暗用」的定義與介紹，可參閱黃慶萱著：《修辭學・本論上——表意方法的調整》（臺北：三民書局，2004年1月），頁136～147。

下應」者，以先云下順從，疑下應而上不應，故明言上下應，言不寧者亦來，

則上下皆應，不獨下順從而已。〔註22〕

從這段引文可知：《周易姚氏學》引《易傳》有時會明確指出篇名，如本段的
「〈象〉曰」；有時卻只模糊地概括，如本段的「〈傳〉云」；有時甚至會出現
名不副實的引用錯誤，例如本段「不寧之侯亦將來」之後應為「故〈彖〉曰」，
而非「故〈象〉曰」。再看〈頤〉：

〈頤〉：頤，貞吉，觀頤，自求口實。

注：姚信曰：以陽養陰。……《易》曰：「天地養萬物，聖人養賢以及萬民。」

〔註23〕

此處以「《易》曰」代表〈頤・彖傳〉之語，指稱範圍廣，針對性降低，讀者
也較難檢閱其出處。上述稱引範圍不論大小，皆為「明引」。以下介紹一則使
用「暗用」的例子為代表，見〈恆・彖傳〉：

〈彖〉曰：……天地之道，恆久而不已也。

案：一陰一陽之謂道，陰陽往來，故恆久不已。〔註24〕

「一陰一陽之謂道」引自〈繫辭傳〉，此處並未標明徵引出處，直接援用《易
傳》文句以釋。諸如此類的用法頗多，若非諳熟《易經》者，恐難以辨識文
獻來源。

（二）引錄方式

隨著擇取的不同，《周易姚氏學》在徵引《周易》時，可分為「自釋」與「互
釋」兩種。「自釋」是以當卦或當爻的卦、爻辭及〈象傳〉、〈彖傳〉自證；若是
援用他卦、他爻的卦、爻辭及〈象傳〉、〈彖傳〉，或舉〈繫辭傳〉、〈說卦傳〉、〈序
卦傳〉、〈雜卦傳〉四種《易傳》引證，則皆稱「互釋」（案：以〈文言傳〉釋〈乾〉、
〈坤〉為「自釋」，釋其餘六十二個卦為「互釋」）。見〈晉・初六〉：

〔註22〕引自〔清〕姚配中撰：《周易姚氏學・比》卷五【一經廬叢書本】，收入《續
修四庫全書・經部・易類》第30冊（上海：上海古籍出版社，2002年3月），
頁511。

〔註23〕引自〔清〕姚配中撰：《周易姚氏學・頤》卷八【一經廬叢書本】，收入《續
修四庫全書・經部・易類》第30冊（上海：上海古籍出版社，2002年3月），
頁550。

〔註24〕引自〔清〕姚配中撰：《周易姚氏學・恆・彖傳》卷九【一經廬叢書本】，收
入《續修四庫全書・經部・易類》第30冊（上海：上海古籍出版社，2002年
3月），頁560。

〈晉‧初六〉：晉如摧如，貞吉，罔孚，裕无咎。

案：初應在四，四互〈艮〉手，故摧。……此小人摧君子之象。〈象〉曰：

「獨行正。」謂初獨之四，求正位，四不欲之初，故摧之。〔註25〕

此處「〈象〉曰」爲〈晉‧初六〉的〈象傳〉辭，用當爻〈象傳〉自釋爻辭，最爲貼切。《周易姚氏學》中，以「當爻〈象傳〉自釋爻辭」的使用頻率甚高，光是第十二卷的八個卦中〔註26〕，至少就有〈鼎‧初六〉、〈艮‧上九〉〈歸妹‧六三〉三者屬此方式。〔註27〕況且，此方式不獨採用〈象傳〉，姚氏也用「當卦〈象傳〉自釋卦辭」，例如〈噬嗑〉、〈井〉、〈巽〉等皆是。〔註28〕姚配中除了援引當卦、當爻的《易傳》來「自釋」外，亦徵引他處《易傳》交叉「互釋」，見〈咸‧九五〉：

〈咸‧九五〉：咸其脢，无悔。

注：虞翻曰：脢，夾脊肉也，謂四已變〈坎〉。爲脊，故咸其脢。案：……

咸其脢，謂感上。〈象〉曰「志末」，上爲末也。案：上爲末。〈繫辭傳〉云：

「其初難知，其上易知，本末也。」〈大過傳〉云：「本末弱也。」本皆謂初，

末皆謂上。〔註29〕

此處除了用本身的〈象傳〉注解外，還另外徵引〈繫辭傳〉以及〈大過‧象傳〉補充說明「上爲末」之涵義。這些之外，《周易姚氏學》又引〈說卦傳〉注解〈蒙‧象傳〉〔註30〕；引〈繫辭傳〉注解〈噬嗑‧初九〉〔註31〕；引〈隨‧

〔註25〕引自〔清〕姚配中撰：《周易姚氏學‧晉‧初六》卷九【一經廬叢書本】，收入《續修四庫全書‧經部‧易類》第30冊（上海：上海古籍出版社，2002年3月），頁566。

〔註26〕包含〈革〉、〈鼎〉、〈震〉、〈艮〉、〈漸〉、〈歸妹〉、〈豐〉、〈旅〉八個卦。

〔註27〕參閱〔清〕姚配中撰：《周易姚氏學》卷十二【一經廬叢書本】，收入《續修四庫全書‧經部‧易類》第30冊（上海：上海古籍出版社，2002年3月），頁600、604、608。

〔註28〕參閱〔清〕姚配中撰：《周易姚氏學》卷七、十一、十三【一經廬叢書本】，收入《續修四庫全書‧經部‧易類》第30冊（上海：上海古籍出版社，2002年3月），頁538、594、614。

〔註29〕引自〔清〕姚配中撰：《周易姚氏學‧咸‧九五》卷九【一經廬叢書本】，收入《續修四庫全書‧經部‧易類》第30冊（上海：上海古籍出版社，2002年3月），頁560。

〔註30〕參閱〔清〕姚配中撰：《周易姚氏學‧蒙‧象傳》卷四【一經廬叢書本】，收入《續修四庫全書‧經部‧易類》第30冊（上海：上海古籍出版社，2002年3月），頁500。

〔註31〕參閱〔清〕姚配中撰：《周易姚氏學‧噬嗑‧初九》卷七【一經廬叢書本】，

象傳〉注解〈蠱〉卦卦辭〔註32〕，姚配中引《易傳》互釋的方式，在《周易姚氏學》中多處可見。

三、援引《周易》累計情形

「以本經自證」為最直接而有效的注經方式，從漢代就普遍被易學家們使用，姚配中效仿前賢的研究方法，視《十翼》為最高指導原則，多次運用《易傳》文句「自釋」與「互釋」，以解讀《周易》經文。筆者在此統合《周易姚氏學》所徵引的《易傳》次數與稱引名稱，用具體數據說明（請參見表七）姚配中徵引《周易》自證的多寡。

表七、《周易姚氏學》徵引十篇七種《易傳》的情形〔註33〕

《易傳》篇名	稱引名稱	提及次數	徵引文句次數
〈彖傳〉	彖、彖者、彖傳、彖曰	39	9
〈象傳〉	象傳、孔子象傳、象曰	104	38
〈文言傳〉	文言、文言傳、文言曰	21	6
〈繫辭傳〉	繫上、繫下、繫辭、繫辭傳	17	8
〈說卦傳〉	說卦、說卦傳	7	2
〈序卦傳〉	序卦	3	0
〈雜卦傳〉	雜卦	2	0
七種十篇《易傳》總計次數		193	63

由表可知《周易姚氏學》最常用來引證的《易傳》是〈象傳〉，無論是提及次數或徵引文句次數，都遠遠超過其他篇章。而姚配中舉《周易》引證《周易姚氏學》的次數，也高達一百九十次上下，甚至引述出《周易》文句約六十

收入《續修四庫全書·經部·易類》第 30 冊（上海：上海古籍出版社，2002年 3 月），頁 538～539。

〔註32〕 參閱〔清〕姚配中撰：《周易姚氏學·蠱》卷六【一經廬叢書本】，收入《續修四庫全書·經部·易類》第 30 冊（上海：上海古籍出版社，2002 年 3 月），頁 532。

〔註33〕 當提及、徵引者為「《周易》經傳原文本身」、「藉後人之口引述的二手資料（例如：虞翻注引〈說卦〉之語）」、「當作待解說主體的引述主詞」此三種狀況時，便不在本表採錄計算的範圍中。案：此統計表雖經筆者多次反覆驗算，但人工計算難免會有所疏漏，無法確定是否完全正確，數字恐怕會出現誤差，僅供參考，請避免引用。

次，數量位居《周易姚氏學》所徵引的第一手文獻之冠，在在奉行了「以《十翼》爲正鵠」〔註34〕的準則。

第二節　取其他經部文獻旁證

提舉經部文獻互證的方法，大致可包括「以本經自證」、「以他經證本經」、「以本傳（含注、疏）證本經」、「以他傳（含注、疏）證本經」，姚氏則兼採此四種方法。由於《周易姚氏學》援引漢、魏易學家的《傳》、《注》比例過高，故本章姑且剔除「以本傳（含注、疏）證本經」之屬，留到第六章「《周易姚氏學》考索漢、魏易家之長」專行論述。「以本經自證」乃用《周易》經文與《易傳》爲釋，論據契合度最高，是以置於本章之首，先行論述；「以他經證本經」、「以他傳（含注、疏）證本經」這兩種方法，都是以易類之外的經部書籍引證己說，筆者遂統合兩者，將他經、他傳結合爲「某類」一併介紹。繼「援《周易》經傳自證」之後，再分述《周易姚氏學》對《書》、《詩》、《禮》（包含《周禮》、《儀禮》、《禮記》）、《春秋》（包含《左傳》、《公羊傳》、《穀梁傳》）、《孝經》與《爾雅》六類經、傳〔註35〕的徵引情形。

一、引《書》類旁證

姚配中在徵引《尚書》時，多以「《書》曰」爲稱，這個詞在《周易姚氏學》出現的次數共計十九次，爲《周易姚氏學》稱引《尚書》最普遍的用法，亦有少數援引《尚書》篇名者，以下簡單列舉三例以示。見《周易姚氏學·夬·九五》：

〈夬·九五〉：莧陸夬夬，中行无咎。

案：莧陸，草名，喻陰也。陽息〈大壯〉已決五，成〈夬〉；又欲決上，故夬夬。《春秋傳》曰：「爲國家者，見惡如農夫之務去草焉，芟夷蘊崇之，絕其本根，勿使能殖。」《書》曰：「乃有不

〔註34〕引自〔清〕姚配中撰：《周易姚氏學·卷首自序》【一經廬叢書本】，收入《續修四庫全書·經部·易類》第30冊（上海：上海古籍出版社，2002年3月），頁453。

〔註35〕清朝公認的經書爲「十三經」，此處尚缺乏《論語》及《孟子》兩類，筆者將之置於本章第三節的第二小節「援引先秦儒家」，合《荀子》三部先秦儒家之作一塊討論。

　　　　吉不迪，顛越不恭，暫遇姦宄，我乃劓殄滅之，無遺育，無俾

　　　　異〔註36〕種于茲新邑！」〔註37〕

莧陸曝曬難乾，爲陰氣較重的植物，用來比喻陰爻。〈大壯〉第五爻本爲陰，受陽決而成〈夬〉，欲決上六，就必須像斬除莧陸般剛毅果決。〔註38〕姚配中又以《春秋傳》的「農夫去草，必絕其根」爲喻，說明執政者不可放縱爲惡之人，最後引舉《尚書・商書・盤庚》〔註39〕記載的商代國君政令爲史證，解說井然，頗爲可取。此處以「《書》曰」爲總稱，範圍涵蓋所有《尚書》篇章。接著，提舉一則稱引《尚書》篇名者，見《周易姚氏學・繫辭上傳》：

　　〈繫辭上傳〉：河出圖，洛出書，聖人則之。

　　案：此亦神物天地變之類。河圖、洛書，未聞其詳。河圖、洛書，眾

　　　　家異說莫可攷正。……《尚書・洪範・九疇》傳云：「天與禹洛出書，神龜負

　　　　文而出，列於背，有數至於九。禹遂因而次〔註40〕第之，以成九類。」又〈顧

　　　　命〉傳云：「河圖，八卦。伏羲王天下，龍馬出河，遂則其文以畫八卦，謂之

　　　　『河圖』。」……諸家以河圖爲八卦，亦未必然。〈下繫〉云：「包羲氏之王天

　　　　下也，於是始作八卦。」不言法河圖圖書之則，當別有效法耳。〔註41〕

不論對河圖、洛書懷抱怎麼樣的心態和觀感，既然〈繫辭〉有明文，注《易》

〔註36〕「異」字訛誤，應作「易」字，否則文意無法解釋，見清代訓詁大家王引之曰：「〈盤庚〉曰：『無俾易種于茲新邑，謂延種于新邑也。』」引自〔清〕王引之撰：《經義述聞・春秋左傳上七十條・惡之易也》【據清道光七年王氏京師刻本影印】卷十七，收入《續修四庫全書・經部・群經總義類》第 174 冊（上海：上海古籍出版社，2002 年 3 月），頁 646。

〔註37〕引自〔清〕姚配中撰：《周易姚氏學・夬・九五》卷十一【一經廬叢書本】，收入《續修四庫全書・經部・易類》第 30 冊（上海：上海古籍出版社，2002 年 3 月），頁 585。

〔註38〕參閱黃師忠天著：《周易程傳註評・夬・九五》卷五（高雄：復文圖書出版社，2006 年 3 月），頁 380～381。

〔註39〕參照舊題〔漢〕孔安國傳〔唐〕孔穎達等正義：《尚書正義・商書・盤庚中第十》卷九，收入〔清〕阮元校勘：《十三經注疏》（臺北：藝文印書館，2007 年 8 月），頁 132～133。

〔註40〕「次」字爲衍文，請參照舊題〔漢〕孔安國傳〔唐〕孔穎達等正義：《尚書正義・周書・洪範第六》卷十二，收入〔清〕阮元校勘：《十三經注疏》（臺北：藝文印書館，2007 年 8 月），頁 168。

〔註41〕引自〔清〕姚配中撰：《周易姚氏學・繫辭上傳》卷十四【一經廬叢書本】，收入《續修四庫全書・經部・易類》第 30 冊（上海：上海古籍出版社，2002 年 3 月），頁 648。

者就無法逃避河圖、洛書的問題。《周易姚氏學》此處列舉眾說，言皆莫可攷正，似乎欲辯駁諸家以「河圖爲八卦」之謬誤，孔氏《尙書傳》即爲姚氏所列舉之一。此段明確寫出〈洪範〉及〈顧命〉之篇名，這兩句引文並非直接徵引《尙書》經文，而是取自署名爲「孔安國」的《傳》說。另有稱引《尙書》篇名，並徵引《尙書》經文者，例如〈賁・初九・象傳〉引〈康誥〉〔註42〕、〈繫辭上傳〉引〈堯典〉〔註43〕，故知《周易姚氏學》對《尙書》乃經、傳兼採。最後介紹姚氏唯一一次徵引《尙書大傳》的例子〔註44〕，見〈觀・六四〉：

〈觀・六四〉：觀國之光，利用賓于王。

注：虞翻曰：〈坤〉爲國，王謂五陽。

案：初三之正，〈離〉爲光，國之光，謂賢也。⋯⋯此諸侯貢士於天子之象也。⋯⋯《尙書大傳》云：「古者諸侯之於天子〔註45〕也，三年一貢士，大國舉三人，次國舉二人，小國舉一人。」是諸侯貢士亦三歲，諸侯貢士，其賓賢之禮。」雖不可考，以〈鄉飲酒禮〉推，當畧如燕羣臣之禮。〔註46〕

姚配中先明言此爻爲「諸侯貢士於天子之象」，再引述相關禮制，例如用《尙書大傳・虞夏傳・咎繇謨》〔註47〕說明諸侯貢士的間隔時間與不同級別國家應舉任之人數，但自知此制久遠而不可考，故只推測應是類似《儀禮・鄉飲酒》〔註48〕中宴請群臣之禮，不驟下斷語。

〔註42〕 參閱〔清〕姚配中撰：《周易姚氏學・賁・象傳》卷七【一經廬叢書本】，收入《續修四庫全書・經部・易類》第30冊（上海：上海古籍出版社，2002年3月），頁540。

〔註43〕 參閱〔清〕姚配中撰：《周易姚氏學・繫辭上傳》卷十四【一經廬叢書本】，收入《續修四庫全書・經部・易類》第30冊（上海：上海古籍出版社，2002年3月），頁641。

〔註44〕 《周易姚氏學》曾兩度出現「《尙書大傳》」一名，分別在〈觀・六四〉和〈賁・初九・象傳〉二處，但因〈賁・初九・象傳〉乃援用惠棟《周易述》引述之語，不在研究探討範疇，故捨去。《周易姚氏學》所載錄文句及惠棟《周易述》原文，可參見於論文後面的「附錄三」第22條。

〔註45〕 對照《尙書大傳》原文，「子」字應作「下」，此處訛誤。

〔註46〕 引自〔清〕姚配中撰：《周易姚氏學・觀・六四》卷七【一經廬叢書本】，收入《續修四庫全書・經部・易類》第30冊（上海：上海古籍出版社，2002年3月），頁537。

〔註47〕 參照〔漢〕伏勝撰；鄭玄注〔清〕袁鈞輯：《尙書大傳・虞夏傳・咎繇謨》卷二，收入古風主編：《經學輯佚文獻匯編・尙書類》第7冊（北京：國家圖書館出版社，2010年7月），頁4。

〔註48〕 參照〔漢〕鄭玄注〔唐〕賈公彥等疏：《儀禮注疏・鄉飲酒禮第四》卷八，收

二、引《詩》類旁證

　　《周易姚氏學》亦徵引不少《詩》類文獻爲證，引句稱謂多爲「《詩》曰」、「《詩》云」，總稱《詩》之名，也有少數依「風」、「雅」、「頌」三種不同性質名義稱引或直接稱引《詩經》篇名者。與《尚書》些許不同的是，姚氏在徵引《詩》之經文後，多會附註《毛公傳》或《鄭玄箋》來補充《詩》說，有時甚至會略過經文，純粹引用〈詩序〉、《毛傳》、《鄭箋》注解，以下即舉例說明。見《周易姚氏學・訟・九四》：

　　　〈訟・九四〉：不克訟，復即命，渝安貞，吉。

　　　注：虞翻曰：失位，故不克訟。渝，變也。動而得位，故安貞吉。

　　　案：不克訟，謂畫動之爻。復即命，謂化而之正。《詩》曰：「彼其
　　　　　之子，舍命不渝。」《傳》云：「渝，變也。」《箋》云：「舍，猶處也。
　　　　　是子處命不變，謂守死善道，見危受命之等。」〔註49〕

虞翻已言九四失位，理當無法勝訴，必須有所變動，方能重回正位。姚配中在虞氏的基礎上，詳述「不克訟」與「復即命」含義，認同九四需改變，化而之正，並引《毛詩・鄭風・羔裘》〔註50〕爲證，後面備註《毛傳》、《鄭箋》以釋，清楚說明：此時雖不克，但若能改變己心，堅守善道，自能得正。此段兼備《毛傳》、《鄭箋》兩者，〈蹇・上六・象傳〉則純粹引用〈詩序〉，並結合《鄭箋》爲釋：

　　　〈蹇・上六〉：往蹇，來碩，吉，利見大人。〈象〉曰：往蹇來碩，
　　　志在內也；利見大人，以從貴也。

　　　案：反身修德，初化之正，故志在內。紂雖不道，以服事殷，文王
　　　　　視之猶聖主也，故利見大人，以從貴、從君也。……〈詩序〉：「〈采
　　　　　薇〉遣戍役也。文王之時，……以天子之命，命將率遣戍役，以守衛中國。」
　　　　　《箋》云：「天子，殷王也。西伯以殷王之命，命其屬爲將率。」〈出車〉：「我
　　　　　出我車。」《箋》云：「西伯以天子之命，出我戎車於（所）〔註51〕牧之地。」

　　　入〔清〕阮元校勘：《十三經注疏》（臺北：藝文印書館，2007 年 8 月），頁
　　　80～81。

〔註49〕引自〔清〕姚配中撰：《周易姚氏學・訟・九四》卷四【一經廬叢書本】，收
　　　入《續修四庫全書・經部・易類》第 30 冊（上海：上海古籍出版社，2002 年
　　　3 月），頁 507。

〔註50〕參照〔漢〕毛亨傳；鄭玄箋〔唐〕孔穎達等正義：《毛詩正義・國風・鄭・羔
　　　裘》卷四―三，收入〔清〕阮元校勘：《十三經注疏》（臺北：藝文印書館，
　　　2007 年 8 月），頁 168。

〔註51〕對照《鄭箋》原文，《周易姚氏學》的引文漏一「所」字。

《詩》諸所稱天子及王，與《易》利見大人皆尊王也。〔註52〕

上六以陰居〈蹇〉之極，內有志卻難以突破，利見大人，從九五之貴。在解釋完理論後，姚氏先自行舉例：商紂雖不道，但周文王在當殷商臣子時，仍尊重其聖主之位。言畢，又援引〈采薇〉〔註53〕、〈出車〉〔註54〕的經文與《鄭箋》列舉王者號令部屬之事，最後統合《詩》、《易》對「尊王」思想的共通之處，足見姚氏對《詩》之嫻熟。上面兩引文已包括「總稱《詩》之名」的稱引，以及「《詩》篇名」的稱引，雖然還有四條以「風」、「雅」、「頌」為稱引之名者尚未介紹，但因方法大同小異，故不冗贅用引文解說，而以表格方式呈現於下（請參見表八）：

表八、《周易姚氏學》以《毛詩》「風」、「雅」、「頌」為稱引名稱之引文

類　　型	《周易姚氏學》篇章	徵引部份	《毛詩正義》〔註55〕出處
〈風〉	〈明夷・初九〉卷九	〈衛風〉：「考槃在澗，碩人之寬」之〈箋〉	〈衛風・考槃〉卷三之二：「考槃在澗，碩人之寬」經文下之《鄭箋》
	〈繫辭下傳〉卷十五	〈豳風〉之〈疏〉	〈豳風・七月〉卷八之一：「七月鳴鵙，八月載績，載玄載黃，我朱孔陽，為公子裳。」經文下之《孔穎達疏》
〈雅〉	〈說卦傳〉卷十六	〈小雅〉：「有豕白蹢，蒸涉波矣。」之〈傳〉	〈小雅・魚藻之什・漸漸之石〉卷十五之三：「有豕白蹢，烝涉波矣。」經文下之《毛傳》、《鄭箋》
〈頌〉	〈繫辭上傳〉卷十四	〈周頌〉	〈周頌・清廟之什・天作〉：「岐有夷之行。」經文本身

〔註52〕引自〔清〕姚配中撰：《周易姚氏學・蹇・上六》卷十【一經廬叢書本】，收入《續修四庫全書・經部・易類》第30冊（上海：上海古籍出版社，2002年3月），頁576。

〔註53〕參照〔漢〕毛亨傳；鄭玄箋〔唐〕孔穎達等正義：《毛詩正義・小雅・鹿鳴之什・采薇》卷九─三，收入〔清〕阮元校勘：《十三經注疏》（臺北：藝文印書館，2007年8月），頁331。

〔註54〕參照〔漢〕毛亨傳；鄭玄箋〔唐〕孔穎達等正義：《毛詩正義・小雅・鹿鳴之什・出車》卷九─四，收入〔清〕阮元校勘：《十三經注疏》（臺北：藝文印書館，2007年8月），頁338。

〔註55〕此之《毛詩正義》版本為【阮元重栞宋本十三經注疏本】（臺北：藝文印書館，2007年8月）。

　　清代的《詩經》定本為毛氏《傳》本，故清人一般所謂的《詩》，多指《毛詩》而言，姚書亦不例外，《周易姚氏學》稱引的「《詩》曰」、「《詩》云」皆為《毛詩》。不過，《詩》自孔子編訂以來，並非只有《毛詩》一種，《漢書·藝文志》：「《詩經》二十八卷，魯、齊、韓三家。」〔註56〕由此可知漢代的官方《詩》學至少還有魯、齊、韓三家〔註57〕，王應麟曰：「漢言《詩》者四家，師異指殊。……今唯《毛傳》、《鄭箋》孤行，韓厪存外傳，而魯、齊詩亡佚久矣。諸儒說《詩》，壹以毛、鄭為宗。」〔註58〕宋代時，三家《詩》已亡佚，僅存《韓詩外傳》。《周易姚氏學》即九次徵引《韓詩外傳》，此舉〈謙·九三〉為代表：

> 〈謙·九三〉：勞謙，君子有終，吉。〈象〉曰：勞謙君子，萬民服也。

> 案：勞，功勞。勞而不伐，有功而不德，故勞謙。《韓詩外傳》曰：
> 　「君子有主善之心，而無勝人之色；德足以君天下，而無驕肆之容；行足以及後世，而不以一言非人之不善。故曰：君子盛德而卑，虛己以受人，旁行不流，應物而不窮。雖在下位，民願戴之，雖欲無尊，得乎哉？」〔註59〕

此段徵引《韓詩外傳》卷二〔註60〕，說明君子盛德而謙遜，虛懷若谷且能容納他人，雖居下位，仍甚得人望，縱使不想獲得崇高的美譽，也是會被民眾擁戴而上。爻位三多凶，但因君子勞謙，故反而能得到民眾擁戴，化凶為吉，姚氏以《韓詩外傳》引證此爻，可謂十分恰當。

〔註56〕 引自〔漢〕班固等撰〔唐〕顏師古注：《漢書·藝文志第十》卷三十，第6冊（北京：中華書局，2007年10月），頁1707。

〔註57〕 王應麟：「《儒林傳》言《詩》，於魯則申培公，於齊則轅固生，於燕則韓太傳。齊、魯以其國所傳，皆眾人之說也；毛、韓以其姓所傳，乃專門之學也。」引自〔宋〕王應麟撰：《漢書藝文志考證·詩》卷二，收入〔清〕永瑢、紀昀等纂修：《景印文淵閣四庫全書·史部·目錄類》第675冊（臺北：臺灣商務印書館，1986年3月），頁21。

〔註58〕 引自〔宋〕王應麟撰：《詩攷·自序》【津逮秘書本】，收入《叢書集成初編》（北京：中華書局，1985年），頁1。

〔註59〕 引自〔清〕姚配中撰：《周易姚氏學·謙·九三》卷六【一經廬叢書本】，收入《續修四庫全書·經部·易類》第30冊（上海：上海古籍出版社，2002年3月），頁527。

〔註60〕 參照〔漢〕韓嬰著〔清〕周廷寀校注：《韓詩外傳附補逸校注拾遺》卷二【畿輔叢書本】，收入《叢書集成初編》（北京：中華書局，1985年），頁18。

三、引《禮》類旁證

　　《禮記》中有〈樂記〉一篇，保留了先秦兩漢學者論音樂的思想內容，後人論「樂」，幾乎無不引述〈樂記〉，後世的音樂思想可以說是在〈樂記〉的籠罩之下。〔註61〕姚配中琴藝精湛、音樂造詣高超，對〈樂記〉這篇樂理經典，勢必有獨到的見解與熟悉程度，《周易姚氏學》即多次引〈樂記〉旁證《易》。另一方面，姚配中爲求融通《周易》與〈月令〉兩者，曾撰《月令箋》及《周易通論月令》，雖以〈月令〉爲題，另成專書，但在《周易姚氏學》中仍保留諸多徵引〈月令〉證《易》的痕跡。〈樂記〉、〈月令〉兩篇與仲虞的關係較爲特殊，應多加描述，故此處將《禮記》與其他《禮》類文獻分開，用較多的篇幅深入探究。

（一）《禮記》

　　〈樂記〉、〈月令〉兩篇與姚配中關係密切的證據，著實反映在《周易姚氏學》對《禮記》篇章的援用上。《周易姚氏學》提及《禮記》篇章的次數高達一百三十五次，其中以〈月令〉二十一次，〈表記〉十三次，〈樂記〉與〈禮運〉各十一次爲最高，其餘散落在各篇章，數目皆不超過十次。以下便逐一描述《周易姚氏學》對〈月令〉、〈表記〉、〈樂記〉的援用。首見〈雜卦傳〉引〈月令〉：

　　　　〈雜卦傳〉：〈隨〉无故也，〈蠱〉則飭也。

　　　　案：說而動，〈隨〉不必有事，故无故。〈蠱〉者，事也，故飭。振
　　　　　　民育德、先甲後甲，皆飭也。〈月令〉曰：「田事既飭，先定準
　　　　　　直，農乃不惑。」〔註62〕

　　〈蠱〉象徵整治弊亂，其卦辭：「先甲三日，後甲三日。」〈象〉曰：「君子以振民育德。」〔註63〕皆有「整治」意味。姚氏引證〈月令〉說明孟春之月，王者號令整頓農事，遂治封疆、田徑，相土地五穀之所宜以教民，使民可以

〔註61〕參閱洪惟助：〈論禮記樂記的音樂思想〉，收錄於李曰剛等編：《三禮論文集》
　　　　（臺北：黎明文化事業，1982年10月），頁187。

〔註62〕引自〔清〕姚配中撰：《周易姚氏學・雜卦傳》卷十六【一經廬叢書本】，收
　　　　入《續修四庫全書・經部・易類》第30冊（上海：上海古籍出版社，2002年
　　　　3月），頁684。

〔註63〕引自〔魏〕王弼、〔晉〕韓康伯注〔唐〕孔穎達等正義：《周易正義・蠱》卷
　　　　三，收入〔清〕阮元校勘：《十三經注疏》（臺北：藝文印書館，2007年8月），
　　　　頁57。

不惑〔註64〕，此即「飭」之意，頗能得〈蠱〉卦「振民育德」精髓。接下來介紹徵引數目次高的〈表記〉，見〈小過·象傳〉：

> 〈象〉曰：山上有雷，小過。君子以行過乎恭，喪過乎哀，用過乎儉。
>
> 案：〈表記〉曰：「與仁同功，其仁未可知也；與仁同過，然後其仁可知也。」〔註65〕

《禮記·表記》：「仁有三，與仁同功而異情。與仁同功，其仁未可知也；與仁同過，然後其仁可知也。仁者安仁，知者利仁，畏罪者強仁。」〔註66〕實踐仁德者大致可分三種：仁者天性安於行仁，智者因利而行仁，畏罪者勉己而行仁，達成結果雖同，但三者動機殊異。若只從結果觀察，真正的仁心未可知，必得考究其動機。〈小過·象傳〉說明君子在舉止恭敬、喪事哀慟、生活節儉這三方面多會稍微逾越常情，有時未免小過而失禮，但若考究其動機，便知君子起心動念之良善。此處用〈表記〉引證，雖可稱恰當，卻只擷取片段，稍嫌可惜，假使能完整引出，應能使其意更加完備。再看〈屯·象傳〉所引〈樂記〉：

> 〈象〉曰：雲雷，屯。君子以經綸。
>
> 案：……雷雨者，天地之經綸；禮樂政教，君子之經綸也。〈樂記〉曰：「寒暑不時則疾，風雨不節則飢。教者，民之寒暑也，教不時則傷世；事者，民之風雨也，事不節則無功。」故時之〈屯〉也。天以雷雨動之、運之，屯也。君子以經綸濟之。〔註67〕

朱熹曰：「經綸，治絲之事。經引之，綸理之也。」〔註68〕引申為準則、法度

〔註64〕 參閱〔清〕孫希旦著：《禮記集解·月令第六之一》卷十五（臺北：文史哲出版社，1990 年 8 月），頁 417。

〔註65〕 引自〔清〕姚配中撰：《周易姚氏學·小過·象傳》卷十三【一經廬叢書本】，收入《續修四庫全書·經部·易類》第 30 冊（上海：上海古籍出版社，2002 年 3 月），頁 623。

〔註66〕 引自〔漢〕鄭玄注〔唐〕孔穎達等正義：《禮記正義·表記》卷五十四，收入〔清〕阮元校勘：《十三經注疏》（臺北：藝文印書館，2007 年 8 月），頁 909。

〔註67〕 引自〔清〕姚配中撰：《周易姚氏學·屯·象傳》卷四【一經廬叢書本】，收入《續修四庫全書·經部·易類》第 30 冊（上海：上海古籍出版社，2002 年 3 月），頁 496。

〔註68〕 引自〔宋〕朱熹撰〔民國〕廖名春點校：《周易本義·上經·屯·象傳》卷一（北京：中華書局，2009 年 11 月），頁 50。

之意。然而，君子以何者爲經綸？〈象傳〉戛然而止，沒有明確說明。姚配中指出：君子之經綸爲「禮樂政教」，又引證《禮記‧樂記》〔註69〕當作輔翼。天地若寒暑不時、風雨不節，人們將染疾、挨餓。教育者相當於人民的寒暑，教之不以時，倫理淪喪，將嚴重傷害社會。施政者彷彿百姓的風雨，若無法妥善調節，政策將毫無功效，故曰：「時之〈屯〉也。」

（二）其他《禮》類

自從東漢鄭玄注《周禮》、《儀禮》、《禮記》，並著《三禮目錄》之後，「三禮」之名遂行，但若再加入《大戴禮記》，實際上應有四禮。〔註70〕姚配中兼取四禮之經、傳旁證《易》，上文已論述《禮記》，以下便分別挑出《周易姚氏學》徵引《周禮》、《儀禮》、《大戴禮記》的例子解說。先舉徵引《周禮》之處，見〈大畜‧六五〉：

〈大畜‧六五〉：豶豕之牙，吉。

注：鄭康成曰：牙讀爲互。

案：《周禮‧牛人》：「凡祭祀，共其牛牲之互。」豶豕之互，亦謂祭也。二、五易位，上之正，〈坎〉爲豕，易位得正，故吉。豶，幼豕也。牛用童牛，故豕用幼豕。畜之大，莫過於祭，所謂博碩肥腯者也。牛人注司農云：家互謂楅衡之屬。鄭云：若今屠家縣肉格。據先鄭義則豶豕之互，亦謂閑之，據鄭義則謂祭時陳設也，義皆可通。〔註71〕

二、五兩爻相應，二爻動變之正，與三、四兩爻互體成〈坎〉，有「豕」之象；五爻亦動變之正，二、五易位得正，故吉。〈大畜〉言畜之事，畜之大，莫過於祭祀，姚配中便取《周禮‧地官司徒》中掌管國家公有牛隻的官員「牛人」爲說。祭祀之時，牛人得取「互」來懸掛牛牲肉〔註72〕，鄭玄注：豶豕之「牙」

〔註69〕 參照〔漢〕鄭玄注〔唐〕孔穎達等正義：《禮記正義‧樂記》卷三十八，收入〔清〕阮元校勘：《十三經注疏》（臺北：藝文印書館，2007 年 8 月），頁 678。

〔註70〕 參閱錢玄著：《三禮通論‧前言》（南京：南京師範大學出版社，1996 年 10 月），頁 1。

〔註71〕 引自〔清〕姚配中撰：《周易姚氏學‧大畜‧六五》卷八【一經盧叢書本】，收入《續修四庫全書‧經部‧易類》第 30 冊（上海：上海古籍出版社，2002 年 3 月），頁 549。

〔註72〕 參閱〔漢〕鄭玄注〔唐〕賈公彥等疏：《周禮注疏‧地官司徒‧牛人》卷十三，收入〔清〕阮元校勘：《十三經注疏》（臺北：藝文印書館，2007 年 8 月），頁 196～197。

讀爲「互」，義可相通。姚配中又徵引《儀禮》來做思想發揮，於〈屯·六二〉的案語道：

> 匪寇婚媾，言審慎而後往，量而後入也。二陰得位，故女子貞。二應五，〈震〉動〈艮〉止，險在前，求不以禮，故不字，不許嫁也。〈士昏禮〉記曰：「女子許嫁，笄而醴之，稱『字』。」三化成〈既濟〉，六爻應，故十年乃字。十者，一縱一橫、一陰一陽也。成〈既濟〉，陰陽和。一陰一陽，故十年乃字。〔註73〕

此處明引《儀禮·士昏禮》〔註74〕爲旁證。古代女子許嫁，表示已受納徵禮，六二雖應五，但〈坎〉險在外，險阻難越，如何攜禮涉險到女方家？故不許嫁。姚氏又將其對應〈釋數〉解「十」概念，說明「一」爲陽之始，「|」爲陽之動，以|遇一，一縱一橫，貫而成十，六二審慎而後往，量而後入，故十年乃字。〔註75〕除了引證《周禮》及《儀禮》經、傳之外，《周易姚氏學》亦援引《大戴禮記》二十三次，例如〈大有·象傳〉：

> 〈象〉曰：大有，柔得尊位，大中而上下應之，曰「大有」……。

> 案：……上下應之，羣陽爲陰所有，故曰〈大有〉。《大戴記·保傳》云：「〈明堂之位〉曰：『篤仁而好學，多聞而道慎，天子疑則問，應而不窮者，謂之道。道者，導天子以道者也。常立於前，是周公也。……常立於後，是史佚也。』故成王中立而聽朝，則四聖維之，是以慮無失計，而舉無過事，殷、周之所以長久者，其輔翼天子，有此具也。」此即柔得尊位，而上下應之之象。〔註76〕

此處藉《大戴禮記》徵引古《禮》之〈明堂之位〉〔註77〕所述：古代君臣互動

〔註73〕 引自〔清〕姚配中撰：《周易姚氏學·屯·六二》卷四【一經盧叢書本】，收入《續修四庫全書·經部·易類》第30冊（上海：上海古籍出版社，2002年3月），頁497。

〔註74〕 參照〔漢〕鄭玄注〔唐〕賈公彥等疏：《儀禮注疏·士昏禮》卷六，收入〔清〕阮元校勘：《十三經注疏》（臺北：藝文印書館，2007年8月），頁60。

〔註75〕 參閱〔清〕姚配中撰：《周易姚氏學·序·釋數》卷首【一經盧叢書本】，收入《續修四庫全書·經部·易類》第30冊（上海：上海古籍出版社，2002年3月），頁458。

〔註76〕 引自〔清〕姚配中撰：《周易姚氏學·大有·象傳》卷六【一經盧叢書本】，收入《續修四庫全書·經部·易類》第30冊（上海：上海古籍出版社，2002年3月），頁524。

〔註77〕 〈明堂之位〉乃古《禮》逸篇，與《禮記·明堂位》不同，請參見方向東先生所集解眾家對〈明堂之位〉的說法。《大戴禮記》原文可參照方向東撰：《大戴禮記彙校集解·保傳第四十八》卷三（北京：中華書局，2008年7月），頁

良善，君王有疑則問，群臣又能確實應答、輔佐，導之以正，例如：周成王招攬天下賢人於朝，中立而聽政，廣納諫言，故能減少施政缺失，此即商、周國祚久長之道。姚配中以此印證〈大有・象傳〉「柔得尊位」、「上下應之」之意。

四、引《春秋》類旁證

《春秋經》為記載魯隱公元年（周平王四十九年，西元前 722）至哀公十六年（周敬王三十九年，西元前 479）的魯國史書，為斷代編年史之祖。《春秋經》原本與《春秋三傳》各自別行，後遂亡佚，僅存《三傳》保留了《春秋經》的經文，後人也只能從《三傳》窺得《春秋經》的樣貌。然而，《周易姚氏學》除了廣泛徵引《三傳》相關文獻外，亦多次引用董仲舒的《春秋繁露》。《春秋繁露》為《春秋》類的通論性著作，因性質與闡釋《春秋經》經文的《春秋三傳》絕大不相似〔註 78〕，故以下便將《周易姚氏學》引證《春秋三傳》與《春秋繁露》的情形分開討論。

（一）《春秋三傳》

因《春秋》經文記事過於簡略，一些為之詮釋的《傳》自然隨之應運而生，《漢書・藝文志》載錄當時《春秋》有五家《傳》：《左氏傳》三十卷、《公羊傳》十一卷、《穀梁傳》十一卷、《鄒氏傳》十一卷、《夾氏傳》十一卷，但因：「《鄒氏》無師、《夾氏》未有書。」〔註 79〕因此，早在劉向、劉歆父子整理群書之時，便只剩《左氏傳》、《公羊傳》、《穀梁傳》三種《傳》流傳下來，後人通稱為《春秋三傳》，為解讀《春秋經》的首要門徑，張高評先生曰：「讀《春秋》者，當以《三傳》為津筏；讀《春秋》而不由《三傳》，是猶入門而不由戶也。」〔註 80〕姚配中固然深諳此理，其《周易姚氏學》稱引《左傳》

336。方向東先生【集解】可見同書，頁 341～342。
〔註 78〕 四庫館臣：「《春秋繁露》雖頗本《春秋》以立論。而關經義者，多實《易緯》、《尚書大傳》、《詩外傳》之類，向來列之經解，殊非其實，今亦置之於附錄。」本研究對古籍的分類，多依據《四庫全書》分類法，此處亦然，因此仍將董仲舒《春秋繁露》視為經部書籍，而非子書，引自〔清〕永瑢、紀昀等纂修：《欽定四庫全書簡明目錄》，收入《景印文淵閣四庫全書》第 6 冊（臺北：臺灣商務印書館，1986 年 3 月），頁 57。
〔註 79〕 引自〔漢〕班固等撰〔唐〕顏師古注：《漢書・藝文志第十》卷三十，第 6 冊（北京：中華書局，2007 年 10 月），頁 1713、1715。
〔註 80〕 引自張高評著：《左傳導讀・三傳之得失與會通》（臺北：文史哲出版社，1995年 10 月），頁 17。

三十六次,《公羊》十七次,《穀梁》八次,共計稱引《春秋三傳》六十一次,充分顯現其對《三傳》的運用。下方便舉例探討《周易姚氏學》對《三傳》的徵引,先從援引《左傳》的〈同人・象傳〉開始介紹:

〈象〉曰:〈同人〉柔得位、得中,而應乎〈乾〉,曰〈同人〉……。

注:虞翻曰:二得中,應〈乾〉。案:服虔《左傳注》云:「天在上,火炎上,同於天,天不可同,故曰〈同人〉。」〔註81〕

此處引《左傳正義・昭公二十九年》中的服虔注〔註82〕,來解釋〈同人〉卦名之涵義。〈同人〉內卦爲〈離〉,外卦爲〈乾〉,天在上,人在中,地在下,〈乾〉天在上,〈離〉火焰亦向上,將同於天,但天不可同,故止於人位,稱〈同人〉。接著要介紹的《公羊傳》,對《周易姚氏學》的影響甚鉅,乃因姚氏在其中找到了關於「易元」學說的理論依據,見〈乾〉:

〈乾〉:元、亨、利、貞。

注:《子夏傳》曰:元,始也;亨,通也;利,和也;貞,正也。

案:元者,二氣之始,萬物之元也。……《公羊・隱元年》疏引《春秋說》云:「元者,端也,氣泉。注云:『元爲氣之始,如水之有泉。』」蓋元自初至上,无時不在,與下爻稱初,則下乃成體之初,元則成始、成終之原也。〔註83〕

《周易姚氏學》以「元」爲陰陽二氣之始、天下萬物之初。此處用《春秋公羊傳注疏・隱公元年》〔註84〕所援引的《春秋說》旁證「元爲氣之始」之理,泉爲水之源頭,如同元爲氣之發端,最後強調「元」無時不在,爲成始、成終之原。後續介紹《穀梁傳》,見〈繫辭上傳〉:

〔註81〕引自〔清〕姚配中撰:《周易姚氏學・同人・象傳》卷六【一經盧叢書本】,收入《續修四庫全書・經部・易類》第30冊(上海:上海古籍出版社,2002年3月),頁522。

〔註82〕參照〔晉〕杜預集解〔唐〕孔穎達等正義:《春秋左傳正義・昭公・二十九年》卷五十三,收入〔清〕阮元校勘:《十三經注疏》(臺北:藝文印書館,2007年8月),頁924。

〔註83〕引自〔清〕姚配中撰:《周易姚氏學・乾》卷一【一經盧叢書本】,收入《續修四庫全書・經部・易類》第30冊(上海:上海古籍出版社,2002年3月),頁464。

〔註84〕參照〔漢〕何休解詁;舊題〔唐〕徐彥疏:《春秋公羊傳注疏・隱公・元年》卷一,收入〔清〕阮元校勘:《十三經注疏》(臺北:藝文印書館,2007年8月),頁8。

〈繫辭上傳〉：一陰一陽之謂道。

　　案：此〈既濟〉太極之象也。陰陽者，相兼而不可偏廢者也。《穀梁

　　　　傳》

　　曰：「獨陰不生，獨陽不生，獨天不生，三合然後生。」〔註85〕

太極生陰、陽兩儀，《周易》六十四卦全由陰與陽兩種爻畫組成，相輔相成，不可偏廢，此即〈繫辭傳〉所謂「一陰一陽之謂道」。姚配中引證《穀梁傳・莊公三年》〔註86〕之語，強調陰、陽不可獨生，必彼此相合，才能生成。最後，敘述《周易姚氏學》取《春秋繁露》旁證之情形。

（二）《春秋繁露》

　　在此先點出《周易姚氏學》徵引董仲舒《春秋繁露》的兩個小小的特殊之處：一、姚配中援引《春秋繁露》文句時，稱引名目皆為「董子」或文章篇名，除了卷首〈贊元〉曾稱「董子《春秋繁露・重政》」〔註87〕一次之外，內文從未以《春秋繁露》稱之；二、《周易姚氏學》徵引董仲舒《春秋繁露》共達三十三次，而第三卷竟然就佔了十次。這兩個現象有著什麼樣的涵義？姚氏有著怎麼樣的撰文傾向？筆者揣測：一、「董子」為漢學家姚配中對董仲舒的尊稱，而董氏著作，可見者僅存《春秋繁露》，故將稱謂統一，「董子」之言即等同於《春秋繁露》文句；二、《春秋繁露》多在討論陰陽、王道、天運之事，恰能配合《周易姚氏學》釋〈坤〉（第三卷純粹注釋〈坤〉卦）之語。然而，這種撰著慣性與比重的問題，作者若未說明，第三者所提出的種種看法，就都只是揣測，沒有證據可以判定對錯，後代研究者只能藉由引例來推敲，增加其可能性，使之盡量接近自己的推論。以下便從《周易姚氏學》第三卷挑選兩例觀察，先看〈坤・初六〉：「履霜，堅冰至。」下面案語：

　　一陰初生，消〈乾〉成〈姤〉。〈姤〉五月卦，云「履霜者」，此言畫

〔註85〕引自〔清〕姚配中撰：《周易姚氏學・繫辭上傳》卷十四【一經廬叢書本】，收入《續修四庫全書・經部・易類》第30冊（上海：上海古籍出版社，2002年3月），頁633。

〔註86〕參照舊題〔晉〕范甯集解〔唐〕楊士勛疏：《春秋穀梁傳注疏・莊公・三年》卷五，收入〔清〕阮元校勘：《十三經注疏》（臺北：藝文印書館，2007年8月），頁46。

〔註87〕參照〔清〕姚配中撰：《周易姚氏學・序・贊元》卷首【一經廬叢書本】，收入《續修四庫全書・經部・易類》第30冊（上海：上海古籍出版社，2002年3月），頁455。

變之爻也。……履霜堅冰，幾始於〈姤〉，由來者漸矣，初在下，故曰履。五月陰始萌，不得有霜，霜亦由漸而然。九月霜始降，陰始變成六。〈坤〉，全體畢著時也。由微陰之凝，漸而霜而冰，其起甚微，非達見者，烏睹冰霜之由。由於盛夏之微陰哉，所謂積也。董子〈基義〉云：「天之氣徐，（不）〔註88〕乍寒乍暑，故寒不凍，暑不暍，以其有餘〔註89〕徐來，不暴卒也。」引此以證，見有漸也。〔註90〕

五月陰氣開始萌芽，消剝〈乾〉而成〈姤〉。當時陰氣初成，未能結霜，須等到九月，才會開始降霜。根據十二消息卦：陰消〈乾〉，則由〈姤〉而〈遯〉、而〈否〉、而〈觀〉、而〈剝〉，以至於〈坤〉〔註91〕，從盛夏之微陰，至微陰之凝，漸而霜而冰，乃漸進而成，並非突如其來，寓意相似董仲舒《春秋繁露・基義》：「天之氣徐……不暴卒也。」一段，故董氏於後引證《周易・初六》爻辭來銜接。姚配中熟讀董氏書，遂又引出此段旁證《周易姚氏學》，堪稱巧妙。再看〈坤・文言傳〉：

> 〈坤・文言〉：陰雖有美，含之以從王事，弗敢成也。地道也、妻道也、臣道也。地道无成而代有終也。

> 案：董子曰：「天爲君而覆露之；地爲臣而持載之；陽爲夫而生之；陰爲婦而助之。」〈基義〉文。又〈五行對〉云：「地出雲爲雨，起氣爲風。風雨者，地之爲〔註92〕爲。地不敢有其功名，必上之於天命。若從天氣

〔註88〕《春秋繁露校釋》：「『不』字舊脫，據上下文意及盧（盧文弨）校補。」引自鍾肇鵬主編；于首奎、周桂鈿、鍾肇鵬校釋：《春秋繁露校釋・基義第五十三》卷十二，收入孔子文化大全編輯部編輯：《孔子文化大全》（濟南：山東友誼出版社，1994年12月），頁636。

〔註89〕俞樾：「『有餘』二字衍文，『餘』即『徐』之誤。而衍者，既衍『餘』字，因又增入『有』字耳。」引自〔清〕俞樾撰：《諸子平議・春秋繁露二》卷二十六，收入徐德明、吳平主編：《清代學術筆記叢刊》第59冊（北京：學苑出版社，2005年9月），頁291。

〔註90〕引自〔清〕姚配中撰：《周易姚氏學・坤・初六》卷三【一經盧叢書本】，收入《續修四庫全書・經部・易類》第30冊（上海：上海古籍出版社，2002年3月），頁487。

〔註91〕參閱屈萬里著：《先秦漢魏易例述評・十二消息卦》卷下（臺北：臺灣學生書局，1969年4月），頁78～79。

〔註92〕「爲」字應作「所」字。《春秋繁露校釋》：「周本、王本、沈本、程本、王謨本及董箋本『所』俱誤作『爲』；紀、孔、黃校並作『所』。」引自鍾肇鵬主編；于首奎、周桂鈿、鍾肇鵬校釋：《春秋繁露校釋・五行對第三十八》卷十，收入孔子文化大全編輯部編輯：《孔子文化大全》（濟南：山東友誼出版社，

者，故曰『天風』、『天雨』，莫曰「地風」、「地雨」。勤勞在地，名一歸於天。故下事上，如地事天。」又〈竹林〉云：「春秋之義，臣有惡，君名美，故忠臣不顯諫，欲其由君出也。」〔註93〕

陰雖有柔美之德，卻能潛藏自己來輔佐君王、協助王政的施行，莫敢把功勞歸入己有，此即地之道的表徵、妻之道的榜樣、臣之道的標竿，姚氏於〈傳〉文下面，連續引用三段《春秋繁露》文句旁證。〔註94〕〈基義〉及〈五行對〉詳明「天為君、地為臣」之理：地雖勞於事，卻把美譽盡歸諸天，故下事上、婦侍夫，應當如地事天般歸順；〈竹林〉則更進一步，說明臣子應替君王隱惡揚善，罪惡皆承攬於己，美名一歸於君，故忠臣勸諫必選在私下，除了讓君王在會議上保有威嚴外，還能把卓越的觀點先給予君王作為開會的題材，使朝廷百官咸嘆服君王之睿智。

五、引《孝經》與《爾雅》旁證

《周易姚氏學》稱引《爾雅》之名十二次，另以篇名為稱引名稱者有七次（姚氏分別引證〈釋詁〉、〈釋言〉、〈釋天〉各一次，引證〈釋草〉、〈釋畜〉各二次），共計十九次；而對《孝經》的引用僅僅六次（均直接以《孝經》二字為稱引之名，未有以篇名稱引者），明顯低於前面介紹的其他經典。因此，筆者便把《孝經》和《爾雅》兩經合併介紹，各自列舉二例說明，先從《周易姚氏學》引《孝經》的旁證開始，見〈蒙·初六·象傳〉：

〈蒙·初六〉：「發蒙，利用刑人，用說桎梏；以往吝。」〈象〉曰：「『利用刑人』，以正法也。」

注：虞翻曰：〈坎〉為法，初發之正，故以正法。案：……〈坎〉為法，以正法者，以法度教人，望其免於刑戮也。《孝經》云：「非先王之法言不敢言，非先王之法服不敢服。」凡事物之得正者皆法；失正者皆非法也。〔註95〕

1994 年 12 月），頁 555。

〔註93〕引自〔清〕姚配中撰：《周易姚氏學·坤·文言傳》卷三【一經盧叢書本】，收入《續修四庫全書·經部·易類》第 30 冊（上海：上海古籍出版社，2002 年 3 月），頁 492～493。

〔註94〕參照〔清〕蘇輿撰〔民國〕鍾哲點校：《春秋繁露義證》（北京：中華書局，2010 年 1 月），頁 53（〈竹林〉卷二）、頁 316（〈五行對〉卷十）、頁 351（〈基義〉卷十二）。

〔註95〕引自〔清〕姚配中撰：《周易姚氏學·蒙·初六·象傳》卷四【一經盧叢書本】，收入《續修四庫全書·經部·易類》第 30 冊（上海：上海古籍出版社，2002

〈蒙〉下卦爲〈坎〉，〈坎〉爲法，刑罰爲懲治惡人的最後手段，安定社會才是主要目的。在起初之時，利於樹立規範、培養官吏，確立法度，並教之於民，以正者爲法，不正者爲非法，讓惡行無以發跡，自然達到《尚書》所謂「刑期于無刑，民協于中。」〔註96〕的境界。然而，何者爲正？何者失正？評判標準爲何？姚氏引證《孝經‧卿大夫章》〔註97〕爲解，卿、大夫須遵守先王制定的禮法，不能穿戴僭越身份的服飾；說話也須謹守先王所述及，合乎禮法之言，一切以依循君王旨意爲正。另舉〈家人‧彖傳〉爲例：

> 〈彖〉曰：……家人有嚴君焉，父母之謂也。

> 注：荀爽曰：〈離〉、〈巽〉之中有〈乾〉、〈坤〉，故曰父母之謂也。

> 案：家人有嚴君，則家正矣。《孝經》曰：「孝莫大於嚴父，……故親生之膝下，以養父母日嚴。聖人因嚴以教敬，因親以教愛。」
> 〔註98〕

家人中有嚴正的君長，即指父母，父母若能嚴正，家庭自能正，因此孝道中以侍奉父親最爲重要。敬愛父母之心，生於童稚，隨著年齡漸長，與日俱增，聖人知其能明父母之尊嚴，便教之敬愛之理；見其能親近父母，便教之親愛之道。此處所徵引的《孝經》經文出自〈聖治章〉。〔註99〕

由於《爾雅》本身爲辭書，經文屬於定義性、講解性文字，故其語句性質較爲精簡，使得被徵引的文句也相對較爲簡短，此亦反映在《周易姚氏學》上，見〈坤‧文言傳〉即可知：

〔註96〕 年3月），頁500。
引自舊題〔漢〕孔安國傳〔唐〕孔穎達等正義：《尚書正義‧虞書‧大禹謨》卷四，收入〔清〕阮元校勘：《十三經注疏》（臺北：藝文印書館，2007年8月），頁55。

〔註97〕 《孝經》原文：「非先王之法服不敢服，非先王之法言不敢道。」姚配中此處倒置兩句，但不影響原意。參照〔唐〕唐玄宗御注〔宋〕邢昺疏：《孝經注疏‧卿大夫章》卷二，收入〔清〕阮元校勘：《十三經注疏》（臺北：藝文印書館，2007年8月），頁23。

〔註98〕 引自〔清〕姚配中撰：《周易姚氏學‧家人‧彖傳》卷十【一經廬叢書本】，收入《續修四庫全書‧經部‧易類》第30冊（上海：上海古籍出版社，2002年3月），頁570～571。

〔註99〕 「孝莫大於嚴父」下面尚有「嚴父莫大於配天，則周公其人也。……又何以加於孝乎？」才銜接「故親生之膝下」，此段被姚配中省略不引。參照〔唐〕唐玄宗御注〔宋〕邢昺疏：《孝經注疏‧聖治章》卷五，收入〔清〕阮元校勘：《十三經注疏》（臺北：藝文印書館，2007年8月），頁36～37。

〈坤‧文言傳〉：陰疑於陽必戰，爲其嫌於无陽也，故稱「龍」焉；猶未離其類也，故稱「血」焉。夫「玄黃」者，天地之雜也，天玄而地黃。

案：⋯⋯陰凝陽，故天地雜。天者陽大赤，伏陰下位亥壬，故色玄。玄者，黑而有赤色也⋯⋯。《爾雅》：「三染謂之纁。」三入赤汁也。〔註100〕

天色玄，地土黃，陰凝陽，兩色相雜，遂成「玄黃」。玄者，色黑而帶赤色，語意仍稍嫌模糊，故《周易姚氏學》又援引《爾雅‧釋器》〔註101〕將之形容得更加具體。另一則見〈頤‧初九〉：

〈頤‧初九〉：舍爾靈龜，觀我朵頤，凶。

注：鄭康成曰：朵，動也。

案：舍，止也。龜，陰之老也，千歲而靈。《爾雅》：「一曰神龜，二曰靈龜。」初應四，四體〈艮〉止，互〈坤〉，故舍爾靈龜；我謂初，初體〈震〉動，故觀我朵頤；動化失位，故凶。〔註102〕

靈龜爲龜之最神明者，制止靈龜而觀人朵頤，乃不智之舉，〈象傳〉曰：「不足貴也。」〔註103〕姚氏先用《爾雅‧釋魚》〔註104〕引證靈龜之可貴，再解釋爻辭。〈頤〉卦上〈震〉下〈艮〉，初應四，四體〈艮〉而止，初體〈震〉，〈震〉爲動，初九動而失位，故將有凶險。

第三節　博采史書與百家之語

《周易姚氏學》除「援引《周易》經傳自證」及「取其他經部文獻旁證」

〔註100〕引自〔清〕姚配中撰：《周易姚氏學‧坤‧文言傳》卷三【一經廬叢書本】，收入《續修四庫全書‧經部‧易類》第 30 冊（上海：上海古籍出版社，2002 年 3 月），頁 494。

〔註101〕參照〔晉〕郭璞注〔宋〕邢昺疏：《爾雅注疏‧釋器》卷五，收入〔清〕阮元校勘：《十三經注疏》（臺北：藝文印書館，2007 年 8 月），頁 80。

〔註102〕引自〔清〕姚配中撰：《周易姚氏學‧頤‧初九》卷八【一經廬叢書本】，收入《續修四庫全書‧經部‧易類》第 30 冊（上海：上海古籍出版社，2002 年 3 月），頁 551。

〔註103〕引自〔魏〕王弼、〔晉〕韓康伯注〔唐〕孔穎達等正義：《周易正義‧頤‧象傳》卷三，收入〔清〕阮元校勘：《十三經注疏》（臺北：藝文印書館，2007 年 8 月），頁 69。

〔註104〕參照〔晉〕郭璞注〔宋〕邢昺疏：《爾雅注疏‧釋魚》卷九，收入〔清〕阮元校勘：《十三經注疏》（臺北：藝文印書館，2007 年 8 月），頁 168。

外，也博取歷代史書、諸子百家來解釋《周易》，援引數目雖不及經部文獻，但也占有相當比例，具有不容忽略的一席之地，故將史部、子部集中於本節說明。況且，中國的著作向來不是那麼涇渭分明，古代經、史本同源，某些書籍雖因性質歸入子書，但其實與經學息息相關〔註105〕，例如：後漢經學會議下產生的《白虎通》，論述多為經術之事，更深遠地影響了後代的經學觀；《太玄》亦為子書，而其為擬《易》之作，書中不少論點，也為後世諸多易學家汲取、發明。筆者在視察《周易姚氏學》對各古籍的援用狀況後，見姚氏對史書的援引比較分散，因此立「歷代史書」於本節之首，統一介紹；子部書籍較為龐雜，姚氏對諸子各家的徵引數量上，最高者為儒家，置於第二小節；次為雜家的《白虎通》、《呂氏春秋》、《淮南子》，筆者依性質將「《呂氏春秋》與《淮南子》」合併於第三小節，第四小節再個別討論《白虎通》一書，第五小節探討被援引四十七次的術數類書籍《太玄》，最後一個小節則略引五則其他子書之語，以見姚配中徵引範圍之廣博。

一、援引歷代史書

　　引證史事來注解《周易》的方法，早已廣泛被歷代易學家使用，鄭康成即為「援史證《易》」的先驅者之一，《周易姚氏學》曾引述鄭氏「以史事證《易》」之說，亦知運用史料以釋《易》之法。清儒吳曰慎《周易本義爻徵・吳昌序》曰：「吾伯（即吳口慎）嘗曰：『論事不綜於理，則流為刑名法術之學；論理不徵諸事，則入於空虛寂滅之談，兩者交譏。』故既默會性命精微之蘊，復上下古今得失，以證吉凶悔吝消長存亡之道。俾讀經者，知以經會史，而讀史者，亦知以史證經，庶幾體用一原，顯微無間。」〔註106〕歷史為過去之事跡、彰顯之事理，藉具體明確的歷史事件，推求隱微抽象的易理，使經、史相會，以求融通，即「援史證《易》」。此法從兩漢以前便已萌芽，

〔註105〕《傳習錄》：「愛曰：『先儒論六經，以《春秋》為史，史專記事，恐與五經事體終或稍異。』先生曰：『以事言，謂之史；以道言，謂之經。事即道，道即事，《春秋》亦經，五經亦史。……其事同，其道同，安有所謂異？』引自〔宋〕王守仁語錄〔民國〕正中書局編審委員會編校：《王陽明傳習錄附大學問・傳習錄上》卷一（臺北：正中書局，1976年4月），頁8。

〔註106〕引自〔清〕吳曰慎撰：《周易本義爻徵・吳昌序》【清道光二十年李錫齡刻惜陰軒叢書影印本】，收入《續修四庫全書・經部・易類》第17冊（上海：上海古籍出版社，2002年3月），頁527。

魏晉南北朝隋唐持續發展，到宋代則趨向成熟，蔚為大觀，兩派六宗的「史事宗」〔註107〕，亦奠定於此時，宋代之後的「援史證《易》」者，大抵皆屬宋代史事易學之流裔。〔註108〕

《周易姚氏學》中亦大量徵引史料為注解，但姚配中的注解方式，卻與李光、楊萬里等史事易學家不大相同，似乎不符合一般「援史證《易》」的做法，此為何故？筆者要在此稍微釐析「援史證《易》」一詞，或許能以研究方式為界線，將「援史證《易》」拆解成「援史事證《易》」與「援史籍證《易》」二者。「援史事」者，直接援引史事比附《周易》，為釋《易》的一種專門方式，後遂發展成一個學術宗派；「援史籍」者，援引史書文句注解《周易》，在研究方法上，隸屬於「引用法」的一種，史籍僅為眾多文獻中的一類。因此，「援史籍」者，亦可將史籍援用於轉述他人之言、探討昔日社會狀況、考證某項議題等，不須侷限於援引史事。《周易姚氏學》在「援史證《易》」的方式上，大抵皆屬「援史籍證《易》」之法，較少直接以史事參證《周易》，即使援引史事，大多也是以引用史書或前人之說（如鄭玄）的語句帶出。

下文列舉幾則姚配中「援史籍證《易》」的實際條例，《周易姚氏學》對史籍的徵引數量，以《史記》、《漢書》為最多，故先從此兩本「正史類」史書開始介紹，先看《周易姚氏學·井·九三》對《史記》的援引：

〈井·九三〉：……可用汲，王明，並受其福。

案：王謂〈泰·五〉，〈泰·五〉失位，欲其之正，成〈離〉、〈坎〉，用文王之道，以養天下也。〈象〉曰：「求王明。」則王本不明，喻文王望紂也，故知謂〈泰·五〉。若〈井·五〉已體〈坎〉、〈離〉，乃改邑之王也，〈泰·五〉失位，故初得而改之，若〈泰·五〉自正，天下猶是殷有也，

〔註107〕《四庫提要》：「漢儒言象數，去古未遠也，一變而為京、焦，入於磯祥。……再變而李光、楊萬里，又參證史事，易遂日啟其論端，此兩派六宗，已互相攻駁。」引自〔清〕紀昀等撰：《欽定四庫全書總目·經部·易類序》第1冊（臺北：藝文印書館，2004年10月），頁62～63。

〔註108〕黃師忠天於〈史事宗易學研究方法析論〉一文中，根據史事易學發展的脈絡與演進，提出史事易的五段分期：兩漢以前的萌芽期→魏晉南北朝隋唐的發展期→兩宋的成熟期→元明的推衍期→清代的極盛期。若深究其文，即可知「史事易學」直到宋代才大為流行，擁有相當的研究人數與固定的解經方式，而宋代以前，應只能稱為「援史證《易》」之法，乃一種注解《周易》的方法，尚未成為一門學派、學術。參閱黃師忠天：〈史事宗易學研究方法析論〉，《周易研究》總第85期（2007年10月第5期），頁41～45。

誰得而改之？〈井〉之一卦爲殷家著，所以必至改邑之故，下卦多危辭。……
《史記·屈原傳》云：「人君無愚知賢不肖，莫不欲求忠以自爲，舉賢以自佐，
然亡國破家相隨屬，而聖君治國累世而不見者，其所謂忠者不忠，而其所謂
賢者不賢也。……《易》曰：『井渫不食，爲我心惻，可以汲，王明，並受其
福。』王之不明，豈足福哉！」〔註109〕

在家天下的時代裡，王明，則天下萬民竝受其福澤；王若不明，則天下必有
災禍。姚配中指出「王」謂〈泰·六五〉，陰爻居五，失其位，如何能明？如
同姬昌期盼紂王自省、改正，實不可得也。司馬遷撰寫〈屈原賈生列傳〉時，
感慨屈原擁有一流的才幹與一顆憂國憂民之心，卻懷才不遇，慘遭流放，乃
因君王昏庸不明，故引《周易·井·九三》的爻辭反諷〔註110〕，姚氏則再把
太史公之語引入己書之中。《周易姚氏學》亦曾援引《漢書》，見〈損·六五〉：

〈損·六五〉：或益之十朋之龜，弗克違，元吉。

案：二益五也。二自正，則不益五，二不之正，則升之五，益五故
曰「或」。〈坤〉，陰之老，爲龜，直十朋也。〈漢志〉：貝二枚爲一
朋，有大貝、壯貝、幺貝、小貝。龜四品：元龜直大貝十朋、公龜直壯貝十
朋、侯龜直幺貝十朋、子龜直小貝十朋，其義即本於此。〔註111〕

龜有四品，「元龜」爲眾龜中價值最高的龜種，相當於大貝十朋。〈損·六五〉
爻辭有「十朋之龜」一詞，故姚配中引《漢書·食貨志》〔註112〕解釋漢代貝
與龜之種類、等級，以方便讀者了解「十朋之龜」的價值，用意良善。美中
不足的是，此言源自《漢書·食貨志》，而「漢志」一詞，普遍被用來當作《漢
書·藝文志》的簡稱，姚氏以「漢志」爲稱，卻援用〈食貨志〉文句，恐怕
會讓人產生誤會，不甚妥當。除了「正史類」的史籍之外，《周易姚氏學》也
援引了「傳記類」的《晏子春秋》及「雜史類」的《國語》篇章作爲注《易》

〔註109〕引自〔清〕姚配中撰：《周易姚氏學·井·九三》卷十二【一經廬叢書本】，
收入《續修四庫全書·經部·易類》第30冊（上海：上海古籍出版社，2002
年3月），頁595～596。

〔註110〕參照〔漢〕司馬遷撰：《史記·屈原賈生列傳第二十四》卷八十四，第8冊（北
京：中華書局，2010年5月），頁2485。

〔註111〕引自〔清〕姚配中撰：《周易姚氏學·損·六五》卷十【一經廬叢書本】，收
入《續修四庫全書·經部·易類》第30冊（上海：上海古籍出版社，2002
年3月），頁580。

〔註112〕參照〔漢〕班固等撰〔唐〕顏師古注：《漢書·食貨志第四》卷二十四，第4
冊（北京：中華書局，2007年10月），頁1178。

之依據，見〈大壯・象傳〉引述《晏子》之語：

〈象〉曰：雷在天上，大壯；君子以非禮弗履。

案：非禮弗履，君子之壯也。〈聘義〉曰：「有行之謂有義，有義之謂
勇敢。故所貴於勇敢者，貴其能以立義也；所貴於立義者，貴其
有行也；所貴於有行者，貴其行禮也。故所貴於勇敢者，貴其敢
行禮義也。」非禮弗履，則敢於行禮。《晏子・諫篇》云：「輕死以行禮謂之
勇，誅暴不避強謂之力，故勇、力之立也，以行其禮義也。」〔註113〕

〈大壯〉指出君子之壯乃在「非禮弗履」。姚配中又以《禮記・聘義》闡
釋有行即是有義，有義亦謂勇敢，「勇敢者」貴其能立義、貴在其敢行禮義，以此
說明「非禮弗履，則敢於行禮」之真諦，又以《晏子春秋・內篇・諫上》〔註
114〕旁證勇力之所立，在行禮義而已。再看〈噬嗑・六三〉引《國語》：

〈噬嗑・六三〉：噬腊肉遇毒，小吝，无咎。

案：上來之三遇〈坎〉，易位得正，故小吝，无咎。〈周語〉曰：「位
高實疾僨，厚味實腊毒。」〔註115〕

上九陽爻居陰位，六三陰爻居陽位，上、三俱失位，故遇毒。三為上之毒，
易位可得正，雖小吝而无咎。姚配中於後徵引《國語・周語下》：「高位寔疾
顛，厚味寔腊毒」一句〔註116〕說明居高位者實近危，享重祿者如服毒。

二、援引先秦儒家

《漢書・藝文志・諸子略》：「儒家者流，蓋出於司徒之官，助人君順陰陽
明教化者也。游文於六經之中，留意於仁義之際，祖述堯舜，憲章文武，宗師
仲尼，以重其言，於道最為高。」〔註117〕可知儒家之學，順應陰陽、重視教育、

〔註113〕引自〔清〕姚配中撰：《周易姚氏學・大壯・象傳》卷九【一經盧叢書本】，
收入《續修四庫全書・經部・易類》第30冊（上海：上海古籍出版社，2002
年3月），頁564。

〔註114〕參照〔清〕孫星衍、黃以周校：《晏子春秋・內篇・諫上第一》卷一（上海：
上海古籍出版社，1989年9月），頁3。

〔註115〕引自〔清〕姚配中撰：《周易姚氏學・噬嗑・六三》卷七【一經盧叢書本】，
收入《續修四庫全書・經部・易類》第30冊（上海：上海古籍出版社，2002
年3月），頁539。

〔註116〕引自舊題〔周〕左丘明撰〔三國吳〕韋昭注：《國語・周語下》卷三，收入《四
部刊要・史部・雜史類》（臺北：漢京文化事業，1983年12月），頁92。

〔註117〕引自〔漢〕班固等撰〔唐〕顏師古注：《漢書・藝文志第十》卷三十，第6

崇尚古代聖賢、視六經爲典籍，以輔佐君王爲最終目的。孔子爲儒家的奠基者，後代儒者皆以仲尼爲宗師，孔子死後，最初弟子分爲二派，一派著重內在身心修養與道德，以曾子、子思爲代表，孟子即出於此支流；另一派注重外在典章制度與文物，以子夏、子游、子張爲代表，荀子爲此派之後學。〔註118〕因此，雖然孟、荀兩氏均出自孔子之門，也都繼承、發揚夫子之道，卻各自開展出風格迥然不同的學說：孟子重仁義，主張「性善論」，行內聖之學；荀子重禮義，秉持「性惡論」，行外王之道。司馬遷曰：「於威、宣之際，孟子、荀卿之列，咸遵夫子之業而潤色之，以學顯於當世。」〔註119〕而將孟軻、荀卿兩人並列於〈孟荀列傳〉，以方便讀者考察他們學說「殊途同歸」之處。

近代的研究者，普遍認定孔、孟、荀三人爲先秦儒家最重要的三名代表，王邦雄先生便說：「歷來詮釋先秦儒學，孔孟荀的序列格局，似已成定論。」〔註120〕但事實上，荀學在古代一直備受壓抑，漢代以前，孟、荀並稱儒林；唐、宋以降，孟子被尊爲聖賢，而荀子卻遭人非議；時至清代，荀學得到費密、傅山等學者的肯定，漸成顯學，以乾嘉學派爲中堅，延及光緒朝，才稱得上荀學之中興期。〔註121〕《周易姚氏學》稱引《荀子》四十八次，在徵引數量上甚至超過《孟子》，這番對《荀子》的見重，恐不能不歸功於清代荀學興盛之風。因此，在介紹《周易姚氏學》博引儒家之學時，不可忽略《荀子》一書，故將已成《十三經》的《論語》、《孟子》拉至此小節，合併爲「先秦儒家」來探討。

以下就依序介紹姚配中對孔子、孟子、荀子三人學說的引用，見〈乾・文言〉：「君子學以聚之，問以辯之，寬以居之，仁以行之，《易》曰：『見龍在田，利見大人。』君德也。」下面的小字案語，即徵引了三次《論語》文句：

> 文王爻辭唯〈九三〉言人事，〈傳〉則言行、言學、言進脩，无在非學也。〈象〉曰：「君子以自強不息。」子蓋三致意焉。子曰：「加我

冊（北京：中華書局，2007 年 10 月），頁 1728。

〔註118〕 參閱梁啓超著：《儒家哲學・二千五百年儒學變遷概略（上）》（臺北：臺灣中華書局，1980 年 2 月），頁 21。

〔註119〕 引自〔漢〕司馬遷撰：《史記・儒林列傳第六十一》卷一百二十一，第 10 冊（北京：中華書局，2010 年 5 月），頁 3116。

〔註120〕 引自王邦雄：〈由老莊道家析論荀子的思想性格〉，《鵝湖學誌》總第 27 期（2001 年 12 月），頁 4。

〔註121〕 參閱陳秋虹：《清代荀學研究・緒論、清代荀學之發展及其背景》（高雄：國立高雄師範大學國文研究所碩士論文，1992 年 5 月），頁 1、49。

數年，五十以學《易》。」而於每卦〈象傳〉，必曰「以」。以者，學
之謂也，自天子至庶人，无人不當學；自春及冬，自朝及夕，无時
不宜學；富貴貧賤，夷狄患難，无在不可學。子曰：「我學不厭。」
〔註122〕曰：「發憤忘食。」曰：「不如丘之好學。」聖人亦學而已。
〈學記〉曰：「君子如欲化民成俗，其必由學乎。」故於世子之爻，
發學之義焉。〔註123〕

姚配中認爲《周易・乾・九三》在明人事〔註124〕，《易傳》闡發其德行、學習、
進修之道，實皆在學而已，无人不當學、无時不宜學、无在不可學，並引舉
《論語》三則〔註125〕和一則《孟子》中的「孔子曰」〔註126〕來印證夫子之好
學。最後導出「聖人亦學而已」的結論，呼籲人們向學。再看〈蠱・象傳〉
援引《孟子》：

> 〈象〉曰：山下有風，蠱：君子以振民育德。
>
> 注：虞翻曰：〈坤〉爲民，初上撫〈坤〉，故振民。
>
> 案：振，奮也。止，故振之；育，養也。鬱，故養之。橈萬物者，
> 莫疾乎風也。放勳曰：「勞之來之，匡之直之，輔之翼之，又從
> 而振德之。」〔註127〕

〈蠱〉來自〈泰〉，「君子」指的是〈泰〉卦下體〈乾〉；而〈泰〉卦上體〈坤〉，

〔註122〕筆者考察《論語》及其他記載夫子之言的文獻，皆未找到「我學不厭」一詞，
故推測其應爲「學而不厭」一詞。

〔註123〕引自〔清〕姚配中撰：《周易姚氏學・乾・文言》卷二【一經盧叢書本】，收
入《續修四庫全書・經部・易類》第 30 冊（上海：上海古籍出版社，2002
年 3 月），頁 482。

〔註124〕《周易・乾・九三》：「君子終日乾乾，夕惕若，厲，无咎。」引自〔魏〕王
弼、〔晉〕韓康伯注〔唐〕孔穎達等正義：《周易正義・乾・九三》卷一，收
入〔清〕阮元校勘：《十三經注疏》（臺北：藝文印書館，2007 年 8 月），頁 9。

〔註125〕「不如丘之好學」出自《論語・公冶長》；「加我數年，五十以學《易》」及「發
憤忘食」兩句出自《論語・述而》。參照〔魏〕何晏注〔宋〕邢昺疏：《論語
注疏・公冶長、述而》卷五、卷七，收入〔清〕阮元校勘：《十三經注疏》（臺
北：藝文印書館，2007 年 8 月），頁 46、62。

〔註126〕「我學不厭」出自《孟子・公孫丑上》參照〔漢〕趙岐注；舊題〔宋〕孫奭
疏：《孟子注疏・公孫丑上》卷三，收入〔清〕阮元校勘：《十三經注疏》（臺
北：藝文印書館，2007 年 8 月），頁 55。

〔註127〕引自〔清〕姚配中撰：《周易姚氏學・蠱・象傳》卷六【一經盧叢書本】，收
入《續修四庫全書・經部・易類》第 30 冊（上海：上海古籍出版社，2002
年 3 月），頁 532。

爲「民」之逸象，故〈泰〉卦下體〈乾〉之初爻上而撫慰之。〔註128〕上位者應當督促、糾正、扶助、撫育民眾，使百姓各得其所，放勳（堯之帝號）之言，轉引自《孟子·滕文公上》〔註129〕，此處無稱引《孟子》之名，是爲「暗用」。〈晉·九四〉則引《荀子·勸學》：

　　〈晉·九四〉：晉如鼫鼠，貞厲。

　　注：《荀九家》曰：鼫鼠喻貪，謂四也。體〈離〉欲升，體〈坎〉欲降，五伎皆劣，四爻當之。案：四互〈艮〉爲鼠，之正亦體〈艮〉，成〈剝〉，故貞厲。《荀子》曰：「目不兩視而明，耳不兩聽而聰。騰蛇無足而飛，梧鼠五伎而窮。」〔註130〕

鼫鼠即爲梧鼠，荀子曾言：「梧鼠五技而窮」〔註131〕，技能有五，卻不能專一，甚至比不上無足而能飛的騰蛇。姚氏配合《荀九家》解釋四互體〈艮〉，有鼠象，貪求而技巧拙劣，故窮。「騰蛇無足而飛，梧鼠五技而窮。」爲〈勸學篇〉著名佳句，此被《周易姚氏學》援用來注解《周易》。

三、援引《呂氏春秋》與《淮南子》

　　《呂氏春秋》爲陽翟（今河南濮陽西南）富商呂不韋召集門下食客，著其所聞，集論撰成。內容包含八〈覽〉、六〈論〉、十二〈紀〉，以爲備天地萬物古今之事，名曰《呂氏春秋》，世又稱《呂覽》（《周易姚氏學》多以此爲稱）。書成，暴之咸陽市門，懸千金其上，有能損一字者，賜予千金。〔註132〕東漢高誘曰：「此書所尚，以道德爲標的，以無爲爲綱紀，以忠義爲品式，以公方爲檢格，與孟軻、孫卿、《淮南》、揚雄相表裏也。」〔註133〕是知《呂氏春秋》

〔註128〕參閱王新春撰：《周易虞氏學·下篇·虞氏周易注今詮卷五·蠱》上集（臺北：頂淵文化事業，1999年2月），頁520～521。

〔註129〕參照〔漢〕趙岐注；舊題〔宋〕孫奭疏：《孟子注疏·滕文公上》卷五，收入〔清〕阮元校勘：《十三經注疏》（臺北：藝文印書館，2007年8月），頁98。

〔註130〕引自〔清〕姚配中撰：《周易姚氏學·晉·九四》卷九【一經廬叢書本】，收入《續修四庫全書·經部·易類》第30冊（上海：上海古籍出版社，2002年3月），頁567。

〔註131〕王先謙《集解》曰：「能飛不能上屋，能緣不能窮木，能游不能渡谷，能穴不能掩身，能走不能先人。」引自〔清〕王先謙集解：《荀子集解·勸學篇第一》卷一（臺北：藝文印書館，1967年7月），頁20。

〔註132〕參閱〔漢〕司馬遷撰：《史記·呂不韋列傳第二十五》卷八十五，第8冊（北京：中華書局，2010年5月），頁2510。

〔註133〕引自〔秦〕呂不韋主編〔民國〕陳奇猷校釋：《呂氏春秋校釋·《呂氏春秋》

融會諸多學者之說，此書出自眾手，食客源於各家各派，故思想較爲駁雜，雖有其著述宗旨與共識，卻難以歸類於某家、某派。高誘所列舉者多爲儒家人物，《四庫提要》亦云：「大抵以儒爲主，而參以道家、墨家。」〔註134〕盧文弨則曰：「《呂氏春秋》一書，大約宗墨氏之學，而緣飾以儒術。」〔註135〕畢沅折衷兩家曰：「彙儒、墨之恉，合名、法之源。」〔註136〕近人陳奇猷云：「陰陽家的學說是全書的重點，這從書中陰陽說所據的位置與篇章的多寡可以證明。」〔註137〕上述學者對《呂氏春秋》中心思想的歸類，即有儒家、墨家、合儒墨兩家、陰陽家四種說法，足見其之紛雜，《漢書·藝文志》將其列於「雜家」〔註138〕，可謂允當。

《淮南子》本名《鴻烈》，與《呂氏春秋》的成書方式雷同，近人徐復觀說：「規撫《呂氏春秋》的規模，以同一方式，抱同一目的，把漢初思想，作另一次大結集的，則爲劉安及其賓客所集體著作的《淮南子》，這也可算得思想史上的偉績。」〔註139〕《淮南子》的主導人爲西漢淮南王劉安，爲人好讀書、鼓琴，欲以行陰德拊循百姓，流譽天下〔註140〕，排除政治上個人的利害動機不談，《淮南子》編纂之目的可見於〈氾論〉：「百川異源，而皆歸於海；百家殊業，而皆務於治。」〔註141〕及〈要略〉：「經古今之道，治倫理之序，總萬方之指，而歸之一本；以經緯治道，紀綱王事。」〔註142〕是知此書用意

高誘序》（臺北：華正書局，1985年8月），頁2。

〔註134〕引自〔清〕紀昀等撰：《欽定四庫全書總目·子部·雜家類一》卷一百十七，第3冊（臺北：藝文印書館，2004年10月），頁2345。

〔註135〕引自〔清〕盧文弨撰：《抱經堂文集·跋三·書呂氏春秋後》卷十【抱經堂叢書本】，收入《叢書集成初編》（北京：中華書局，1985年），頁149。

〔註136〕引自〔秦〕呂不韋主編〔清〕畢沅校正：《呂氏春秋·呂氏春秋新校正序》【經訓堂叢書本】，收入四川大學古籍整理研究所、中華諸子寶藏編纂委員會編：《諸子集成新編》第九冊（成都：四川人民出版社，1998年2月），頁11。

〔註137〕陳奇猷：〈《呂氏春秋》成書的年代與書名的確立〉，《復旦學報（社會科學版）》1979年第5期（1979年9月），頁103。

〔註138〕參照〔漢〕班固等撰〔唐〕顏師古注：《漢書·藝文志第十》卷三十，第6冊（北京：中華書局，2007年10月），頁1741。

〔註139〕引自徐復觀著：《增訂兩漢思想史（第二卷）·《淮南子》與劉安的時代》（臺北：臺灣學生書局，1976年6月），頁175。

〔註140〕參閱〔漢〕司馬遷撰：《史記·淮南衡山列傳第五十八》卷一百一十八，第10冊（北京：中華書局，2010年5月），頁3082。

〔註141〕引自〔漢〕劉安主編；高誘注：《淮南子注·氾論訓》卷十三，收入楊家駱主編：《增補中國思想名著》（臺北：世界書局，1965年4月），頁213。

〔註142〕引自〔漢〕劉安主編；高誘注：《淮南子注·要略》卷二十一，收入楊家駱主

在萃取先秦各家學說精要，作爲統治天下之用，並嘗試熔諸子之說於一爐，統一思想與學術。此書與《呂氏春秋》的撰寫方式如此相近，想當然耳，也會出現與《呂氏春秋》相同的特質和問題，雜出眾手的作品，思想與內容難免會比較紛雜，胡適就曾稱《淮南子》是「一個大混合折衷的思想系統。」〔註143〕不同於《呂氏春秋》的是，歷代學者在討論《淮南子》思想的歸向時，論點大多能集中於漢代初期流行的道家思想，例如高誘曰：「其旨近《老子》，淡泊無爲，蹈虛守靜。」〔註144〕梁啓超曰：「《淮南鴻烈》爲西漢道家言之淵府。」〔註145〕戴君仁曰：「《淮南》的思想主幹是道家，可是它是新道家，是混合了老聃、愼到、申不害、韓非等家思想，而居道法之間的道家，也就是漢代所謂的黃老之學。」〔註146〕陳麗桂教授：「以道家思想爲主軸，統合儒與刑名、法各家，全書普遍瀰漫濃厚的陰陽色彩。」〔註147〕是知《淮南子》的撰寫者雖來自四面八方，但仍被當時的風氣與主導人劉安掌控，匯聚於黃老道家思想。

諸子百家之中，《周易姚氏學》援用次數之冠的兩者爲儒家和雜家。儒家方面，以孔子、孟子、荀子三人居首，已於上一個小節探討；雜家方面，則以稱引《呂覽》四十六次與《淮南子》五十二次爲最，因此特別簡介《淮南子》及《呂氏春秋》兩書，再各別選取一段《周易姚氏學》的援引實例。在此以密集援引《呂覽》的〈咸·初六〉爲例：

〈咸·初六〉：咸其拇。

注：鄭康成曰：拇，足大指也。

案：四感初，動應四，故咸其拇，此所謂近取諸身者也。《呂覽》曰：「人之有形體四枝，其能使之也，爲其感而必知者也，感而不

編：《增補中國思想名著》（臺北：世界書局，1965年4月），頁372。
〔註143〕胡適著：《淮南王書·手稿影印本序》（臺北：臺灣商務印書館，1962年9月），頁17。
〔註144〕參照〔漢〕劉安主編；高誘注：《淮南子注·敘》，收入楊家駱主編：《增補中國思想名著》（臺北：世界書局，1965年4月），頁1。
〔註145〕引自梁啓超著：《中國近三百年學術史·清代學者整理舊學之總成績（二）》（臺北：華正書局，1994年8月），頁262。
〔註146〕引自戴君仁：〈雜家與淮南子〉，收錄於陳新雄、于大成主編：《淮南子論文集》（臺北：木鐸出版社，1976年1月），頁10。
〔註147〕引自陳麗桂校注：《新編淮南子·導論》（臺北：國立編譯館，2002年4月），頁8。

知，則形體四枝不使矣。人臣亦然，號令不感，則不得而使矣。」

〈圜道文〉又曰：「形不動則精不流，精不流則氣鬱。」〈盡數文〉

又曰：「國亦有鬱，主德不通，民欲不達，此國之鬱也。」〈達鬱

文〉〔註148〕

手、足為人之能使之處，有感而必知。姚配中一口氣連續徵引三篇《呂氏春秋》的篇章為說〔註149〕，先解釋人體四肢相感遂通，氣鬱則不得使，再引申到國家的感通問題：臣於號令不感，便不得而使；主德不通，民欲不達，國將氣鬱。三則引文環環相扣，以足之大拇指推演到君臣、社稷問題，由此可見姚配中優異的歸納和演繹能力。再看〈震·六三〉所徵引《淮南子》：

〈震·六三〉：震蘇蘇，震行无眚。

注：虞翻曰：死而復生稱蘇，三死〈坤〉中，動出得正。〈震〉為生，

故蘇蘇，〈坎〉為眚，三出得正，〈坎〉象不見，故无眚……。

案：《淮南·時則》：「孟春，蟄蟲始振蘇」、「仲春，蟄蟲咸振蘇」所謂蘇蘇也。

動心忍性，生於憂患，恐懼修省，動而得正，故震蘇蘇，震行无眚。〔註150〕

虞氏以死而復生曰「蘇」，《周易姚氏學》承其義，援引《淮南子·時則訓》〔註151〕為說。孟春的蟄蟲在解除冬之寒凍後，開始甦醒活動；仲春的蟄蟲在雷始發聲後，一齊甦醒活動。《淮南子·時則訓》承《呂氏春秋·十二紀》而來，在陰陽五行的架構下，記述一年十二個月的干支、星象、氣候、政令等〔註152〕，姚配中撰有《周易通論月令》一書，書中多方攝取《禮記·月令》、《呂氏春秋·十二紀》、《淮南子·時則訓》的概念，故《周易姚氏學》亦多所借重〈時則訓〉來解釋《周易》。

〔註148〕引自〔清〕姚配中撰：《周易姚氏學·咸·初六》卷九【一經廬叢書本】，收入《續修四庫全書·經部·易類》第 30 冊（上海：上海古籍出版社，2002年 3 月），頁 559。

〔註149〕依序參照〔秦〕呂不韋主編〔民國〕陳奇猷校釋：《呂氏春秋校釋·圜道、盡數、達鬱》卷三、卷二十（臺北：華正書局，1985 年 8 月），頁 172、136、1373。

〔註150〕引自〔清〕姚配中撰：《周易姚氏學·震·六三》卷十二【一經廬叢書本】，收入《續修四庫全書·經部·易類》第 30 冊（上海：上海古籍出版社，2002年 3 月），頁 602。

〔註151〕參照〔漢〕劉安主編；高誘注：《淮南子注·時則訓》卷五，收入楊家駱主編：《增補中國思想名著》（臺北：世界書局，1965 年 4 月），頁 69～71。

〔註152〕參閱陳麗桂校注：《新編淮南子·時則第五》（臺北：國立編譯館，2002 年 4月），頁 347。

四、援引《白虎通》

　　東漢建初四年（西元 79 年），章帝召開一次大型的經學會議，命眾官員及學者聚集於白虎觀，《後漢書・章帝紀》記載：「於是下太常、將、大夫、博士、議郎，及諸生、諸儒會白虎觀，講議五經同異，使五官中郎將魏應承制問，侍中淳于恭奏，帝親稱制臨決，如孝宣甘露石渠故事，作《白虎議奏》。」〔註153〕諸儒逐項辨析、議決「爵」、「號」、「諡」、「天地」、「日月」等社會人倫與自然環境之名義、道理。在此次經學會議結束後，會議記錄最後被集結編纂成《白虎通義》一書，《白虎通》爲《白虎通義》之俗稱〔註154〕（姚配中皆稱此書爲「《白虎通》」，故本研究皆以「《白虎通》」稱之）。《白虎通》保留了漢代經學發展的成果，其中又鎔鑄了陰陽五行、讖緯學説、禮儀制度等思想內涵〔註155〕，因此頗爲後世學者看重、援用，但《白虎通》畢竟是一部經學會議的會議紀錄，論説駁雜，不具一致性、統一性，此爲性質之必然，引用時不可不愼。《周易姚氏學》曾稱引《白虎通》五十七次，多引用其對天地運行、社會編制之論述，見《周易姚氏學・乾・象傳》：

　　〈象〉曰：天行健，君子以自強不息。

　　注：干寶曰：言君子通之於賢也，凡勉強以進德，不必須在位也，
　　　　故堯、舜一日萬幾，文王日、昃不暇食，仲尼終夜不寢，顏子

〔註153〕引白〔南朝宋〕范曄撰〔唐〕李賢等注：《後漢書・肅宗孝章帝紀第三》卷三，收入《新校本廿五史・後漢書》第 1 冊（臺北：史學出版社，1974 年 5 月），頁 138。

〔註154〕《四庫提要》：「蓋諸儒可考者十有餘人，其議奏統名《白虎通德論》，猶不名《通義》。《後漢書・儒林傳》序言：『建初中，大會諸儒於白虎觀，考詳同異，連月乃罷。肅宗親臨稱制，如石渠故事，顧命史臣著爲《通義》。』唐章懷太子賢註云：「即《白虎通義》。」是足證固撰集後，乃名其書曰《通義》。〈唐志〉所載，蓋其本名，《崇文總目》稱《白虎通德論》，失其實矣。〈隋志〉刪去『義』字，蓋流俗省略，有此一名，故唐劉知幾《史通・序》引《白虎通》、《風俗通》爲説，實則遞相祖襲，忘其始者也。」引自〔清〕紀昀等撰：《欽定四庫全書總目・子部・雜家類》卷一百十八，第 3 冊（臺北：藝文印書館，2004 年 10 月），頁 2355。

〔註155〕周德良先生考究《白虎通》十餘年，爲臺灣《白虎通》研究領域的專家，曾精研「《白虎通》與讖緯」及「《白虎通》與漢代禮制」的關係，已成專書，值得參看，可參閱周德良著：《《白虎通》讖緯思想之歷史研究》，收入林慶彰主編：《中國學術思想研究輯刊・初編》第 23 冊（臺北：花木蘭文化出版社，2008 年 9 月）；周德良著：《白虎通暨漢禮研究》（臺北：臺灣學生書局，2007 年 12 月）。

欲罷不能，自此以下，莫敢淫心舍力，故曰：「自強不息」矣。

　案：……〈乾〉，健也，爲天。天行不息，日夜一周，故行健。《白
　　　虎通》曰：「君舒臣疾，卑者宜勞，天所以反常行何？以爲陽不
　　　動無以行其教，陰不靜無以成其化。雖終日乾乾，亦不離其處
　　　也。」〔註156〕

此段引自《白虎通・天地》〔註157〕，就一般常態來說，君舒適、臣疲累，身
份卑賤者應當要比身份尊貴者勞苦，但天卻背道而馳，如同堯、舜、文王、
孔子、顏淵等古代聖賢，自強不息以修己、教民，《白虎通》亦以《周易・乾・
九三》比喻天道「終日乾乾」〔註158〕，週而復始，日夜不息。姚配中又以《白
虎通》的天道觀來解釋出兵的意義，見〈師・象傳〉：

　〈象〉曰：地中有水，師；君子以容民畜眾。

　案：……《白虎通》曰：「司徒典民，司空主地，司馬順天。天者施
　　　生，所以主兵何？兵者爲謀除害也，所以全其生，衛其養也，
　　　故兵稱天。」〔註159〕

「司徒典民，司空主地，司馬順天。」一句爲《白虎通・封公侯》引〈別名
記〉之語〔註160〕，而非《白虎通》本文，姚氏此處未詳明出處。上天施予萬
物生命，但生活環境不免會有禍害侵擾，因此得出兵除害，以保衛自身安全，
乃一種維生之道，故「兵」可稱天道。〈師〉者，兵眾也，古代寓兵於農〔註

〔註156〕引自〔清〕姚配中撰：《周易姚氏學・乾・象傳》卷一【一經盧叢書本】，收
　　　　入《續修四庫全書・經部・易類》第 30 冊（上海：上海古籍出版社，2002
　　　　年 3 月），頁 472。
〔註157〕參照〔清〕陳立撰〔民國〕吳則虞點校：《白虎通疏證・天地》卷九，下冊（北
　　　　京：中華書局，2007 年 10 月），頁 423。
〔註158〕〈乾・九三〉：「君子終日乾乾，夕惕若，厲，无咎。」引自〔魏〕王弼、〔晉〕
　　　　韓康伯注〔唐〕孔穎達等正義：《周易正義・乾・九三》卷一，收入〔清〕阮
　　　　元校勘：《十三經注疏》（臺北：藝文印書館，2007 年 8 月），頁 9。
〔註159〕引自〔清〕姚配中撰：《周易姚氏學・師・象傳》卷五【一經盧叢書本】，收
　　　　入《續修四庫全書・經部・易類》第 30 冊（上海：上海古籍出版社，2002
　　　　年 3 月），頁 508。
〔註160〕陳立曰：「〈別名記〉，逸《禮》篇名也。」引自〔清〕陳立撰〔民國〕吳則虞
　　　　點校：《白虎通疏證・封公侯》卷四，上冊（北京：中華書局，2007 年 10 月），
　　　　頁 132。
〔註161〕參閱〔宋〕朱熹撰〔民國〕廖名春點校：《周易本義・上經・師》卷一（北京：
　　　　中華書局，2009 年 11 月），頁 62。

161〕，人人皆須為生存而戰，姚氏以之為釋，頗為恰當。最後看〈繫辭上傳〉：

〈繫辭上傳〉：富有之謂大業，日新之謂盛德。

案：《白虎通》曰：「地道安靜而出財物。」可大可久，德業之盛大，
以〈乾〉、〈坤〉著也。〔註162〕

「富有」表示大而無外的空間，「日新」表示久而無窮的時間。姚配中徵引《白
虎通・瑞贄》說明地道安靜而化成之功，沉澱累積，故可大可久，譬喻雖佳，
但姚氏僅取此段，若非熟稔《白虎通》文句者，恐會稍感唐突，假使能夠引出：
「贄者，方中圓外，象地，地道安寧而出財物，故以贄聘問也。……贄之為言
積也，中央故有天地之象，所以據用也。」〔註163〕應當會比較完善且妥當。

五、援引《太玄》

《太玄》為西漢揚雄模仿《周易》的形式所撰，宋代司馬光作〈說玄〉，
用條列的方式，把《周易》與《太玄》二者結構兩兩對照〔註164〕，能讓人清
楚看出《太玄》對《周易》的各項仿效之例。《太玄》寫於西漢末年，揚雄吸
取儒、道、五行、天文、曆法、音律等眾多學說，再自行加以闡發，寄託自
己的思想和懷抱於其中，王青先生曰：「揚雄利用了傳統及當代自然科學和社
會科學的一系列成果，這些成果包括道家的宇宙生成論、儒家的倫理綱常理
論、當時流行的天文曆法學說以及孟、京易學等等。從這個角度來說，《太玄》
具有集大成之功。」〔註165〕各文獻中，對《太玄》影響最深的，即為《周易》
與《老子》兩書，鄭萬耕先生曰：「先秦的辯證思維，有兩大系統，一是以《老
子》為代表的道家系統，一是以《易傳》為代表的易學系統。……《太玄》
融會《易》、《老》，對於辯證思想有所發展，成為漢代辯證思維的主要代表。」
〔註166〕最根本的，揚雄憑藉《老子》的「道」和《周易》的「太極」衍生出

〔註162〕引自〔清〕姚配中撰：《周易姚氏學・繫辭上傳》卷十四【一經廬叢書本】，
收入《續修四庫全書・經部・易類》第30冊（上海：上海古籍出版社，2002
年3月），頁634。

〔註163〕引自〔清〕陳立撰〔民國〕吳則虞點校：《白虎通疏證・瑞贄》卷八，上冊（北
京：中華書局，2007年10月），頁351。

〔註164〕參照〔漢〕揚雄撰〔宋〕司馬光集注〔民國〕劉韶軍點校：《太玄集注・說玄》
（北京：中華書局，2010年3月），頁3～5。

〔註165〕引自王青：〈《太玄》研究〉，《漢學研究》第19卷第1期（2001年6月），頁
101。

〔註166〕引自鄭萬耕：〈試論《太玄》對《易傳》辯證思維的發展〉，《哲學與文化》第

「玄」的觀念，成為此書對於世界根本規律的認識和表述。〔註167〕由上面言論可歸納《太玄》的三大貢獻：一在集先秦兩漢學說之大成，二在融會《易》、《老》兩書的論證思想，三在創立「玄」的概念。此三者都帶給日後的思想家、易學家許多啟示，例如姚配中對「易元」性質的觀點與論述，即參考自《太玄》的「玄」概念。〔註168〕除此之外，《周易姚氏學》還曾徵引《太玄》四十五次，筆者摘取三例介紹，見〈否·九五〉：

〈否·九五〉：……其亡，其亡，繫于苞桑。

案：陰消由四及五，故曰「其亡」。大人其之言彼之所以亡也，不可不監于有夏，不可不監于有殷，其亡其亡，監其所以亡，而因以自惕也，大人以亡自惕，故存不忘亡，身安而國家可保，是以休否而成〈既濟〉也，繫于包桑，言恩澤之在民者固也。〈太玄·羨·次三〉：「其亡其亡，將至于煇光。」〈測〉曰：「其亡其亡，震自衛也。」〈次七〉：「累卵業業，懼貞安。」〈測〉曰：「累卵業業，自危作安也。」是〈太玄〉以「其亡其亡」為自震懼，義本此。〔註169〕

此處所引的「首」名有誤，若對照《太玄》，即可知並非〈羨·次三〉，而應該是〈差〉首。〔註170〕此爻在告誡世人要保持居安思危之心，姚氏又徵引《太玄》相佐。「其亡其亡」，為自我震懼警誡之語，必須小心謹慎；「累卵業業」則指險難之際，若能知懼而貞正，或可轉危為安。〔註171〕見〈大壯·九三〉：

〈大壯·九三〉：小人用壯，君子用罔，貞厲……。

---

31 卷第 10 期（2004 年 10 月），頁 95。

〔註167〕 參閱劉韶軍著：《太玄校注·前言》（武漢：華中師範大學出版社，1996 年 6月），頁 9。

〔註168〕 〈文言〉曰：「元者，善之長也。」姚配中於下案語曰：「六龍皆有君德，而皆為元用，是為會合。……六爻皆根於元，故元為之長也，……楊子之所謂玄也。……桓譚《新論》云：『伏羲氏謂之易，老子謂之道，孔子謂之元，而楊雄謂之玄。』」是知姚配中所塑造的「易元」帶有「玄」之意。參閱〔清〕姚配中撰：《周易姚氏學·乾·文言》卷二【一經盧叢書本】，收入《續修四庫全書·經部·易類》第 30 冊（上海：上海古籍出版社，2002 年 3 月），頁 474。

〔註169〕 引自〔清〕姚配中撰：《周易姚氏學·否·九五》卷五【一經盧叢書本】，收入《續修四庫全書·經部·易類》第 30 冊（上海：上海古籍出版社，2002年 3 月），頁 521。

〔註170〕 參照〔漢〕揚雄撰〔宋〕司馬光集注〔民國〕劉韶軍點校：《太玄集注·差·次三》卷一（北京：中華書局，2010 年 3 月），頁 26。

〔註171〕 參閱劉韶軍著：《太玄校注·差·次三、次七》（武漢：華中師範大學出版社，1996 年 6 月），頁 27、28。

注：馬融曰：罔，无也。

案：壯不可極，三動而上則失位，故君子用罔，以不進爲進也。體〈乾〉三，故貞厲。〈太玄・積・次二〉：「積不用，而至于大用。」積不用，即用罔之義，非禮弗履，君子之罔、君子之壯也。〈太玄・務・次一〉：「始務無方，小人亦用罔。」〈測〉曰：「始務無方，非小人所理也。」言小人不能創始，故亦用罔，君子則用壯也。〔註172〕

小人依賴強盛，用其壯勇；君子韜光，潛藏不用。姚配中引《太玄》的〈積・次二〉〔註173〕與〈務・次一〉〔註174〕兩個贊說明：「君子用罔」實爲深謀遠慮，以不進爲進，積不用而大用之，乃用罔而不罔者。小人只知用壯，雖欲有成，卻不得其門而入，陷入迷惘，終不能創始，故知「罔」、「壯」對君子、小人之不同。最後介紹〈井・九二〉之所引：

〈井・九二〉：井谷射鮒，甕敝（應作「敝」）〔註175〕漏。

注：虞翻曰：〈巽〉爲鮒，小鮮也。〈離〉爲甕，甕瓶毀缺，羸其瓶，凶，故甕敝漏也。

案：〈離〉矢〈坎〉弓，二應在五，故射鮒。《詩》曰：「魚躍于淵。」喻民樂也，井谷射鮒，苛其民矣。〈太玄・法・次七〉：「密網離於淵，不利於鱗。」〈測〉曰：「密網離淵，苛法張也。」義本此。〔註176〕

姚配中先以「虞氏逸象」釋出矢、弓之象，並相合爲射鮒之象，再引《詩・大雅・旱麓》〔註177〕說明魚悠遊在河淵爲最樂，人民亦當如是，倘若採取嚴

〔註172〕引自〔清〕姚配中撰：《周易姚氏學・大壯・九三》卷九【一經廬叢書本】，收入《續修四庫全書・經部・易類》第30冊（上海：上海古籍出版社，2002年3月），頁564。

〔註173〕參照〔漢〕揚雄撰〔宋〕司馬光集注〔民國〕劉韶軍點校：《太玄集注・積・次二》卷五（北京：中華書局，2010年3月），頁126。

〔註174〕參照〔漢〕揚雄撰〔宋〕司馬光集注〔民國〕劉韶軍點校：《太玄集注・務・初一》卷二（北京：中華書局，2010年3月），頁55。

〔註175〕姚書此字訛誤，應作「敝」字，否則文意不能解，下之注解亦爲敝壞之意。參照〔魏〕王弼、〔晉〕韓康伯注〔唐〕孔穎達等正義：《周易正義・井・九二》卷五，收入〔清〕阮元校勘：《十三經注疏》（臺北：藝文印書館，2007年8月），頁110。

〔註176〕引自〔清〕姚配中撰：《周易姚氏學・井・九二》卷十二【一經廬叢書本】，收入《續修四庫全書・經部・易類》第30冊（上海：上海古籍出版社，2002年3月），頁595。

〔註177〕參照〔漢〕毛亨傳；鄭玄箋〔唐〕孔穎達等正義：《毛詩正義・大雅・旱麓》

刑峻法，反而對民過於苛刻，最後取《太玄·法·次七》的「密網離于淵」〔註
178〕相對應，認為贊辭之義，即本於此。

六、援引其他諸子

　　前面五個小節共列舉了《周易姚氏學》對《論語》、《孟子》、《荀子》、《呂
氏春秋》、《淮南子》、《白虎通》、《太玄》七本先秦兩漢的子部典籍，以上七
本被援引的次數雖多，但若以姚氏援以釋《易》的文獻種類來說，不過如九
牛一毛。《周易姚氏學》至少還徵引了道家類的《老子》、《莊子》、《列子》、《參
同契》；法家類的《管子》、《韓非子》；雜家類尚存《墨子》、《公孫龍子》、《顏
氏家訓》，儒家類也還有《新論》、《法言》、《說苑》等書未能納入前文討論，
姚配中甚至援引了較少被拿來注解《周易》的兵家《孫子》與醫類《黃帝內
經》篇章，徵引文獻十分多元，實無法一一列舉。筆者最後用表格的形式再
舉出「道家」、「法家」、「雜家」、「兵家」、「醫家」五家為代表，以實質例證
呈現《周易姚氏學》對諸子百家文獻之博采（請參見表九）：

表九、《周易姚氏學》所徵引諸子文句舉隅

《周易姚氏學》所載錄經文	所徵引之諸子文句	《四庫》類別
〈小畜·九三〉：「輿說輹……。」〔註179〕	《老子·十一章》：「三十輻共一轂。」〔註180〕	道家
〈乾·文言傳〉：「乾元者，始而亨者也。」〔註181〕	《管子·水地》「地者，萬物之本原，諸生之根苑也。」〔註182〕	法家

　　卷十六─三，收入〔清〕阮元校勘：《十三經注疏》（臺北：藝文印書館，2007
　　年8月），頁560。

〔註178〕參照〔漢〕揚雄撰〔宋〕司馬光集注〔民國〕劉韶軍點校：《太玄集注·法·
　　次七》卷三（北京：中華書局，2010年3月），頁84。

〔註179〕引自〔清〕姚配中撰：《周易姚氏學·小畜·九三》卷五【一經盧叢書本】，
　　收入《續修四庫全書·經部·易類》第30冊（上海：上海古籍出版社，2002
　　年3月），頁514。

〔註180〕參照〔魏〕王弼注〔民國〕樓宇烈校釋：《老子道德經注校釋·上篇·十一章》
　　（北京：中華書局，2009年3月），頁26。

〔註181〕引自〔清〕姚配中撰：《周易姚氏學·乾·文言傳》卷二【一經盧叢書本】，
　　收入《續修四庫全書·經部·易類》第30冊（上海：上海古籍出版社，2002

〈屯・象傳〉:「……宜建侯而不寧。」〔註183〕	《墨子・親士》:「非無安居也,我無安心也。」〔註184〕	雜家
〈師・象傳〉:「地中有水,師;君子以容民畜眾。」〔註185〕	《孫子・虛實篇》:「夫兵形象水,水之形,避高而趨下。兵之形,避實而擊虛。水因地而制流,兵因敵而制勝。故兵無常勢,水無常形。」〔註186〕	兵家
〈乾・上九〉:「亢龍有悔。」〔註187〕	《黃帝內經》之〈素問・陰陽離合論〉及〈靈樞・陰陽繫日月〉:「陰陽者,有名而無形。數之可十,推之可百;散〔註188〕之可千,推之可萬。萬之大不可勝數,然其要一也。」〔註189〕	醫家

綜觀而言,《周易姚氏學》所徵引的子部書籍,幾乎皆爲先秦兩漢之作品。此固然有很大的成因是由於諸子各家之宗師與典籍,大多淵源於先秦兩漢時期,但也可以看出姚配中對子書的擇取,仍不脫其漢學家的學術偏向。

第四節 結語

　　《漢書・藝文志》曰:「今異家者各推所長,窮加究慮,以明其指,雖有

年 3 月),頁 480。

〔註182〕參照郭沫若、聞一多、許維遹等集校:《管子集校・水地篇第三十九》下冊(東京:東豐書店,1981 年 10 月),頁 679。

〔註183〕引自〔清〕姚配中撰:《周易姚氏學・屯・象傳》卷四【一經廬叢書本】,收入《續修四庫全書・經部・易類》第 30 冊(上海:上海古籍出版社,2002 年 3 月),頁 496。

〔註184〕參照〔清〕孫詒讓〔民國〕李笠校補:《校補定本墨子閒詁・親士》卷一(臺北:藝文印書館,1969 年 10 月),頁 32。

〔註185〕引自〔清〕姚配中撰:《周易姚氏學・師・象傳》卷五【一經廬叢書本】,收入《續修四庫全書・經部・易類》第 30 冊(上海:上海古籍出版社,2002 年 3 月),頁 508。

〔註186〕參照〔春秋〕孫武撰〔三國〕曹操等注〔民國〕楊丙安校理:《十一家注孫子校理・虛實篇》卷中(北京:中華書局,2009 年 5 月),頁 124~125。

〔註187〕引自〔清〕姚配中撰:《周易姚氏學・乾・上九》卷一【一經廬叢書本】,收入《續修四庫全書・經部・易類》第 30 冊(上海:上海古籍出版社,2002 年 3 月),頁 476。

〔註188〕「散」字應作「數」,否則文意不可解,〈素問〉、〈靈樞〉原文皆作「數」。

〔註189〕分別參照〔清〕張志聰集注:《黃帝內經素問・陰陽離合論第六》卷二【明萬曆三十七年刻本影印本】,收入《續修四庫全書・子部・醫家類》第 980 冊(上海:上海古籍出版社,2002 年 3 月),頁 315;〔清〕張志聰集注:《靈樞經・陰陽繫日月第四十一》卷五【清康熙刻本影印本】,收入《續修四庫全書・子部・醫家類》第 981 冊(上海:上海古籍出版社,2002 年 3 月),頁 419。

蔽短，合其要歸，亦《六經》之支與流裔。」〔註190〕經學爲中國學術之本源，具有高度的權威性與普遍性。因此，「取經部文獻相互爲證」自古即有，幾乎每位易學家皆曾使用過，可謂注解《周易》最基本的研究方法。《周易姚氏學》對經部文獻的援引，並不自限於經書本身，而是兼容後人的《傳》、《注》，甚至包含通論類的經部書籍，如《尙書大傳》、《大戴禮記》、《春秋繁露》等皆爲姚配中援以釋《易》的對象。

倘若只比較經書本身被《周易姚氏學》徵引的數量，則以《周易》居首，光是《易傳》被提及的次數就已將近二百次，故知姚配中仍把「以《周易》本經自證」視爲注《易》最首要的經部文獻。姚氏又格外看重〈象傳〉，認爲「『象』爲《易》卦之始」，若再對照《周易姚氏學》對十篇七種《易傳》的徵引累計情形，便可知不論是在提及或徵引的次數上，〈象傳〉都佔了總數的一半以上。當然，《周易姚氏學》援以旁證的對象，並非只侷限在經部文獻，亦多次徵引史部以及子部書籍。姚氏對此兩者援用的種類又極其廣泛，例如徵引史書時，不限定於「正史類」，也會以「傳記類」與「雜史類」的文獻注解；徵引子書時，最少也援用過儒家類、道家類、法家類、雜家類、兵家類、醫家類等六類，實可堪稱「博引」，若非飽學之士，恐無法這般信手拈來，融通群籍以釋《易》。

須要注意的是，姚配中的「援史證《易》」爲「援史籍」，而非「援史事」，不可和李光、楊萬里爲代表的「史事宗」之研究方法混爲一談。另一方面，若細察《周易姚氏學》援用次數較多的七本子部書籍（即《論語》、《孟子》、《荀子》、《呂氏春秋》、《淮南子》、《白虎通》、《太玄》），應可發現三項特點（每項特點未必指七本全部，但至少囊括三本以上）：第一點「與儒家關聯度高」、第二點「雜出眾手」、第三點「對後世經學影響深遠」，稍可見姚配中援用子部書籍注解《周易》的擇取意識與慣用偏向。

〔註190〕引自〔漢〕班固等撰〔唐〕顏師古注：《漢書・藝文志第十》卷三十，第 6 冊（北京：中華書局，2007 年 10 月），頁 1746。